Edition Bankmagazin

Herausgegeben von
Stefanie Burgmaier und Stefanie Hüthig
Wiesbaden, Deutschland

Ziel der Edition BANKMAGAZIN ist es, Trends und Herausforderungen in der Finanzwirtschaft zu beleuchten und Lösungen anzubieten. Indem sie die Theorie mit Beispielen aus dem Bankalltag verknüpfen, stellen die Fachautoren einen hohen Praxisbezug sicher. Interviews mit Verbänden und Geldinstituten aller drei Säulen zeigen, mit welcher Dynamik sich Themen wie Veränderungen beim Kundenverhalten, Digitalisierung, neue Konkurrenz durch junge Finanztechnologieunternehmen, War for Talents oder Dauerzinstief mit der Folge erodierender Margen in der Kreditwirtschaft entwickeln.

Weitere Bände in der Reihe http://www.springer.com/series/15208

Hans Nickel

Anlageberatung am Finanzplatz Deutschland

Steuern, Recht, Trends

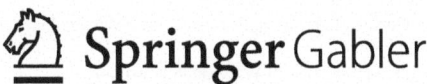 Springer Gabler

Hans Nickel
Institut für Europäisches
Vermögensmanagement
Rheinbach, Deutschland

Edition Bankmagazin
ISBN 978-3-658-18793-4   ISBN 978-3-658-18794-1   (eBook)
https://doi.org/10.1007/978-3-658-18794-1

Die Deutsche Nationalbibliothek verzeichnet diese Publikation in der Deutschen Nationalbibliografie; detaillierte bibliografische Daten sind im Internet über http://dnb.d-nb.de abrufbar.

Gedruckt auf säurefreiem und chlorfrei gebleichtem Papier

Springer Gabler ist ein Imprint der eingetragenen Gesellschaft Springer Fachmedien Wiesbaden GmbH und ist ein Teil von Springer Nature
Die Anschrift der Gesellschaft ist: Abraham-Lincoln-Str. 46, 65189 Wiesbaden, Germany

Vorwort

Die deutsche Finanzdienstleistungsbranche befindet sich in einem tiefgreifenden Umbruch. Die anhaltenden Niedrigzinsen, eine schärfere Regulierung, die zunehmende Digitalisierung der Geschäftsprozesse, der demografische Wandel und nicht zuletzt die Vielzahl der steuer- und aufsichtsrechtlichen Änderungen beeinflussen spürbar das Geschäft mit den (wohlhabenden) Privatkunden.

Das **Praxishandbuch der Anlageberatung am Finanzplatz Deutschland** zeigt neue Entwicklungen in den Bereichen „Steuern - Recht - Trends" auf. Bei der Vielzahl der Informationen zu diesem Themengebiet kommt es darauf an, die relevanten von den nicht wichtigen Informationen zu trennen. Topaktuell und praxisgerecht unterstützt Sie dieses Buch im Tagesgeschäft mit verständlichen Erläuterungen, Abbildungen, Beispielen und zahlreichen Hinweisen. Die Publikation berücksichtigt auch die Anforderungen an die Sachkunde des Mitarbeiters in der Anlageberatung nach der neuen WpHG-Mitarbeiteranzeigeverordnung (WpHG-MaAnzV) 2018.

Literatur und Rechtsprechung sind auf dem Stand von Februar 2018.

Hans Nickel

Inhaltsverzeichnis

Über den Autor

Dipl.-Kfm., Dipl.-Bw. (FH) Hans Nickel, geboren 1954, war nach einer Bankausbildung und zwei BWL-Studiengängen in Köln und Dortmund mit den Schwerpunktfächern Banken, Steuerrecht und Wirtschaftsprüfung von 1984 bis 1986 bei einem Spitzenverband des deutschen Kreditgewerbes in Bonn beschäftigt. Anschließend arbeitete er bei HSBC Trinkaus & Burkhardt in Düsseldorf als Finanzportfolioverwalter. Seit dem 1.7.1988 leitet er das Institut für Europäisches Vermögensmanagement in Rheinbach bei Bonn.

Das Institut konzentriert sich auf die Weiterbildung der Mitarbeiter(innen) in Kreditinstituten in den Geschäftssegmenten Anlageberatung, Finanzportfolioverwaltung, Private Banking und Financial Planning. Herr Nickel ist seit vielen Jahren Lehrbeauftragter des PFI Private Finance Institute der EBS Business School in Oestrich-Winkel bei Wiesbaden (Lehrstuhl: Prof. Dr. Rolf Tilmes) mit den Schwerpunktfächern deutsches, europäisches und internationales Steuer- und Kapitalmarktrecht sowie Trends in der Finanzdienstleistungsindustrie. Darüber hinaus ist er an vielen Sparkassenakademien in Deutschland als Dozent tätig.

Abkürzungsverzeichnis

a. F.	alte Fassung
Abs.	Absatz
AEAO	Anwendungserlass zur Abgabenordnung
AEUV	Vertrag über die Arbeitsweise der Europäischen Union
AIF	Alternative Investmentfonds
AnwG	Anwaltsgericht
AO	Abgabenordnung
Art.	Artikel
AStG	Außensteuergesetz
Aufl.	Auflage
Az.	Aktenzeichen
BaFin	Bundesanstalt für Finanzdienstleistungsaufsicht
BewG	Bewertungsgesetz
BFH	Bundesfinanzhof
BGB	Bürgerliches Gesetzbuch
BGH	Bundesgerichtshof
BMF	Bundesfinanzministerium
BStBl.	Bundessteuerblatt
BVI	Bundesverband Investment und Asset Management
CD	Compact Disc
CRS	Common Reporting Standard
DBA	Doppelbesteuerungsabkommen
EGAO	Einführungsgesetz zur Abgabenordnung
ErbStDV	Erbschaftsteuer-Durchführungsverordnung
ErbStG	Erbschaft- und Schenkungsteuergesetz
ESMA	Europäische Wertpapier- und Marktaufsichtsbehörde
ESMA Q&A	ESMA Questions and Answers

EStG	Einkommensteuergesetz
ETF	Exchange Traded Funds
EU	Europäische Union
FATCA	Foreign Account Tax Compliance Act
FG	Finanzgericht
FiMaNoG	Finanzmarktnovellierungsgesetz
FinDAG	Finanzdienstleistungsaufsichtsgesetz
FKAustG	Finanzkonteninformationsaustauschgesetz
GewO	Gewerbeordnung
ggf.	gegebenenfalls
GwG	Geldwäschegesetz
HGB	Handelsgesetzbuch
Hrsg.	Herausgeber
hrsg.	herausgegeben
IDD	Insurance Distribution Directive
InvStG	Investmentsteuergesetz
InvStRefG	Investmentsteuerreformgesetz
KAGB	Kapitalanlagegesetzbuch
KWG	Kreditwesengesetz
KStG	Körperschaftsteuergesetz
MAR	Marktmissbrauchsverordnung
MiFID II	Markets in Financial Instruments Directive II
OGAW	Organismen für gemeinsame Anlagen in Wertpapieren
OLG	Oberlandesgericht
PEPP	Pan-European Personal Pension Product
PRIIPs-VO	PRIIPs-Verordnung
Q & A	Questions und Answers
RDG	Rechtsdienstleistungsgesetz
Rev.	Revision
rkr.	rechtskräftig
Rz.	Randziffer
StBerG	Steuerberatungsgesetz
StR	Strafrecht
Tz.	Textziffer
UA	Unterabschnitt
vgl.	vergleiche
VVG	Versicherungsvertragsgesetz
WpHG	Wertpapierhandelsgesetz
WpHGMaAnzV	WpHG-Mitarbeiteranzeigeverordnung

Aktuelle Situation des Bankensektors und die Auswirkungen auf die Anlageberatung

1

1.1 Kreditinstitute stehen vor außergewöhnlichen Herausforderungen

Die Kreditinstitute am Finanzplatz Deutschland sehen sich derzeit außergewöhnlichen Herausforderungen gegenüber. Die historisch niedrigen Zinsen, die Digitalisierung der Geschäftsprozesse, der demografische Wandel oder die zunehmenden regulatorischen Anforderungen (zum Beispiel Zweites Finanzmarktnovellierungsgesetz, PRIIPs-Verordnung) setzen die Banken und Sparkassen ebenso unter Druck wie die anhaltenden Programme zur Kostensenkung. In den bisherigen Marktsegmenten wie beispielsweise der Anlageberatung wird weniger verdient. Die Kreditinstitute müssen sich nachhaltig verändern und vor allem ihre Geschäftsmodelle auch in der Anlageberatung überdenken (vgl. Riess und Strucken 2015, S. 41).

Um in diesem anspruchsvollen Umfeld nachhaltige Erträge zu erzielen, sollten Banken und Sparkassen den Wandel aktiv gestalten, sich vorausschauend auf die sich ändernden Bedürfnisse ihrer Kunden einstellen und ihren Mehrwert bzw. Kernkompetenzen ihren Kunden spürbar vermitteln (vgl. Mihm 2015, B 7).

Wettbewerbsvorsprung durch Beratungsqualität
In Zeiten zunehmender Konkurrenz um den (vermögenden) Privatkunden kann eine am Kunden ausgerichtete und marktgerechte **Beratungsqualität** gerade in der Anlageberatung zum entscheidenden Wettbewerbsvorteil für die Kreditinstitute am Finanzplatz Deutschland werden. Darüber hinaus ist die vom Kunden **wahrgenommene Qualität** rund um die Anlageberatung nicht selten der Schlüssel für eine langfristige und damit beiderseits erfolgreiche und profitable Kundenbeziehung.

© Springer Fachmedien Wiesbaden GmbH, ein Teil von Springer Nature 2018
H. Nickel, *Anlageberatung am Finanzplatz Deutschland*,
Edition Bankmagazin, https://doi.org/10.1007/978-3-658-18794-1_1

Merkmale der Beratungsqualität

Bei der Beratungsqualität geht es um Empfindungswerte, um Merkmale und Inhalte, die der Kunde bewertet und die ihm einen spürbaren Nutzen stiften. Unter dem kundenorientierten Qualitätsbegriff wird die Beratungsqualität verstanden, für die der vermögende Privatkunde bereit ist, (mehr) zu bezahlen. Dies setzt jedoch voraus, dass die Beratungsleistung seinen Ansprüchen und seiner Erwartungshaltung entspricht (vgl. Jakob und Nickel 2013, S. 52).

1.2 Ausgewählte Brennpunkte aus Sicht der Anlageberatung

1.2.1 Standortbestimmung

Die Anlageberatung in Deutschland, die seit Mitte der Siebzigerjahre im Bereich der Geld- und Kapitalanlage angeboten wird, stellt eine wichtige Ertragskomponente der Kreditinstitute dar. Allerdings haben in den letzten Jahren die regulatorischen Auflagen vor dem Hintergrund der weltweiten Finanzmarktkrise der Jahre 2008/2009 spürbar zugenommen (zum Beispiel Einführung eines Produktinformationsblattes oder einer Geeignetheitserklärung). Die in den vergangenen Jahren zunehmend erhobenen Klagen um die Qualität der Anlageberatung gehen vielfach auf ein unklares Verständnis dessen zurück, was Anlageberatung tatsächlich ist und leisten kann. So herrscht häufig auch beim privaten Kapitalanleger ein fehlendes Verständnis darüber vor, wie sich die von den Kreditinstituten im Privatkundengeschäft angebotenen Leistungen gegeneinander abgrenzen (vgl. Jakob und Nickel 2013, S. 23).

1.2.2 Zivil-, gesetz- und aufsichtsrechtliche Aspekte in der Anlageberatung

1.2.2.1 Rechtliche Vorgaben für den Inhalt und die Qualität der Anlageberatung

Die rechtlichen Vorgaben für den Inhalt und die Qualität der Anlageberatung in Deutschland ergeben sich aus dem **Zivilrecht** (und hier vor allem aus dem Vertragsrecht), den **gesetzlichen Spezialvorschriften des Wertpapierhandelsgesetzes** (WpHG) und dem **Aufsichtsrecht,** das von der Bundesanstalt für Finanzdienstleistungsaufsicht (BaFin) beispielsweise durch zahlreiche Richtlinien und Verordnungen bestimmt und auf ihre Einhaltung kontrolliert wird.

Rechtliche Anforderungen als Chance betrachten
Die zunehmenden rechtlichen Anforderungen sollten in der Praxis als **Chance** betrachtet werden, die Kunden durch eine Anlageberatung auf hohem Niveau stärker an die Kreditinstitute zu binden.

1.2.2.2 Erfassung der Anlageberatung über das Zivilrecht
Das Zivilrecht erfasst die Anlageberatung über das **Vertragsrecht**. Tritt ein Anleger an eine Bank heran, um über die Anlage eines Geldbetrags beraten zu werden, so wird das darin liegende Angebot zum **Abschluss eines Beratungsvertrags** stillschweigend durch die Aufnahme des Beratungsgesprächs angenommen (BGH-Urteil vom 21.03.2006 – XI ZR 63/05, in: Der Betrieb, 59. Jg., 2006, S. 1052–1053, hier S. 1052).

Richtungsweisende Bond-Entscheidung von 1993
Seit der Bundesgerichtshof (BGH) in seiner richtungsweisenden Bond-Entscheidung vom 06.07.1993 die Pflicht des Anlageberaters zur **anleger- und anlagegerechten Beratung** entwickelt hatte, ist die Rechtsprechung bemüht, den zivilrechtlichen Pflichtenkreis im Rahmen der Anlageberatung weiter zu definieren. Inzwischen gibt es eine Vielzahl von höchstrichterlichen Entscheidungen, die bei der Anlageberatung zu beachten sind.
    Zu den detaillierten zivilrechtlichen Aspekten der Anlageberatung vgl. Abschn. 3.2.

1.2.2.3 Anlageberatung nach dem Wertpapierhandelsgesetz
Die Anlageberatung ist eine Wertpapierdienstleistung. Sie ist die Abgabe von persönlichen Empfehlungen **im Sinne des Artikels 9 der Delegierten Verordnung (EU) 2017/565** an Kunden oder deren Vertreter, die sich auf Geschäfte mit bestimmten Finanzinstrumenten beziehen, sofern die Empfehlung auf eine Prüfung der persönlichen Umstände des Anlegers gestützt oder als für ihn geeignet dargestellt wird und nicht ausschließlich über Informationsverbreitungskanäle oder für die Öffentlichkeit bekannt gegeben wird (§ 2 Abs. 8 Satz 1 Nr. 10 WpHG). Zu den weiteren Ausführungen vgl. Abschn. 3.5.7.

1.2.2.4 Aufsichtsrechtliche Aspekte der Anlageberatung
Für die Einhaltung der aufsichtsrechtlichen Vorschriften im Rahmen der Anlageberatung ist die BaFin verantwortlich. Der Begriff des **Aufsichtsrechts** ist dabei umfassend zu verstehen.
    Einbezogen sind alle Gesetze, Rechtsverordnungen, Allgemeinverfügungen und sonstige Vorschriften sowie Verordnungen und Richtlinien der Europäischen

Union, bei denen es die Aufgabe der Bundesanstalt ist, deren Einhaltung durch die von ihr beaufsichtigten Unternehmen und Personen sicherzustellen oder Verstöße dagegen zu ahnden (§ 4d Abs. 1 Satz 1 FinDAG).

Anlageberater im Spannungsfeld verschiedener Interessen
Der Anlageberater befindet sich heute in einem zunehmenden Spannungsfeld verschiedener Interessen. In der Anlageberatung muss er die **Kundeninteressen** berücksichtigen. Darüber hinaus sind die **Unternehmensinteressen** zu beachten. Gleichzeitig müssen die durch den Gesetzgeber und die BaFin erlassenen Gesetze, Verordnungen und Rundschreiben gekannt und in der Praxis erfüllt werden.

1.2.3 Abgrenzung der Anlageberatung zu anderen Wertpapierdienstleistungen

1.2.3.1 Finanzportfolioverwaltung
Die Finanzportfolioverwaltung ist wie die Anlageberatung eine Wertpapierdienstleistung. Bei der **Finanzportfolioverwaltung** handelt es sich um die Verwaltung einzelner oder mehrerer in Finanzinstrumenten angelegter Vermögen für andere mit Entscheidungsspielraum (§ 2 Abs. 8 Satz 1 Nr. 7 WpHG). Ein **Entscheidungsspielraum** liegt vor, wenn die Anlageentscheidungen auf dem eigenen Ermessen des Finanzportfolioverwalters beruhen und von diesem auch so durchgeführt werden können (BaFin-Merkblatt Finanzportfolioverwaltung 2014, S. 3).

Zivilrechtlich handelt es sich bei der Finanzportfolioverwaltung gemäß § 675 Abs. 1, § 611 BGB um einen Dienstvertrag, dessen Gegenstand die persönliche Geschäftsbesorgung ist (Helm 2016, S. 2203).

Aufklärungspflichten der Bank bei Beratung über fondsgebundene Finanzportfolioverwaltung
Bezieht sich die Anlageberatung der Bank auf eine **fondsgebundene Finanzportfolioverwaltung,** die auf den An- und Verkauf von Wertpapieren gerichtet ist, ist der Finanzportfolioverwalter verpflichtet, dem Anleger ein zutreffendes Bild von den Chancen und Risiken der auszuführenden Geschäfte zu vermitteln. Dabei muss sich die Beratung aber nicht auf jedes mögliche Anlageobjekt, sondern nur auf die allgemeine Anlagestrategie und deren Risiken beziehen

(OLG Frankfurt/M. vom 14.06.2013 – 19 U 60/13, in Zeitschrift für Wirtschaftsrecht, 34. Jg., 2013, S. 1710–1712, hier S. 1710).

▶ Eine Anlageberatung wird nicht erbracht, wenn (nur) eine Finanzportfolioverwaltung empfohlen wird, ohne dass dabei auch auf bestimmte Finanzinstrumente hingewiesen wird. In diesem Fall zielt die Empfehlung (noch) nicht auf eine konkrete Kapitalanlage ab, sondern auf den Abschluss einer Vereinbarung, die erst die Grundlage dafür schafft, dass ein Vermögensverwalter in einem zweiten Schritt für den Anleger Geld mit einem Entscheidungsspielraum in Finanzinstrumente investiert (BGH, Urteil vom 10.10.2017 – VI ZR 556/14, in: Zeitschrift für Wirtschaftsrecht, 38. Jg., 2017, S. 2347–2349, hier S. 2348).

1.2.3.2 Beratungsfreies Geschäft

Als sogenanntes beratungsfreies Geschäft werden diejenigen Wertpapierdienstleistungen bezeichnet, die keine Anlageberatung oder Finanzportfolioverwaltung darstellen. Darüber hinaus sind sie aber auch nicht in der bloßen Ausführung bestimmter Geschäfte über „nicht-komplexe Finanzinstrumente" charakterisiert (sogenanntes reines Ausführungsgeschäft; vgl. Fuchs 2016, S. 1572 Rz. 308). Das beratungsfreie Geschäft ist in § 63 Abs. 10 WpHG geregelt.

Vor der Erbringung des **beratungsfreien Geschäfts** hat das Wertpapierdienstleistungsunternehmen von den Kunden Informationen einzuholen über **Kenntnisse und Erfahrungen** der Kunden in Bezug auf Geschäfte mit bestimmten Arten von Finanzinstrumenten oder Wertpapierdienstleistungen, soweit diese Informationen erforderlich sind, um die **Angemessenheit** der Finanzinstrumente oder Wertpapierdienstleistungen für den Kunden beurteilen zu können (§ 63 Abs. 10 Satz 1 WpHG; vgl. auch die Ausführungen zum beratungsfreien Geschäft in Abschn. 3.5.10).

1.2.3.3 Reines Ausführungsgeschäft

Beim **reinen Ausführungsgeschäft** nach § 63 Abs. 11 WpHG sind die Pflichten des Wertpapierdienstleistungsunternehmens gering und die Kunden genießen einen niedrigen Schutz. Die Tätigkeit des Wertpapierdienstleistungsunternehmens beschränkt sich bei dieser Geschäftsart auf die bloße Ausführung des vom Kunden gewünschten Auftrags. Im Rahmen des reinen Ausführungsgeschäfts werden keine Angaben vom Kunden eingeholt. Ferner wird bei dieser Geschäftsart keine Angemessenheits- oder Geeignetheitsprüfung durchgeführt (vgl. Fuchs 2016, S. 1581 Rz. 335; vgl. auch die Ausführungen zum reinen Ausführungsgeschäft in Abschn. 3.5.11).

1.2.4 Zunehmende Anforderungen an die Qualität der Anlageberatung

Die globale Finanzmarktkrise der Jahre 2008/2009 hat bei vielen Kunden zu einem Vertrauensverlust in die Kompetenz der Kreditinstitute, der Anlageberater und nicht zuletzt der Finanzprodukte geführt. Die Kunden am Finanzplatz Deutschland sind heute nicht mehr dieselben wie vor der Finanzkrise. Bei vielen Anlegern steht trotz der historisch niedrigen Zinsen das Sicherheitsbedürfnis vor der Renditeerwartung im Rahmen ihrer Anlageentscheidungen (vgl. Schwab 2013, S. 239).

Im Zuge dieser Entwicklung bietet beispielsweise eine **ganzheitliche und themenübergreifende Anlageberatung** einen ausgezeichneten Ansatz, die Kunden von der Notwendigkeit einer Neuausrichtung ihres Geldvermögens zu überzeugen.

1.2.5 Wachstum des Geldvermögens ist in Deutschland ungebrochen

Wenn es um das **Sparen** geht, dann brauchen die Deutschen den internationalen Vergleich nicht zu scheuen. Bis Ende 2017 ist das Geldvermögen der Bundesbürger auf 6,1 Billionen EUR gestiegen – auch dank Kursgewinnen von Aktien (vgl. o. V. 2017, S. 25). Weniger positiv fällt dagegen der Befund bei einer Analyse der Struktur des Geldvermögens aus. Es dominieren eindeutig niedrig verzinsliche Sparformen (wie Sicht-, Termin- und Spareinlagen) mit einem Anteil von 36 %, während Investment, die deutlich höhere Erträge versprechen, wie beispielsweise Aktien oder Aktienfonds, oft gemieden werden. Ein gravierender Fehler gerade mit Blick auf die Altersversorgung der deutschen Bevölkerung (vgl. Richter 2011, S. 14).

Qualifizierte Anlageberatung wird zunehmen
Angesichts dieser Entwicklung und im Zuge der steigenden Geldvermögensbildung privater Anleger wird die qualifizierte Anlageberatung weiter zu nehmen. Im Rahmen dieser Tätigkeit müssen vor allem vorsichtigen Anlegern neue Wege für eine „besseres Investieren" (nicht Sparen) aufgezeigt werden. Insbesondere typische Hochqualitäts-Aktien eignen sich als Basisanlage wie langfristig orientierte Anleger.

Nachfolgend sollen zehn interessante internationale Aktien für langfristig orientierte Anleger genannt werden:

- Apple
- BASF
- Coca-Cola
- Johnson & Johnson
- McDonald's
- Microsoft
- Nestle'
- PepsiCo
- Procter & Gamble
- Siemens

Die hier aufgeführten Unternehmen zeichnen sich durch hohe und vor allem nachhaltige Ausschüttungen aus. Die Ausschüttungen sind Zeichen eines erfolgreichen und stabilen Geschäftsmodells.

Unternehmen, die ständig ihre Dividenden erhöhen, werden an den Aktienbörsen ehrfürchtig Aristokraten genannt. Ihre Aktienkurse entwickeln sich langfristig meist überdurchschnittlich. In den Vereinigten Staaten mit einer ausgeprägten Aktienkultur gibt es viele Gesellschaften, die stetige und stabile Dividenden zahlen (vgl. Rüppel 2016, S. 29).

1.2.6   Demografischer Wandel als Herausforderung für die Anlageberatung

Die Bundesrepublik Deutschland verändert sich – und zwar sehr nachhaltig. Einige dieser Trends sind der Öffentlichkeit bewusst (zum Beispiel die Klimaveränderung). Andere Änderungen kündigen sich erst langsam an. Gemeinsam ist ihnen, dass sie die deutsche Gesellschaft vor grundlegende Herausforderungen stellt.

Vor allem den demografische Wandel, der durch eine älter werdende Bevölkerung in Deutschland gekennzeichnet ist (zum Beispiel durch eine geringe Geburtenrate bei Zunahme des Lebensalters), sollten die Mitarbeiter in der Anlageberatung als Chance betrachten. So erhöht die demografische Entwicklung beispielsweise den Druck auf das umlagefinanzierte Sozialsystem, was den privaten Vorsorgebedarf gerade für jüngere Kunden erhöht. Ferner erwartet vor allem die Generation der „Silver Ager" von ihren Kreditinstituten Beratungsleistungen zu

optimierten Vererbung von Vermögen. Hinzu kommt ein wachsender Bedarf beispielsweise für Versicherungsprodukte, für Pflegeleistungen oder für Unfallversi-
cherung (vgl. Meybom 2016, S. 46).

1.2.7   Fundamentaler Wandel an den Finanzmärkten

Die internationalen Finanzmärkte sind in den letzten Jahren von massiven Veränderungen betroffen. Die Privatanleger mussten sich mit zahlreichen Krisen (zum
Beispiel Finanzmarktkrise 2008/2009, Euroschuldenkrise) auseinandersetzen
(vgl. Robens 2011, S. 4). Auch in der Zukunft werden erhöhte Volatilitäten und
weiter anhaltende niedrige Zinsen das Marktumfeld prägen. Ursächlich für diese
anlagepolitischen Rahmenbedingungen sind vor allem die hohen Staatsschulden
vieler Industrienationen, die beispielsweise einen nachhaltigen Zinsanstieg nicht
zulassen.

Verständliche Aufklärung über den Zusammenhang von Risiko und Ertrag
Aufgrund der historischen Veränderungen an den internationalen Kapitalmärkten steht in der Anlageberatung das **Erwartungsmanagement** mehr denn je im
Fokus des Beratungsgesprächs. Dazu gehört aber auch eine verständliche Aufklärung über die Zusammenhänge von **Risiko** und **Ertrag.** Wenn der Privatkunde ein
höheres Risiko eingehen möchte, muss er auch die **Konsequenzen für das Ver-
lustpotenzial** kennen und vor allem akzeptieren. Das ist jedoch problematisch,
denn die **Risikoeinstellung** der deutschen Anleger ist im internationalen Vergleich nicht groß ausgeprägt (vgl. Manger 2013, S. 20).

▶   Je komplexer und kurzlebiger die Kapitalmärkte sind, desto wichtiger
      wird aus Sicht des Anlageberaters ein aktives Depotmanagement –
      mit präzisen Bewertungsanalysen, sorgfältiger im Interesse des Kunden
      liegender Einzelauswahl und vorausschauender Risikosteuerung.

Risikomanagement-System als Bestandteil des Beratungsgesprächs
Bei der Anlageempfehlung muss der Kunde stets entscheiden, welches Risiko er
eingehen will. Risiko soll als Gefahr für wirtschaftlich Tätige definiert werden,
Verluste im wirtschaftlichen Handeln zu erleiden. Vor allem in die Zukunft gerichtete Anlageentscheidungen (zum Beispiel über Kapitalanlagen) ist gemeinsam,
dass sie unter Unsicherheit getroffen werden müssen (vgl. Stichwort „Risiko" in
Büschgen 2012, S. 883).

In einem qualifizierten Beratungsgespräch müssen vom Anlageberater
sowohl bereits bestehende (reale) und mögliche (potenzielle) Risiken einer zu
empfehlenden Kapitalanlage angesprochen werden. Für alle Einzelfälle gilt, dass
Risikoinformationen richtig und nicht irreführend sein dürfen (vgl. Brenncke
2014, S. 1749).

1.2.8   Finanzbildung im Fokus: Gefährliche Ahnungslosigkeit

Um die finanzielle Allgemeinbildung ist es in Deutschland nicht zum Besten gestellt. Viele Bürger sind bei komplexen Anlage- und Geldthemen einfach
überfordert. So fehlt es vielen Privatanlegern am Verständnis grundsätzlicher
wirtschaftlicher Zusammenhänge, ohne das jedoch eine fundierte und eigenverantwortliche Anlageentscheidung kaum möglich ist (vgl. Etheber und Hackethal
2015, S. 17). Diese Tatsache müssen die Kreditinstitute bei der Anlageberatung
beachten, wollen sie ihre Kunden aktuell und rechtssicher beraten (vgl. Arora
2010, S. 20).

Die Banken und Sparkassen sollten (stärker als bisher) den Privatkunden in
den Mittelpunkt ihrer geschäftlichen Aktivitäten stellen. Der Anleger bzw. Verbraucher sollte zum mündigen Finanzkunden weiterentwickelt werden. Vor allem
die Öffentlichkeit und Politik erwarten zunehmend von den Kreditinstituten, dass
sie zur Finanzbildung der Bevölkerung beitragen.

Basisinformationen über Wertpapiere und weitere Kapitalanlagen
Um die Kenntnisse ihrer Kunden zu verbessern, stellen die Banken und Sparkassen die Broschüre „Basisinformationen über Wertpapiere und weitere Kapitalanlagen" zur Verfügung. Diese umfassende Broschüre eröffnet die Chance, die
Wirkungsweise der einzelnen Gattungen von Finanzinstrumenten (zum Beispiel
verzinsliche Wertpapiere, Aktien, Zertifikate) kennenzulernen. Der Anleger kann
hier die Grundlagen, wirtschaftlichen Zusammenhänge, Möglichkeiten und Risiken bestimmter Produkte nachlesen. Darüber hinaus soll die Broschüre zugleich
den interessierten Anleger dazu veranlassen, offene Fragen zur Kapitalanlage mit
seinem Anlageberater zu besprechen (vgl. Arora 2010, S. 18).

Literatur

Arora, P.: Orientierungshilfe für Privatkunden, in: Die Bank, o. Jg., Heft 10, 2010, S. 18–20.

BaFin-Merkblatt Finanzportfolioverwaltung vom 3.1.2011, geändert am 11.6.2014, abrufbar unter: www.bafin.de/Merkblätter.

Brenncke, M.: Die Rechtsprechung des BGH zur Präsentation von Risiken bei der Anlageberatung, in: Zeitschrift für Wirtschafts- und Bankrecht, 68. Jg., 2014, S. 1749–1757.

Büschgen, H. E.: Das kleine Börsenlexikon, 23. Aufl., Stuttgart 2012.

Etheber, R./Hackethal, A.: Neue Wege in der Anlageberatung, in: Die Bank, o. Jg., Heft 2,2015, S. 16–19.

Fuchs, A., in: Abschnitt 6: Verhaltenspflichten, Organisationspflichten, Transparenzpflichten, in: Wertpapierhandelsgesetz (WpHG) Kommentar, hrsg. von A. Fuchs, 2. Aufl., München 2016, S. 1391–1592.

Helm, L.: Pflichten des Wertpapierdienstleistungsunternehmens in der Finanzportfolioverwaltung bei Directors' Dealings nach der Marktmissbrauchsverordnung, in: Zeitschrift für Wirtschaftsrecht, 37. Jg., 2016, S. 2201–2208.

Jakob, R./Nickel, H.: Anlageberatung im Privatkundengeschäft von Kreditinstituten, in: Tilmes, R./Jakob, R./Nickel H. (Hrsg.): Praxis der modernen Anlageberatung, Köln 2013, S. 19–67.

Manger, R.: Durch Vielfalt im Depot Risiken begrenzen und Ertragschancen erhalten, in: Wealth Management & Private Banking, Börsen-Zeitung Spezial Nr. 194 vom 10.10.2013, S. 20–22.

Meybom, P.: Strategie auf Megatrends ausrichten, in: Die Bank, o. Jg., Heft 1, 2016, S. 45–49.

Mihm, O.: Wandel aktiv gestalten, bevor es andere tun, in: Börsen-Zeitung Nr. 79 vom 25.4.2015, B 7.

o. V.: 1,5 Billionen Euro liegen hierzulande fast zinslos herum, in: Frankfurter Allgemeine Zeitung Nr. 301 vom 29.12.2017, S. 25.

Riess, M./Strucken, B.: Manövrieren im Bermudadreieck, in: Die Bank, o. Jg., Heft 1, 2015, S. 41–43.

Richter, T.: Ein Land spart falsch, in: Die Bank, o. Jg., Heft 8, 2011, S. 14–17.

Robens, B. H.: Neue Weltordnung erfordert Umdenken in der Vermögenssicherung, in: Wealth Management & Private Banking, Börsen-Zeitung Spezial Nr. 123 vom 30.6.2011, S. 4–6.

Rüppel, W.: Aristokraten, die durch Dividenden überzeugen, in: Rendite: Das Anlagemagazin der Börsen-Zeitung, November 2016, S. 27–29.

Schwab, S.: Private Banking in Zeiten eines veränderten Anlegerverhaltens, in: Zeitschrift für das gesamte Kreditwesen, 66. Jg., 2013, S. 239–241.

Steuern in der Anlageberatung 2

2.1 Steuerliche Hinweise im Beratungsgespräch geben

Der Mitarbeiter in der Anlageberatung muss die allgemeinen steuerlichen Auswirkungen für Kunden im Zusammenhang mit den Geschäften (zum Beispiel Kaufempfehlung für eine bestimmte ausländische Aktie) im Beratungsgespräch erläutern, da die steuerlichen Aspekte sowohl die Rentabilität, die Liquidität als auch die Risikostruktur einer Anlageform entscheidend beeinflussen.

Leider sind die Steuergesetze in Deutschland in den vergangenen Jahren derart umfangreich und unübersichtlich geworden, dass sich vor allem vermögende Privatkunden im Steuerrecht nicht mehr zurechtfinden. Selbst erfahrene Anlageberater haben zunehmend ihre Probleme, die schnelle Steuergesetzgebungspraxis oder die Änderungen in der Finanzrechtsprechung vollumfänglich zu durchschauen. Von daher sind gezielte und vor allem verlässliche „Steuerinformationen rund um die Anlageberatung" eine unerlässliche Grundlage für fundierte Anlageempfehlungen.

Die in Kap. 2 aufgezeigten Neuerungen (zum Beispiel zur Abgeltungsteuer, zum Investmentsteuergesetz 2018 oder zum globalen Informationsaustausch über Finanzkonten in Steuersachen) sollen den Anlageberater ermutigen, den Kunden im Beratungsgespräch auf steuerliche Gesichtspunkte hinzuweisen. Durch rechtssichere und für die Kunden wertvolle Steuerhinweise kann nicht nur die Kundenbindung gestärkt, sondern können Geschäfte erfolgreich abgeschlossen werden. Die Rechtsgrundlagen für die steuerliche Anlageberatung zeigt Abb. 2.1.

© Springer Fachmedien Wiesbaden GmbH, ein Teil von Springer Nature 2018
H. Nickel, *Anlageberatung am Finanzplatz Deutschland,*
Edition Bankmagazin, https://doi.org/10.1007/978-3-658-18794-1_2

Rechtsgrundlagen für die steuerliche Anlageberatung	
Hilfeleistung in Steuersachen durch Kreditinstitute (§ 4 Nr. 5 StBerG)	Steuerliche Qualitätsanforderungen im Rahmen der WpHG-Mitarbeiteranzeigenverordnung (§ 1 Abs. 2 Nr. 3 Buchstabe b WpHGMaAnzV)

Abb. 2.1 Steuerliche Anlageberatung in der Praxis. (Quelle: eigene Darstellung)

2.2 Gesetzliche Befugnis zur geschäftsmäßigen Hilfeleistung in Steuersachen durch Kreditinstitute

Die Hilfeleistung in Steuersachen darf geschäftsmäßig nur von Personen und Vereinigungen ausgeübt werden, die hierzu befugt sind (§ 2 Satz 1 StBerG). Dazu gehören beispielsweise Steuerberater, Steuerbevollmächtigte, Rechtsanwälte und Wirtschaftsprüfer (§ 3 Nr. 1 StBerG).

Der § 4 Nr. 5 StBerG erfasst „Unternehmer, die ein Handelsgewerbe" betreiben. Die zur Steuerberatung berechtigten Unternehmer dürfen ihren Kunden Hilfe in Steuersachen leisten (Gehre und Koslowski 2015, S. 39 Rz. 8).

Kaufmann im Sinne des Handelsgesetzbuches (HGB) ist, wer ein Handelsgewerbe betreibt (§ 1 Abs. 1 HGB). Handelsgewerbe ist jeder Gewerbebetrieb (§ 1 Abs. 2 HG). Kreditinstitute sind Unternehmen, die Bankgeschäfte (wie zum Beispiel die Anlageberatung) gewerbsmäßig oder in einem Umfang betreiben, der einen in kaufmännischer Weise eingerichteten Geschäftsbetrieb erfordert (§ 1 Abs. 1 Satz 1 KWG).

Hilfeleistung in Steuersachen muss in unmittelbaren Zusammenhang stehen
Die Hilfeleistung in Steuersachen muss in unmittelbaren Zusammenhang mit dem Geschäft stehen, das zu dem Handelsgewerbe des Unternehmens gehört. Es muss sich dabei um eine im Rahmen des Hauptgeschäfts **dienende Nebentätigkeit** handeln, zum Beispiel die Beratung durch ein Kreditinstitut über die Kapitalertragsteuer oder die Abgeltungsteuer (Gehre und Koslowski 2015, S. 27 Rz. 10).

Keine Ausarbeitung steuerlicher Gestaltungsmöglichkeiten
Erforderlich ist jedoch stets, dass die Hilfeleistung in Steuersachen in der Anlageberatung eine bloße Hilfestätigkeit zur angebotenen Hauptleistung darstellt, sodass jedenfalls die Ausarbeitung steuerlicher Gestaltungsmöglichkeiten durch

den Mitarbeiter in der Anlageberatung bei der Erbringung der Wertpapierdienstleistung nicht im Vordergrund stehen darf (vgl. Balzer 2016, S. 13).

Blick in ein anderes Berufsrecht
Der ausschließlich mit der allgemeinen Steuerberatung beauftragte Steuerberater ist nur bei Offenkundigkeit einer fehlerhaften, schadensträchtigen Anlageentscheidung des Mandanten verpflichtet, Warnhinweise zu erteilen. Eine darüber hinausgehende Pflicht, auf ein Anlagerisiko hinzuweisen, das sich aus einer unzureichenden Risikostreuung ergibt, besteht nicht.

Die Erweiterung eines allgemein steuerlichen Mandats auf die Überwachung der Anlageentscheidungen des Mandanten bedarf einer eindeutigen Vereinbarung zwischen den Parteien (OLG Düsseldorf, Urteil vom 02.08.2016 – 1–23 U 27/15, rkr., in: Deutsches Steuerrecht, 54. Jg., 2016, S. 2773–2775, hier S. 2773).

2.3 Steuerliche Qualitätsanforderungen im Rahmen der WpHG-Mitarbeiteranzeigeverordnung

Die Qualitätsanforderungen für Mitarbeiter in der Anlageberatung sind in § 87 WpHG enthalten. Gleichzeitig ist die WpHG-Mitarbeiteranzeigeverordnung (WpHGMaAnzV) aufgrund der ESMA-Leitlinien (die Abkürzung steht für European Securities Markets Authority) für die Beurteilung von Kenntnissen und Kompetenzen vom 22.03.2016 um wesentliche Qualitätsanforderungen erweitert worden. Seit dem 03.01.2018 umfassen die fachlichen Grundlagen der Sachkunde für Mitarbeiter in der Anlageberatung unter anderem

Merkmale, Risiken und Funktionsweise der Finanzinstrumente einschließlich **allgemeiner steuerlicher Auswirkungen für Kunden im Zusammenhang mit den Geschäften,** der Bewertung von für die Finanzinstrumente relevanten Daten sowie der spezifischen Marktstrukturen, Handelsplätze und der Existenz von Sekundärmärkten (§ 1 Abs. 2 Nr. 3 Buchstabe b WpHGMaAnzV).

Auswirkungen auf die steuerliche Anlageberatung
Die seit Anfang 2018 geltenden neuen fachlichen Grundlagen der Anlageberatung, im Zusammenhang mit der persönlichen Empfehlung eines geeigneten Finanzinstruments auch auf allgemeine steuerliche Auswirkungen für Kunden im Zusammenhang mit den Geschäften hinzuweisen, erfordert vielfach ein neues Steuerwissen von den Mitarbeitern in der Anlageberatung. Ohne ein fundiertes Wissen über steuerliche Zusammenhänge ist eine professionelle Anlageberatung

heute nicht mehr möglich. Denn immer öfters greifen steuerliche Sachverhalte in das Leben des Steuerpflichtigen und damit auch in die Anlageberatung ein.

2.4   Ausgewählte Neuerungen in der AO nach dem Gesetz zur Modernisierung des Besteuerungsverfahrens

2.4.1   Änderungen im Steuerverfahrensrecht

Mit dem **Gesetz zur Modernisierung des Besteuerungsverfahrens,** das am 22.07.2016 im Bundesgesetzblatt (Teil I, S. 1679 ff.) veröffentlicht wurde, haben sich zum 01.01.2017 zahlreiche Änderungen im **Steuerverfahrensrecht** im Zusammenhang mit der Digitalisierung und Automatisierung ergeben (vgl. Zaumseil 2016, S. 2769). Daraus folgen zahlreiche Neuerungen für die Rechtsanwendung, auf die sich die Steuerpflichtigen, Kreditinstitute, steuerberatende Berufe und nicht zuletzt die Anlageberater einstellen müssen.

2.4.2   Automationsgestützte Steuerfestsetzung

Die Finanzbehörden können Steuerfestsetzungen sowie Anrechnungen von Steuerabzugsbeträgen und Vorauszahlungen auf der Grundlage der ihnen vorliegenden Informationen und der Angaben der Steuerpflichtigen ausschließlich **automationsgestützt** vornehmen, berichtigen, zurücknehmen, widerrufen, aufheben oder ändern, soweit kein Anlass dazu besteht, den Einzelfall durch Amtsträger zu bearbeiten (§ 155 Abs. 4 Satz 1 AO).

2.4.3   Untersuchungsgrundsatz im Besteuerungsverfahren

Ein weiterer Kernkomplex der Reform ist die Neufassung des in § 88 AO geregelten **Untersuchungsgrundsatzes,** der die Finanzbehörde verpflichtet, die für die Besteuerung erheblichen Sachverhalte von Amts wegen zu ermitteln (§ 88 Abs. 1 Satz 1 AO). Dabei hat sie alle für den Einzelfall bedeutsamen, auch die für die Beteiligten günstigen Umstände zu berücksichtigen (§ 88 Abs. 1 Satz 2 AO).

Grundsatz der Verhältnismäßigkeit der Amtsermittlung
Die Finanzbehörde bestimmt Art und Umfang der Ermittlungen nach den Umständen des Einzelfalls sowie nach den Grundsätzen der Gleichmäßigkeit, Gesetzmäßigkeit und Verhältnismäßigkeit; an das Vorbringen und an die Beweisanträge der Beteiligten ist sie nicht gebunden (§ 88 Abs. 2 Satz 1 AO). Bei der Entscheidung über Art und Umfang der Ermittlungen können allgemeine Erfahrungen der Finanzbehörden sowie **Wirtschaftlichkeit** und **Zweckmäßigkeit** berücksichtigt werden (§ 88 Abs. 2 Satz 2 AO).

2.4.4   Einsatz automationsgestützter Risikomanagementsysteme

Die Finanzbehörden können zur Beurteilung der Notwendigkeit weiterer Ermittlungen und Prüfungen für eine gleichmäßige und gesetzmäßige Festsetzung von Steuern und Steuervergütungen sowie Anrechnung von Steuerabzugsbeträgen und Vorauszahlungen **automationsgestützte Systeme** (Risikomanagementsysteme) einsetzen (§ 88 Abs. 5 Satz 1 AO).

Aufgrund von genau vordefinierten Sachverhalten können prüfungsrelevante Steuerfälle erfasst werden, die dann durch den Amtsträger einer Prüfung unterzogen werden (vgl. Zaumseil 2016, S. 2772).

Um zu verhindern, dass **Steuerpflichtige** ihr Erklärungsverhalten am Risikomanagementsystem ausrichten, dürfen Einzelheiten dazu nicht veröffentlicht werden, soweit dies die Gleichmäßigkeit und Gesetzmäßigkeit der Besteuerung gefährden könnte (§ 88 Abs. 5 Satz 4 AO).

Wer ist Steuerpflichtiger?
Steuerpflichtiger ist,

- wer eine Steuer schuldet,
- für eine Steuer haftet,
- eine Steuer für Rechnung eines Dritten einzubehalten und abzuführen hat,
- wer eine Steuererklärung abzugeben,
- Sicherheit zu leisten,
- Bücher und Aufzeichnungen zu führen oder
- andere ihm durch die Steuergesetze auferlegte Verpflichtungen zu erfüllen hat (§ 33 Abs. 1 AO).

2.4.5 Konsequenzen für den Steuerpflichtigen

Die ausgewählten Bereiche aus dem Gesetz zur Modernisierung des Besteuerungsverfahrens zeigen eindrucksvoll, wie die Finanzverwaltung das **Steuerverfahrensrecht** „aufrüstet". Dem wohlhabenden Steuerpflichtigen kann angesichts der Verschärfung des deutschen Steuerrechts geraten werden, seine steuerlichen Pflichten in professionelle Hände zu geben.

2.5 Anwendungserlass zu § 153 AO: Praktische Bedeutung für Berichtigungserklärungen und Selbstanzeigen

2.5.1 Praxisfall mit lösungsorientierten Hinweisen

Beispiel

Im heutigen Gespräch kommt Ihr Kunde Herbert Bergmeyer, 63 Jahre alt, auf die Verschärfung des deutschen Steuerrechts zu sprechen. Bei der Überprüfung seiner Einkommensteuererklärung für das Jahr 2015 stellte er fest, dass er 5000 EUR aus dem Verkauf eines Teils seiner BASF-Aktien, die sich nach wie vor in seinem ausländischen Depot in Zürich befinden, nicht in seiner Steuererklärung für 2015 angegeben hatte. Im Gespräch bittet der Kunde, ihm Denkanstöße zu geben, wie er sich zu verhalten habe. Was können Sie Herrn Bergmeyer mitteilen?

Lösung
1. In dem vorliegenden Fall sollte der Anlageberater den Kunden an die steuerberatenden Berufe (zum Beispiel an einen Steuerberater) verweisen.
2. Außerdem ist der Unterschied zwischen einer Berichtigungserklärung nach § 153 AO und der Selbstanzeige nach § 371 AO zu kennen und in der Praxis zu beachten.

2.5.2 Berichtigungserklärung nach § 153 AO

In der Praxis stellt sich bei der Berichtigung von Steuererklärungen oft die Frage, ob es sich hierbei um eine Berichtigungserklärung nach § 153 AO oder um eine Selbstanzeige nach § 371 AO handelt. Um Klarheit zu schaffen, veröffentlichte das Bundesfinanzministerium am 23.05.2016 einen Anwendungserlass zu § 153 AO (vgl. BMF-Schreiben zum Anwendungserlass zu § 153 AO vom 23.05.2016).

Wann besteht eine Anzeige- und Berichtigungspflicht?
Die Anzeige- und Berichtigungspflicht nach § 153 Abs. 1 Satz 1 AO besteht, wenn beispielsweise ein Steuerpflichtiger bzw. sein gesetzlicher Vertreter oder sein Gesamtrechtsnachfolger **nachträglich erkennt,** dass eine von ihm oder für ihn abgegebene Erklärung objektiv unrichtig oder unvollständig ist und dass es dadurch zu einer **Steuerverkürzung** gekommen ist oder kommen kann. Bei dieser Pflicht handelt es sich um eine steuerrechtliche Pflicht (Bundesministerium der Finanzen, Anwendungserlass zu § 153 AO 2016, Tz. 1).

Vollendete Steuerhinterziehung
Sofern der Steuerpflichtige hingegen **bereits bei Abgabe der Erklärung** vorsätzlich unrichtige oder unvollständige Angaben gemacht hat und es dadurch zu einer Verkürzung von Steuern gekommen ist bzw. hätte kommen können, liegt kein Fall des § 153 AO, sondern eine versuchte oder ggf. vollende Steuerhinterziehung nach § 370 Abs. 1 Nr. 1 AO vor. In diesem Fall kann jedoch Straffreiheit durch die Abgabe einer **wirksamen Selbstanzeige nach § 371 AO** erlangt werden.

Wirksamkeit einer Selbstanzeige
Die Kenntnis der einschlägigen Medienberichterstattung über den Ankauf einer „Steuer-CD" schließt die strafbefreiende Wirkung einer Selbstanzeige jedenfalls **dann aus,** wenn auf der CD Daten einer vom Steuerpflichtigen eingeschalteten Bank vorhanden sind und hierüber in den Medien berichtet worden ist. Liegt es so, muss der Steuerpflichtige mit der Entdeckung seiner Straftat im Sinne des § 371 Abs. 2 Nr. 2 AO rechnen (Schleswig-Holsteinisches OLG, Beschluss vom 30.10.2015 − 2 Ss 63/15, in: Neue Zeitschrift für Wirtschafts-, Steuer- und Unternehmensstrafrecht, 5. Jg., 2016, S. 153–157, hier S. 153).

2.6 Anzeigepflicht von Kreditinstituten bei Schließfächern

Eine wichtige Erkenntnisquelle für die Finanzämter bildet die Anzeigepflicht nach § 33 ErbStG i. V. m. §§ 1 bis 3 ErbStDV. Die Pflicht, verwahrtes oder verwaltetes Vermögen nach **amtlichem Muster** anzuzeigen, trifft vor allem die Kreditinstitute und Versicherungsunternehmen (vgl. Moench und Hübner 2012, S. 70 Rz. 277).

▶   Die Pflicht zur Anzeige darf nur unterbleiben, wenn beispielsweise der
    Wert der anzuzeigenden Wirtschaftsgüter 5000 EUR nicht übersteigt
    (§ 1 Abs. 4 Nr. 2 ErbStDV).

Befinden sich am Todestag des Erblassers bei dem Anzeigepflichtigen Wirtschaftsgüter in Gewahrsam, die vom Erblasser verschlossen oder unter Mitverschluss
gehalten werden (zum Beispiel in Schließfächern), genügt die Mitteilung über das
Bestehen eines derartigen Gewahrsams und, soweit er dem Anzeigepflichtigen
bekannt ist, die Mitteilung des Versicherungswerts (§ 1 Abs. 3 ErbStDV).

Inhalt des Schließfachs
Nicht gemeldet werden braucht der Inhalt des Schließfachs. Der Inhalt des
Schließfachs ist jedoch im Rahmen der **Gesamtrechtsnachfolge** auf den oder die
Erben übergegangen. Bei der Abgabe der Erbschafsteuererklärung ist ein **Nach-
lassverzeichnis** einzureichen. Der Inhalt des Schließfachs ist hierin aufzunehmen
(vgl. Delp 2016, S. 1404).

Anzeigepflicht der Erben
Die Anzeigepflicht der Erben ergibt sich aus § 30 ErbStG. Die Meldung der Kreditinstitute oder der Versicherungsunternehmen entbindet nicht von der Meldung
nach § 30 Abs. 1 ErbStG. In vielen Fällen liegt der Wert des gesamten Erwerbs
jedoch unter den persönlichen Freibeträgen (zum Beispiel Ehegatten und des
Lebenspartners in Höhe von 500.000 EUR). In anderen Fällen wird ein steuerpflichtiger Erwerb vorliegen, der zu einer Steuerlast führt (vgl. Delp 2016, S. 1404).

▶   Angesichts der weiter anhaltenden Niedrigzinspolitik der Europä-
    ischen Zentralbank dürfte der Trend, Vermögenswerte in Schließ-
    fächern aufzubewahren, gerade bei älteren Kunden zunehmen. In
    diesem Zusammenhang müssen die (möglichen) steuerlichen Folgen
    bei der Aufbewahrung von „anderen Wirtschaftsgütern" in Schließfä-
    chern in der Anlageberatung beachtet werden.

2.7   Ausgewählte BFH- und Finanzgerichts-Urteile zur privaten Kapitalanlage

2.7.1   Besteuerung der Veräußerung oder Einlösung von Xetra-Gold-Inhaberschuldverschreibungen

Der Gewinn aus der Veräußerung oder Einlösung von Xetra-Gold-Inhaberschuldverschreibungen, die dem Inhaber ein Recht auf Auslieferung von Gold gewähren, ist nach den BFH-Urteilen vom 12.05.2015 (VIII R 4/15 und VIII R 35/14)
nach Ablauf der Veräußerungsfrist von einem Jahr zwischen Anschaffung und

Veräußerung der Wertpapiere nicht steuerbar (in: Der Betrieb, 68. Jg., 2015, S. 2056–2058, hier S. 2056).

Keine Kapitalforderungen gegeben
Nach Auffassung des BFH führt der Gewinn aus der Veräußerung oder Einlösung von Xetra-Gold-Inhaberschuldverschreibungen nicht zu steuerbaren Einkünften aus Kapitalvermögen im Sinne des § 20 Abs. 2 Satz 1 Nr. 7 EStG, da die Schuldverschreibung keine Kapitalforderung verbrieft, sondern einen Anspruch auf eine Sachleistung, die Lieferung des physischen Goldes (BFH-Begründung, S. 2056).

Die Rückgabe der Inhaberschuldverschreibung und die Lieferung des Goldes könnten danach allenfalls zu einer Besteuerung nach § 22 Nr. 2, § 23 Abs. 1 Satz 1 Nr. 2 EStG führen. Im Streitfall war jedoch die maßgebliche Jahresfrist zwischen Anschaffung und Veräußerung unstreitig überschritten (BFH-Begründung, S. 2057).

Finanzverwaltung hat sich der Rechtsauffassung angeschlossen
Die Finanzverwaltung hat sich der Rechtsauffassung des BFH angeschlossen und die Randziffer 57 des BMF-Schreibens zu Einzelfragen zur Abgeltungsteuer vom 18.01.2016 entsprechend angepasst.

Nicht in physischer Form gedeckt
Werden Inhaberschuldverschreibungen veräußert oder eingelöst, die einen Lieferanspruch auf Gold oder einen anderen Rohstoff verbriefen oder durch Gold oder einen anderen Rohstoff in physischer Form nicht gedeckt sind, sind die Einnahmen Einkünfte im Sinne des § 20 Abs. 2 Satz 1 Nr. 7 EStG (BMF-Schreiben zu Einzelfragen zur Abgeltungsteuer vom 18.01.2016, Rz. 57).

2.7.2 Steuerliche Berücksichtigung von Prämien bei wertlos gewordenen Optionen

Einkünfte bei einem Termingeschäft im Sinne des § 20 Abs. 2 Satz 1 Nr. 3 Buchstabe a EStG liegen bei dem Erwerb einer Option auch dann vor, wenn der Steuerpflichtige die Option bei Fälligkeit verfallen lässt (BFH-Urteil vom 12.01.2016 – IX R 48/14, in: Neue Juristische Wochenschrift, 69. Jg., 2016, S. 1343–1344). Der BFH widerspricht damit für die Rechtslage nach Einführung der Abgeltungsteuer der Rechtsauffassung der Finanzverwaltung.

Nach Meinung des BFH sind die vergeblich für den Erwerb der Optionen aufgewandten Anschaffungskosten Aufwendungen, die im unmittelbaren sachlichen Zusammenhang mit dem Termingeschäft stehen und deshalb bei der Ermittlung des Gewinns (oder Verlusts) abzuziehen sind (BFH-Begründung, S. 1343).

Neue Auffassung der Finanzverwaltung
Die Finanzverwaltung hat sich der Auffassung des BFH angeschlossen und die Randziffern 27 und 32 des Anwendungsschreibens zu Einzelfragen zur Abgeltungsteuer vom 18.01.2016 geändert. Demnach sind Aufwendungen, die für den Erwerb einer Option entstanden sind, auch dann bei der Ermittlung des Gewinns (oder Verlusts) im Sinne von § 20 Abs. 4 Satz 5 EStG zu berücksichtigen, wenn der Inhaber der Option diese am Ende der Laufzeit verfallen lässt (Oberfinanzdirektion Nordrhein-Westfalen 2017, S. 1268).

2.7.3   Steuerliche Behandlung des Verfalls von Knock-out-Zertifikaten

Von Optionen ist der Verfall von Knock-out-Produkten abzugrenzen. Knock-out-Produkte verfallen automatisch, wenn der zugrundeliegende Basiswert eine bestimmte Schwelle unter- oder überschritten hat (vgl. Oberfinanzdirektion Nordrhein-Westfalen 2017, S. 1268).

Das Finanzgericht Düsseldorf befasst sich in seinem Urteil vom 06.10.2015 (9 K 4203/13, Rev. eingelegt: Az. des BFH: VIII 37/15) mit der Frage, ob Aufwendungen für den Erwerb von Knock-out-Zertifikaten nach dem Unterschreiten der Knock-out-Schwelle unter Geltung der Abgeltungsteuer als Verlust aus Kapitalvermögen zu berücksichtigen sind (Deutsche Steuerrecht − Entscheidungsdienst, 20. Jg., 2016, S. 1161–1163).

Auffassung des Finanzgerichts
Nach Einführung der Abgeltungsteuer zum 01.01.2009 sind die Aufwendungen im Zusammenhang mit der Anschaffung von Knock-out-Zertifikaten als Verluste abzugsfähig, wenn aufgrund des Eintritts des Knock-out-Ereignisses kein Entgelt gezahlt wird und keine Rückzahlung des Kaufpreises erfolgt. Dies gilt unabhängig davon, ob die Knock-out-Zertifikate als Termingeschäfte oder als sonstige Kapitalforderung qualifiziert werden (Deutsche Steuerrecht − Entscheidungsdienst, 20. Jg., 2016, S. 1161).

Begründung des Gerichts
Der Eintritt des Knock-out-Ereignisses stellt sich nach Auffassung des Finanzgerichts als „Einlösung" im Sinne von § 20 Abs. 2 Satz 2 EStG und damit als Veräußerung im Sinne von § 20 Abs. 2 Satz 1 Nr. 7 EStG dar (Deutsche Steuerrecht – Entscheidungsdienst, 20. Jg., 2016, S. 1163).

Auffassung der Finanzverwaltung
Sind bei einem Zertifikat im Zeitpunkt der Endfälligkeit keine Zahlungen vorgesehen, weil der Basiswert eine nach den Emissionsbedingungen vorgesehene Bandbreite verlassen hat, oder kommt es durch das Verlassen der Bandbreite zu einer (vorzeitigen) Beendigung des Zertifikats (zum Beispiel bei einem Zertifikat mit „Knock-out-Struktur") ohne weitere Kapitalrückzahlungen, liegt gleichfalls kein veräußerungsgleicher Tatbestand im Sinne des § 20 Abs. 2 EStG vor (BMF-Schreiben zu Einzelfragen zur Abgeltungsteuer vom 18.01.2016, Rz. 8a).

2.8 Neue Entwicklungen bei der Abgeltungsteuer auf Kapitalerträge

2.8.1 Chancen der Abgeltungsteuer für Beratungsgespräche nutzen

Die Abgeltungsteuer sollte nach dem Willen des Gesetzgebers zu einer deutlichen Vereinfachung des Besteuerungsverfahrens für Kapitaleinkünfte führen. Ob dies gelungen ist, darf angesichts des umfangreichen BMF-Schreibens zu den Einzelfragen zur Abgeltungsteuer vom 18.01.2016 und die Streitanfälligkeit der Auslegung der Regelungen durchaus bezweifelt werden (vgl. Werth 2015, S. 1343). In der Praxis der Anlageberatung sollte, wie Abb. 2.2 verdeutlicht, zwischen Bank- und Veranlagungsebene unterschieden werden.

Besonderheiten bei der Abgeltungsteuer in der Praxis der Anlageberatung	
Gestaltungen auf Bankebene durch Dispositionen des Steuerpflichtigen	Gestaltungen auf Veranlagungsebene durch eine ganzheitliche Betrachtung der Kapitalerträge des Steuerpflichtigen
Technische Aspekte der Abgeltungsteuer (zum Beispiel Verlusttöpfe) beachten	

Abb. 2.2 Gestaltungszonen zur Abgeltungsteuer. (Quelle: eigene Darstellung)

▶   Die Abgeltungsteuer wird für die Mitarbeiter in der Anlageberatung
    immer wichtiger. Die Problemfelder in diesem Bereich sind weit
    gefächert und bieten hervorragende Möglichkeiten zur Festigung
    der Kundenbeziehung und Etablierung einer „BeratungsMarke"
    durch entsprechende steuerliche Kompetenz.

2.8.2 Umfassende Besteuerung privater Kapitalerträge

Im Rahmen der Abgeltungsteuer wurde vom Gesetzgeber die bis Ende 2008 geltende Trennung zwischen Ertrags- und Vermögensebene zugunsten einer **umfas-
senden Besteuerung privater Kapitalanlagen** aufgegeben. Seit dem 01.01.2009
unterliegen neben den laufenden Kapitalerträgen auch Wertveränderungen des
privaten Kapitalvermögens nach § 20 EStG in vollem Umfang der Besteuerung.
Die privaten Veräußerungsgeschäfte im Sinne des § 23 EStG sind nur noch für
Privatanleger bei der Veräußerung von Grundstücken und grundstücksgleichen
Rechten und bei anderen Wirtschaftsgütern (zum Beispiel Goldbarren, Fremdwährungsguthaben) von Bedeutung (vgl. Moritz und Strohm 2014, S. 2306). Die
Besteuerung der Einkünfte aus Kapitalvermögen ist in Abb. 2.3 dargestelt.

2.8.3 Veräußerungsgewinnbegriff

In der zum 01.01.2009 im Rahmen der Abgeltungsteuer geschaffenen Neuregelung des § 20 Abs. 2 EStG hat der Gesetzgeber auch den **Vermögensstamm** der
in § 20 Abs. 1 EStG genannten Kapitalanlagen der Besteuerung unterworfen.
Danach gehören auch Gewinne aus der Veräußerung von sonstigen Kapitalforderungen jeder Art zu den Einkünften aus Kapitalvermögen (§ 20 Abs. 2 Satz 1 Nr.
7 EStG). Als **Veräußerung** gilt auch die Einlösung, Rückzahlung, Abtretung oder
verdeckte Einlage in eine Kapitalgesellschaft (§ 20 Abs. 2 Satz 2 EStG).

Einkünfte aus Kapitalvermögen (§ 20 EStG)	
Absatz 1:	Absatz 2:
Laufende Kapitalerträge (zum Beispiel Dividenden, Erträge aus Investmentfonds, Zinsen)	Veräußerungsgewinne und -verluste

Abb. 2.3 Besteuerung der Einkünfte aus Kapitalvermögen. (Quelle: eigene Darstellung)

Wann liegt keine Veräußerung vor?
Eine Veräußerung liegt nicht vor, wenn der Veräußerungspreis **die tatsächlichen Transaktionskosten nicht übersteigt** (BMF-Schreiben zu Einzelfragen zur Abgeltungsteuer vom 18.01.2016, Rz. 59).

Eine andere Auffassung vertritt das Niedersächsische Finanzgericht
Nach einer Entscheidung des Niedersächsischen Finanzgerichts liegt eine Veräußerung auch dann vor, wenn bei einer Veräußerung von Aktien der Veräußerungserlös die Transaktionskosten nicht übersteigt (Urteil vom 26.10.2016, 2 K 12095/15 – Rev. eingelegt: Az. des BFH: VIII R 32/16, in: Entscheidungen der Finanzgerichte, 65. Jg., 2017, S. 132–135, hier S. 132).

Die entgegenstehende Auffassung der Finanzverwaltung, wonach eine Veräußerung nicht vorliegen soll, wenn der Veräußerungspreis die tatsächlichen Transaktionskosten nicht übersteigt, findet nach Auffassung des Niedersächsischen Finanzgerichts im Einkommensteuergesetz keine Grundlage. Sie führt außerdem zu dem fragwürdigen Ergebnis, dass die steuerliche Behandlung der Veräußerungsverluste von der Gebührengestaltung der jeweiligen Bank abhinge (Urteil vom 26.10.2016, 2 K 12095/15 – Rev. eingelegt: Az. des BFH: VIII R 32/16, in: Entscheidungen der Finanzgerichte, 65. Jg., 2017, S. 132–135, 133).

Übertragung einer Kapitalanlage auf einen anderen Gläubiger
Bei der Übertragung einer Kapitalanlage von einem Depot in das Depot eines anderen Gläubigers liegt nach § 43 Abs. 1 Satz 4 EStG eine Veräußerung vor. Eine Ausnahme besteht nur, wenn es sich um eine unentgeltliche Übertragung (Schenkung) handelt, der Steuerpflichtige diese der auszahlenden Stelle mitteilt und diese wiederum den Sachverhalt beim Betriebsstättenfinanzamt anzeigt (§ 43 Abs. 1 Satz 6 EStG).

2.8.4   Wissen in Bezug auf die Steuerpflicht der Einkünfte aus Kapitalvermögen

Das Wissen um die Steuerpflicht der Einkünfte aus Kapitalvermögen gehörte bereits zu Beginn der Neunzigerjahre zur **Allgemeinbildung.** Denn die Zinsbesteuerung stellte seit der Verabschiedung des Steuerreformgesetzes 1990 im Jahre 1988 ein **immer wieder kehrendes Thema** in sämtlichen Medien dar (FG Rheinland-Pfalz, Urteil vom 18.07.2012, 5 K 1348/09, rkr., in: Deutsches Steuerrecht (Entscheidungsdienst), 17. Jg., 2013, S. 680–683, hier S. 683).

2.8.5 Bindungswirkung von Verwaltungsanweisungen beim Kapitalertragsteuerabzug

Die Kreditinstitute sind gemäß § 43 ff. EStG i. V. m. § 20 EStG verpflichtet, die Kapitalertragsteuer zu ermitteln, einzubehalten, anzumelden und abzuführen. Bei der Auslegung dieser Vorschriften sind Banken und Sparkassen an die Auslegungsvorschriften der Finanzverwaltung in Form von „BMF-Schreiben" gebunden (vgl. Hoffmann 2016, S. 1849).

Auswirkungen der Bindung von BMF-Schreiben im Rahmen der Abgeltungsteuer
Eine Bindung an Verwaltungsanweisungen der Finanzverwaltung ergibt sich aus den Grundsätzen der Inpflichtnahme der Kreditinstitute als „Organe der Steuererhebung" (Hoffmann 2016, S. 1849). Die Kreditinstitute haben als Organe der Steuererhebung die Rechtsauffassung der Finanzverwaltung hinsichtlich des Kapitalertragsteuereinbehalts anzuwenden (§ 44 Abs. 1 Satz 3 EStG) (BMF-Schreiben zu Einzelfragen zur Abgeltungsteuer vom 18.01.2016, Rz. 151a).

Haftung der Kreditinstitute für die Abgeltungsteuer
Die Banken und Sparkassen haften zudem nach § 44 Abs. 5 Satz 1 EStG für die Einhaltung und Abführung der Abgeltungsteuer, es sei denn, sie weisen nach, dass sie die ihnen auferlegten Pflichten weder vorsätzlich noch grob fahrlässig verletzt haben.

2.8.6 Hinweise zur steuerlichen Verlustverrechnung im Rahmen des § 20 EStG

2.8.6.1 Praxisfall zur Verlustverrechnung
Im heutigen Gespräch kommt Ihr Kunde Dr. Manfred Berg, 59 Jahre alt, der bei der X-Bank in Hamburg eine Finanzportfolioverwaltung unterhält, auf folgenden Sachverhalt zu sprechen. Bei meiner „Zweit-Bank" wurden im Rahmen der Finanzportfolioverwaltung 50.000 EUR Verlust aus dem Verkauf einer Aktienposition erzielt. Gleichzeitig musste ich, so der Kunde verärgert, 10.000 EUR an Abgeltungsteuer auf den Aktienverlust bezahlen. Kann dies sein, so der Kunde? Welche Hinweise können Sie Herrn Dr. Berg geben?

2.8.6.2 Verlustverrechnungsbeschränkung bei Aktien
Die **Verlustverrechnung** unter der Abgeltungsteuer stellt sich als unübersichtlich und vielschichtig dar. Bei Aktienverlusten sind steuerliche Besonderheiten zu beachten.

Verluste aus Kapitalvermögen, die aus der Veräußerung von Aktien entstehen, dürfen nur mit Gewinnen aus Kapitalvermögen, die aus der Veräußerung von Aktien entstehen, ausgeglichen werden (§ 20 Abs. 6 Satz 4 EStG).

Ein besonderer sachlicher Grund für die Abzugsbeschränkung von Verlusten aus Aktien ist nicht gegeben. Der Gesetzgeber rechtfertigt diese Durchbrechung vielmehr ausschließlich mit **haushaltspolitischen Gründen,** die keinen Rechtfertigungsgrund darstellen (Worgulla 2013, S. 930).

2.8.6.3 Verlusttöpfe sind auf Ebene des Kreditinstituts zu führen

Auf Ebene des Kreditinstituts sind zwei Verlusttöpfe zu führen. Ein allgemeiner Topf und ein Aktientopf. Folgende Geschäftsvorfälle fallen bezogen auf den Praxisfall an:

Allgemeiner Topf	Aktientopf
20.10.01	21.10.01
Aktienfondsverlust	Aktiengewinn
50.000 EUR	50.000 EUR
	25.10.01
	Aktienverlust
	70.000 EUR
= Aktienfondsverlust	= Aktienverlust
50.000 EUR	20.000 EUR

25.10.01:   Zinszahlung   aus   einer   Bundesanleihe   in   Höhe   von 90.000 EUR = 40.000 EUR Zinsertrag.
   25 % von 40.000 EUR = 10.000 EUR Abgeltungsteuer
   Lösung: Am **21.10.01** werden von der X-Bank in Hamburg die im Aktientopf befindlichen 50.000 EUR Aktiengewinn gegen den im allgemeinen Topf vorhandenen Aktienfondsverlust verrechnet. Es fällt keine Abgeltungsteuer auf den Aktiengewinn an.

Verrechnung von Aktiengewinnen
Gewinne aus der Veräußerung von Aktien, die nicht durch entsprechende Aktienveräußerungsverluste ausgeglichen werden, können mit dem **allgemeinen Verlusttopf** verrechnet werden (BMF-Schreiben zu Einzelfragen zur Abgeltungsteuer vom 18.01.2016, Rz. 229).
   Am **25.10.01** entsteht ein Aktienverlust in Höhe von 70.000 EUR.

Verrechnung von Aktienverlusten

Falls nach Verrechnung eines Aktienveräußerungsgewinns mit dem allgemeinen Verlusttopf im weiteren Verlauf des Jahres ein Aktienveräußerungsverlust realisiert wird, muss die Verlustverrechnung insoweit, um eine zeitnahe Verrechnung der Aktienverluste zu erreichen, wieder korrigiert und der Aktienverlust nachträglich mit dem Aktiengewinn verrechnet werden (BMF-Schreiben zu Einzelfragen zur Abgeltungsteuer vom 18.01.2016, Rz. 229). Der allgemeine Verlusttopf in Höhe von 50.000 EUR lebt wieder auf. Im Aktientopf verbleibt ein Aktienverlust in Höhe von 20.000 EUR.

Am 25.10.01 fällt eine Zinszahlung aus einer Bundesanleihe in Höhe von 90.000 EUR an. Im Verlusttopf werden die 50.000 EUR Aktienfondsverluste gegen den Zinsertrag aus der Bundesanleihe in Höhe von 90.000 EUR verrechnet. Es verbleibt ein Zinsertrag in Höhe von 40.000 EUR auf den eine Abgeltungsteuer in Höhe von 10.000 EUR anfällt.

▶   **Wichtig** Dieses einfache Praxisbeispiel zeigt die Komplexität der Abgeltungsteuer auch unter **technischen Aspekten** auf. Da Verluste aus Aktienverkäufen nur mit Gewinnen aus Aktienverkäufen verrechnet werden dürfen, muss auf Ebene des Kreditinstituts ein zusätzlicher Verrechnungstopf eingerichtet werden. Verluste aus der Veräußerung von ADRs und GDRs (American, Global Depositary Receipts) sind in diesen Verlusttopf einzustellen.

Verluste aus Veräußerungen von Teilrechten und von Bezugsrechten auf Aktien sind nicht in diesen Verlusttopf einzustellen und dementsprechend ohne Einschränkung verrechenbar. Gewinne aus der Veräußerung von Teilrechten und Bezugsrechten können nicht mit Aktienverlusten verrechnet werden (BMF-Schreiben zu Einzelfragen zur Abgeltungsteuer vom 18.01.2016, Rz. 228).

ADRs und GDRs

ADRs und GDRs ermöglichen Anlegern, denen zum Beispiel aus rechtlichen Gründen der unmittelbare Aktienbesitz verwehrt ist, eine Teilhabe an der Wertentwicklung einschließlich Dividendenausschüttung eines Unternehmens. Die **Umbuchung** von Depositary Reeceipts in die dahinter stehenden Aktien ist **keine Veräußerung** des Receipts bzw. **Neuanschaffung der bezogenen Aktien** (BMF-Schreiben zu Einzelfragen zur Abgeltungsteuer vom 18.01.2016, Rz. 68).

Ausstellung einer Verlustbescheinigung
Der Anlageberater sollte bei Verlusten aus Kapitalvermögen beachten, dass der unwiderrufliche Antrag auf Erteilung einer Verlustbescheinigung bis zum 15.12. des laufenden Jahres der auszahlenden Stelle zugehen muss (§ 43a Abs. 3 Satz 5 EStG). Andernfalls ist eine Berücksichtigung von Verlusten im Veranlagungsverfahren ausgeschlossen.

2.8.6.4 Verlustverrechnung nur für Konten und Depots des Privatvermögens

Die Verlustverrechnung ist bei natürlichen Personen nur für diejenigen Kapitalerträge durchzuführen, die den Einkünften aus Kapitalvermögen zuzuordnen sind (BMF-Schreiben zu Einzelfragen zur Abgeltungsteuer vom 18.01.2016, Rz. 214). Bei betrieblichen und anderen nicht den Einkünften aus Kapitalvermögen zuzuordnenden privaten Konten und Depots kommt eine Verlustverrechnung nicht in Betracht (BMF-Schreiben zu Einzelfragen zur Abgeltungsteuer vom 18.01.2016, Rz. 215).

Die Kreditinstitute dürfen hierbei auf die Angaben der Kunden vertrauen. Nur wenn dem Institut auf dieser Grundlage bekannt ist, dass es sich um ein betriebliches oder der Vermietung oder Verpachtung zugehörendes Konto oder Depot handelt, ist es in der Lage, die betreffenden Konten und Depots von der Verlustverrechnung auszuschließen (BMF-Schreiben zu Einzelfragen zur Abgeltungsteuer vom 18.01.2016, Rz. 216).

2.8.7 Verlust aus einer Aktienanleihe

Nach § 20 Abs. 6 Satz 1 bis 3 EStG führt beispielsweise der **Verkauf einer Aktienanleihe,** die einen Kursverfall aufweist, zu einem Verlust, der mit anderen Einkünften aus Kapitalvermögen und damit im allgemeinen Verlusttopf ausgleichsfähig ist (vgl. Delp 2011, S. 198). Werden dagegen die aus der Aktienanleihe stammenden Aktien mit Verlust veräußert, so sind die Aktienveräußerungsverluste nach § 20 Abs. 6 Satz 4 EStG nur mit Aktienveräußerungsgewinnen zu verrechnen.

2.8.8 Verfassungsmäßigkeit des Werbungskostenabzugsverbots

Mit der Einführung der Abgeltungsteuer für private Kapitalerträge hat der Gesetzgeber ein umfassendes Abzugsverbot für Werbungskosten eingeführt.

Nach § 20 Abs. 9 Satz 1 EStG können Werbungskosten bei den Einkünften aus Kapitalvermögen ab dem Veranlagungszeitraum 2009 grundsätzlich nicht mehr abgezogen werden. Abziehbar ist lediglich ein Sparer-Pauschbetrag von 801 EUR, der bei Ehegatten, die zusammen veranlagt werden, auf 1602 EUR verdoppelt wird (§ 20 Abs. 9 Satz 2 EStG).

Abzugsverbot für Werbungskosten seit Einführung der Abgeltungsteuer ist verfassungsgemäß
An der **Verfassungsmäßigkeit** dieser Regelung hat der Bundesfinanzhof (BFH) in München keine Zweifel (BFH-Urteil vom 01.07.2014 – VIII R 53/12, in: Deutsches Steuerrecht, 52. Jg., 2014, S. 2062–2065, hier S. 2062).

Begründung des BFH
Nach Auffassung des BFH ist die Verfassungsmäßigkeit des Werbungskostenabzugs zu bejahen, da bei der überwiegenden Zahl der Kleinanleger in der Regel nicht mehr als 801 EUR Werbungskosten im Kalenderjahr anfallen. Darüber hinaus dürften bei der kleinen Gruppe der Spitzeninvestoren die Auswirkungen des Abzugsverbots für Werbungskosten durch die Senkung des Steuertarifs von bisher bis zu 45 % auf nunmehr 25 % hinreichend ausgeglichen sein (BFH-Urteil vom 01.07.2014 – VIII R 53/12, in: Deutsches Steuerrecht, 52. Jg., 2014, S. 2062–2065, 2063).

2.8.9 Transaktionskostenanteil der All-in-Fee bei Kreditinstituten

2.8.9.1 Transaktionskostenanteil in der Finanzportfolioverwaltung

Im Rahmen der Abgeltungsteuer sind Depot- und Vermögensverwaltungsgebühren nicht mehr als **Werbungskosten** abziehbar. Hingegen wirken sich Anschaffungsnebenkosen und Veräußerungskosten steuermindernd aus. Auch der **Transaktionskostenanteil** der All-in-Fee (= pauschales Entgelt bei den Kreditinstituten, das auch die Transaktionskosten mit abdeckt) ist **abzugsfähig**. Dies gilt jedenfalls dann, wenn im Finanzportfolioverwaltungsvertrag festgehalten wird, wie hoch der Transaktionskostenanteil der All-in-Fee ist (BMF-Schreiben zu Einzelfragen zur Abgeltungsteuer vom 18.01.2016, Rz. 93).

Da die **pauschale Jahresgebühr** keinem Geschäft konkret zugeordnet werden kann, ist die in der All-in-Fee enthaltene Transaktionskostenpauschale im Zeitpunkt der Verausgabung als abziehbarer Aufwand anzuerkennen. Sofern die Pauschale einen Betrag von **50 % der gesamten Gebühr nicht überschreitet,** ist sie im Rahmen des Kapitalertragsteuerabzugs in den Verlustverrechnungstopf einzustellen. Voraussetzung hierfür ist jedoch, dass die in der All-in-Fee enthaltene Transaktionskostenpauschale auf einer **sachgerechten und nachprüfbaren Berechnung** beruht (BMF-Schreiben zu Einzelfragen zur Abgeltungsteuer vom 18.01.2016, Rz. 93).

2.8.9.2 Transaktionskostenpauschale bei Beratungsverträgen

Die Regelung ist auch bei Beratungsverträgen anwendbar. Beratungsverträge unterscheiden sich von Finanzportfolioverwaltungsverträge lediglich dadurch, dass die vonseiten des Kreditinstituts empfohlenen Wertpapiertransaktionen jeweils unter dem **Vorbehalt der Zustimmung des Kunden** stehen (BMF-Schreiben zu Einzelfragen zur Abgeltungsteuer vom 18.01.2016, Rz. 95).

2.8.9.3 Praxisbeispiel

Der Finanzportfolioverwaltungsvertrag sieht eine pauschale Vergütung in Höhe von zwei Prozent (inklusive Umsatzsteuer) des verwalteten Depotbestands, bewertet jeweils zum Stichtag 31.12., vor. Die Pauschale deckt auch die Transaktionskosten (Veräußerungskosten) des Kunden ab. Der Kunde erhält von seinem Finanzportfolioverwalter folgende Abrechnung nach Ablauf eines Jahres:

Verwaltetes Vermögen: 250.000 EUR.

All-in-Fee (insgesamt) zwei Prozent von 250.000 EUR = 5000 EUR

Die All-in-Fee gliedert sich in folgende Positionen:

- Vermögensverwaltung: 2600 EUR
- Depotführung: 500 EUR
- Wertpapierumsatz: 1900 EUR
- Summe: 5000 EUR

Lösung: Da der ausgewiesene Transaktionskostenanteil (Wertpapierumsatz) aufgrund des vorgesehenen festgelegten Kostenschlüssels die 50-Prozent-Grenze bezogen auf die All-in-Fee nicht übersteigt, kann der Betrag von 1900 EUR in den Verlustverrechnungstopf eingestellt werden (BMF-Schreiben zu Einzelfragen zur Abgeltungsteuer vom 18.01.2016, Rz. 96).

2.9 Investmentsteuergesetz 2018: Ausgewählte Einzelfragen und Handlungsempfehlungen aus Sicht der Anlageberatung

2.9.1 Anwendung des neuen Rechts ab 01.01.2018

Das **Gesetz zur Reform der Investmentbesteuerung (Investmentsteuerreformgesetz – InvStRefG)** ist am 26.07.2016 im Bundesgesetzblatt (Teil I, S. 1730 ff.) veröffentlicht worden. Es enthält neben dem neuen **Investmentsteuergesetz** (InvStG), das seit dem 01.01.2018 gilt, auch Änderungen anderer Gesetze (zum Beispiel Neuerungen im Einkommensteuergesetz zur Anrechnung der Kapitalertragsteuer).

Was will der deutsche Gesetzgeber beseitigen?
Mit der Investmentsteuerreform möchte der deutsche Gesetzgeber vor allem die Komplexität und den administrativen Aufwand, insbesondere bei **Publikumsfonds** vermindern, europarechtliche Risiken ausräumen und Steuergestaltungsmöglichkeiten beseitigen (vgl. Stadler und Bindl 2016, S. 1953).

2.9.2 Eckpunkte zum neuen Investmentsteuerrecht

2.9.2.1 Investmentfonds unterliegen mit bestimmten inländischen Einkünften der Steuerpflicht

Die Investmentfonds (zum Beispiel Aktien- und Rentenfonds), die Gegenstand der nachfolgenden Ausführungen sind, sind seit dem 01.01.2018 nicht mehr vollständig steuerbefreit, sondern unterliegen mit **bestimmten inländischen Einkünften** nach § 6 Abs. 2 InvStG der partiellen Körperschaftsteuerpflicht. Die Anleger müssen Ausschüttungen, Veräußerungsgewinne aus den Fondsanteilen und eine sogenannte Vorabpauschale (als Gegenwert für den Wegfall der thesaurierten Erträge) versteuern. Zum Ausgleich der steuerlichen Vorbelastung für bestimmte Einkünfte auf Fondsebene werden auf **Anlegerebene** pauschale Teilfreistellungen vom Gesetzgeber gewährt (vgl. Stadler und Bindl 2016, S. 1953).

Für Privatanleger steigt die **Steuerbelastung** unter dem Strich nicht. Sie erhalten eine Kompensation über Teilfreistellungen von der Abgeltungsteuer. Die Höhe der Teilfreistellung richtet sich nach der Art des Fonds (vgl. BVI 2017, S. 4).

2.9.2.2 Besteuerung von Spezial-Investmentfonds

Bei **Spezial-Investmentfonds**, die bestimmte Voraussetzungen erfüllen (§§ 25 ff. InvStG), bleibt es grundsätzlich beim semi-transparenten Besteuerungssystem, das heißt, die Anleger müssen ausgeschüttete und ausschüttungsgleiche Erträge sowie Veräußerungsgewinne aus den Fondsanteilen versteuern (Stadler und Bindl 2016, S. 1954).

2.9.2.3 Investmentfonds und deren Anleger

Das **Investmentsteuergesetz (InvStG)** ist anzuwenden auf Investmentfonds und deren Anleger (§ 1 Abs. 1 InvStG). Ein Investmentvermögen im Sinne des § 1 Abs. 1 Satz 1 des Kapitalanlagegesetzbuchs (KAGB) ist jeder Organismus für gemeinsame Anlagen, der von einer Anzahl von Anlegern Kapital einsammelt, um es gemäß einer festgelegten Anlagestrategie zum Nutzen dieser Anleger zu investieren und der kein operativ tätiges Unternehmen außerhalb des Finanzsektors ist.

Seit dem 01.01.2018 ist die Qualifikation eines Investmentfonds im steuerrechtlichen Sinne nicht mehr von der Einhaltung bestimmter Voraussetzungen (zum Beispiel Anlagebestimmungen) abhängig. Diese sind nur noch von Spezial-Investmentfonds zu erfüllen. Auch die früher aufwendige Prüfung und Überprüfung der Anlagebestimmungen durch die Finanzbehörden und Kapitalverwaltungsgesellschaften existieren nicht mehr (vgl. Bundestags-Drucksache 18/8045 2016, S. 65).

Erwerb von ausländischen Fonds leichter möglich

Durch den Wegfall der Bekanntgabe der Besteuerungsgrundlagen nach § 5 InvStG a. F. stehen den privaten Anlegern jetzt auch Auslandsfonds zur Kapitalanlage zur Verfügung, die die deutschen Meldevorschriften nicht erfüllen (vgl. Delp 2017, S. 454).

2.9.2.4 Begriffsbestimmungen

Die **Begriffsbestimmungen des Kapitalanlagegesetzbuchs** gelten entsprechend, soweit sich keine abweichenden Begriffsbestimmungen aus dem Investmentsteuergesetz ergeben (§ 2 Abs. 1 InvStG). Nachfolgend sollen für die Anlageberatungspraxis wichtige Begriffe erläutert werden.

Ein **inländischer Investmentfonds** ist eine Investmentfonds, der dem inländischen Recht unterliegt (§ 2 Abs. 2 InvStG). Ein **ausländischer Investmentfonds** ist ein Investmentfonds, der ausländischem Recht unterliegt (§ 2 Abs. 3 InvStG).

Aktienfonds sind Investmentfonds, die gemäß den Anlagebedingungen **fortlaufend mindestens 51 %** ihres Wertes in Kapitalbeteiligungen anlegen (§ 2 Abs. 6 InvStG).

Mischfonds sind Investmentfonds, die gemäß den Anlagebedingungen **fortlaufend mindestens 25 %** ihres Wertes in Kapitalbeteiligungen anlegen (§ 2 Abs. 7 InvStG).

Immobilienfonds sind Investmentfonds, die gemäß den Anlagebedingungen **fortlaufend mindestens 51 %** in Immobilien und Immobilien-Gesellschaften anlegen (§ 2 Abs. 9 Satz 1 InvStG).

Was sollte in der Anlageberatungspraxis beachtet werden?
Bei der Empfehlung von Fondsanteilen sollte der Mitarbeiter in der Anlageberatung zwischen der Fondsebene und Anlegerebene unterscheiden und die in Tab. 2.1 aufgeführten Punkte im qualifizierten Beratungsgespräch unter steuerlichen Gesichtspunkten mit dem Kunden besprechen.

2.9.3 Besteuerung des Investmentfonds

2.9.3.1 Eigenständige Körperschaftsteuersubjekte
Inländische und ausländische Investmentfonds gelten als eigenständige Körperschaftsteuersubjekte. Inländische Investmentfonds gelten als Zweckvermögen im Sinne des § 1 Abs. 1 Nr. 5 Köperschaftsteuergesetzes (KStG) und ausländische Investmentfonds als Vermögensmassen im Sinne des § 2 Nr. 1 KStG (§ 6 Abs. 1 KStG). Die gesetzlichen Fiktionen erfassen alle inländischen und ausländischen Investmentfonds, unabhängig von ihrer rechtlichen Ausgestaltung (Bundestags-Drucksache 18/8045 2016, S. 71).

Gleichlauf zwischen Steuer- und Aufsichtsrecht
Der Besteuerung nach dem Investmentsteuergesetz unterliegen sämtliche Kapitalanlagevehikel, die auch **aufsichtsrechtlich** durch das Kapitalanlagegesetzbuch geregelt werden. So wird nach Auffassung des Gesetzgebers ein weitgehender Gleichlauf zwischen **Steuer- und Aufsichtsrecht** hergestellt und Abgrenzungsprobleme in der Praxis vermieden (Bundestags-Drucksache 18/8045 2016, S. 53).

Tab. 2.1 Übersicht zur Fondsbesteuerung

Fondsebene	Anlegerebene
Körperschaftsteuerpflicht des Fonds Erhebung der Kapitalertragsteuer gegenüber Investmentfonds	Investmenterträge Vorabpauschale Gewinne aus dem Verkauf Teilfreistellung Übergangsvorschriften

2.9.3.2 Körperschaftsteuerpflicht eines Investmentfonds

Im Gegensatz zur früheren Rechtlage sind inländischen Investmentfonds nach neuem Recht nicht mehr vollständig steuerbefreit, sondern unterliegen, wie auch ausländische Investmentfonds im Rahmen der beschränkten Steuerpflicht nach § 49 Abs. 1 EStG (Einkünfte aus Kapitalvermögen), mit ihren **inländischen Einkünften** der Körperschaftsteuer (vgl. Stadler und Bindl 2016, S. 1955). Zu den inländischen Einkünften eines Investmentfonds zählen

- inländische Beteiligungseinnahmen (zum Beispiel aus inländischen Dividenden),
- inländische Immobilienerträgen und
- sonstigen inländischen Einkünfte (§ 6 Abs. 2 InvStG).

Inländische Beteiligungseinnahmen sind im Wesentlichen Dividenden, die von im Inland ansässigen Kapitalgesellschaften ausgeschüttet werden (Bundestags-Drucksache 18/8045 2016, S. 72). Zu den sonstigen inländischen Einkünften gehören beispielsweise durch Grundbesitz besicherte Zinsen sowie Einnahmen aus typisch stillen Gesellschaften (vgl. Gieringhoff 2017, S. 783 Rz. 494).

Welche Einkünfte sind auf Fondsebene steuerfrei?
Alle anderen Einkünfte sind beim Investmentfonds nicht steuerpflichtig. Steuerfrei vereinnahmen können Investmentfonds damit weiterhin insbesondere Zinsen, Veräußerungsgewinne aus Wertpapieren, Gewinne aus Termingeschäften, ausländische Dividenden und ausländische Immobilienerträge (Bundestags-Drucksache 18/8045 2016, S. 71).

Von der Gewerbesteuer befreit
Ein Investmentfonds ist von der Gewerbesteuer befreit, wenn

1. sein objektiver Geschäftszweck auf die Anlage und Verwaltung seiner Mittel für gemeinschaftliche Rechnung der Anteils- oder Aktieninhaber beschränkt ist und
2. er seine Vermögensgegenstände nicht in wesentlichem Umfang aktiv unternehmerisch bewirtschaftet (§ 15 Abs. 2 InvStG).

Steuerliche Besonderheiten bei Kleinanlegern
Anleger, deren Investmenterträge sich im Rahmen des **Freistellungsauftrags** (801 EUR bzw. 1602 EUR, § 20 Abs. 9 EStG) befinden oder die über eine **Nichtveranlagungsbescheinigung** verfügen, erhalten keinen Ausgleich für die inländische Körperschaftsteuerbelastung in Höhe von 15 % auf Fondsebene.

Insoweit liegt (wie beispielsweise bei der Belastung von ausländischen Kapitalerträgen mit ausländischer Quellensteuer) auch auf den inländischen Erträgen eine **Definitivbelastung** durch die Fondsbesteuerung (vgl. Delp 2017, S. 454).

2.9.3.3 Besteuerung von inländischen Immobilienerträgen

Zu den inländischen Immobilienerträgen gehören

1. Einkünfte aus der Vermietung und Verpachtung von im Inland belegenen Grundstücken oder grundstücksgleichen Rechten und
2. Gewinne aus der Veräußerung von im Inland belegenen Grundstücken oder grundstücksgleichen Rechten (6 Abs. 4 Satz 1 InvStG).

▶ **Wertveränderungen,** die vor dem **01.01.2018** eingetreten sind, sind steuerfrei, sofern der Zeitraum zwischen der Anschaffung und der Veräußerung **mehr als zehn Jahre** beträgt (§ 6 Abs. 4 Satz 3 InvStG).

Beispiel

Wenn eine Immobilie für den offenen Immobilienfonds im Jahr 2014 angeschafft und nach dem Jahr 2025 veräußert wird, sind die auf den Zeitraum 2014 bis zum 31.12.2017 entfallenen Wertsteigerungen oder Wertverluste nicht zu versteuern (Bundestags-Drucksache 18/8739 2016, S. 101).

Steuerfreiheit wird erweitert

Nach § 6 Abs. 4 Satz 3 InvStG wird die Steuerfreiheit von Wertveränderungen einer Immobilie bis zum 31.12.2017 erweitert. Dies gilt allerdings nur unter der Voraussetzung, dass der Zeitraum zwischen der Anschaffung und der Veräußerung der Immobilie mehr als zehn Jahre beträgt (Bundestags-Drucksache 18/8739 2016, S. 101).

Grund für die Abschaffung der Zehnjahresfrist

Bei offenen Immobilienfonds entfällt seit dem 01.01.2018 die Möglichkeit für Fonds, nach Ablauf der zehnjährigen Bindungsfrist **steuerfreie Veräußerungsgewinne** zu erzielen. Dies sei (so der Gesetzgeber) gerechtfertigt, da es sich hierbei eher um Kapitalanlagen als um Immobilienanlagen handle (Bundestags-Drucksache 18/8739 2016, S. 93).

2.9.3.4 Erhebung der Kapitalertragsteuer gegenüber Investmentfonds

Soweit die steuerpflichtigen Einkünfte der Kapitalertragsteuer unterliegen (insbesondere inländische Dividenden), beträgt die Kapitalertragsteuer 15 % des Kapitalertrags und hat für den Investmentfonds **abgeltende Wirkung** (§ 7 Abs. 1 Satz 1 InvStG). Wird der Solidaritätszuschlag erhoben, reduziert sich die Kapitalertragsteuer auf 14,218 %, das heißt 15 % inklusive Solidaritätszuschlag (§ 7 Abs. 1 Satz 3 InvStG). Im Übrigen ist gegenüber Investmentfonds keine Kapitalertragsteuer zu erheben (§ 7 Abs. 1 Satz 4 InvStG).

Nach diesen Vorschriften sollen in- und ausländische Investmentfonds als Dividendenempfänger gleichgestellt werden, da bei ausländischen Investmentfonds der inländische Quellensteuerabzug aufgrund von Doppelbesteuerungsankommen (DBA) auf 15 % (inklusive Solidaritätszuschlag) begrenzt ist (vgl. Stadler und Bindl 2016, S. 1955).

Steuer auf inländische Immobilienerträge und sonstige inländische Einkünfte
Dagegen wird die Steuer auf inländische Immobilienerträge und sonstige inländische Einkünften, die nicht dem Steuerabzug unterliegen, im Veranlagungsverfahren erhoben. Die Körperschaftsteuer beträgt in diesem Fall 15 % zuzüglich Solidaritätszuschlag in Höhe von 5,5 % hierauf, insgesamt 15,825 % (vgl. Stadler und Bindl 2016, S. 1955).

2.9.4 Besteuerung des Anlegers eines Investmentfonds

2.9.4.1 Erträge aus Investmentfonds

Erträge aus Investmentfonds (Investmenterträge) sind

1. Ausschüttungen des Investmentfonds,
2. Vorabpauschalen,
3. Gewinne aus der Veräußerung von Investmentanteilen (§ 16 Abs. 1InvStG).

Ausschüttungen eines Investmentfonds
Ausschüttungen sind die dem Anleger gezahlten oder gutgeschriebenen Beträge einschließlich des Steuerabzugs auf den Kapitalertrag (§ 2 Abs. 11 InvStG).

Anleger versteuert die tatsächlichen Zuflüsse
Der Anleger versteuert grundsätzlich nur die tatsächlichen Zuflüsse aus der Investmentfondsanlage. Darüber hinaus hat der Anleger während der Anlagedauer die

sogenannte Vorabpauschale zu versteuern. Ferner gehören die Gewinne aus der Veräußerung, Rückgabe, Abtretung, Entnahme oder verdeckten Einlage zu den Investmenterträgen (vgl. Bundestags-Drucksache 18/8045 2016, S. 85).

Beispiel
Ein Privatanleger hält im Jahr 2018 Anteile an einem Aktienfonds, der im gleichen Jahr 1000 EUR an den Anleger ausschüttet. Der Freistellungsauftrag ist ausgeschöpft, eine Nichtveranlagungsbescheinigung liegt nicht vor. Von den 1000 EUR Ausschüttung sind 30 % (300 EUR) steuerlich freigestellt (siehe im Einzelnen die Besonderheiten zur Teilfreistellung). Der Privatanleger zahlt damit auf die übrigen 700 EUR Abgeltungsteuer in Höhe von 25 % (zuzüglich Solidaritätszuschlag und eventuell Kirchensteuer).

▶ Der Ausschüttungsbetrag unterliegt bei dem Zufluss des Anlegers dem Kapitalertragsteuerabzug (§ 43 Abs. 1 Nr. 5 EStG).

Privatanleger und betrieblicher Anleger
Bei Privatanlegern unterliegen die Investmenterträge als **Einkünfte aus Investmenterträgen** gemäß § 20 Abs. 1 Nr. 3 EStG der Abgeltungsteuer in Höhe von 25 % (zuzüglich Solidaritätszuschlag und eventuell Kirchensteuer). Nach § 20 Abs. 1 Nr. 8 EStG sind die Erträge, die von betrieblichen Anlegern erzielt werden, den gewerblichen oder den anderen Gewinneinkunftsarten zuzuordnen (vgl. Bundestags-Drucksache 18/8045 2016, S. 85).

Inhalt der Erklärungspflichten
Einer grundlegenden Änderung unterliegt seit dem 01.01.2018 der **Inhalt der Erklärungspflichten.** Während nach altem Recht 33 verschiedene Besteuerungsgrundlagen von den Steuerpflichtigen zu berücksichtigen waren, reichen nun vier Kennzahlen zur Besteuerung der Anleger aus:

• Höhe der Ausschüttung,
• Rücknahmepreis am Anfang des Jahres,
• Rücknahmepreis am Ende des Jahres sowie
• die Angabe, ob es sich um einen Aktien-, Misch-, Immobilien- oder einen sonstigen Investmentfonds handelt.

Alle vier Daten lassen sich leicht beschaffen. Auch die Frage, ob es sich beispielsweise um einen Aktien- oder Immobilienfonds handelt, lässt sich aus den veröffentlichten Anlagebedingungen der Fonds ermitteln (vgl. Bundestags-Drucksache 18/8045 2016, S. 85).

Ausländische Immobilienfonds
Seit dem 01.01.2018 ist es ohne steuerliche Nachteile möglich, in ausländische Investmentfonds zu investieren, die keine deutschen Besteuerungsgrundlagen ermitteln. Damit wird (so die Meinung des Gesetzgebers) das Investmentsteuerrecht auch der steigenden Mobilität der Bürger gerecht (vgl. Bundestags-Drucksache 18/8045 2016, S. 52).

Altersvorsorge- und Basisrentenverträge
Investmenterträge sind nicht anzusetzen, wenn die Investmentanteile im Rahmen von Altersvorsorge- oder Basisrentenverträgen gehalten werden, die nach § 5 oder § 5a des Altersvorsorgeverträge-Zertifizierungsgesetzes zertifiziert wurden (§ 16 Abs. 2 Satz 1 InvStG). Das System der **Alterseinkünftebesteuerung** entsprechend werden bei derartigen Verträgen die Erträge nur in der Auszahlphase besteuert (vgl. Bundestags-Drucksache 18/8045 2016, S. 85).

Inlands- und Auslandsverwahrung von Fondsanteilen
Werden die Fondsanteile bei einem inländischen Kreditinstitut verwahrt, so ist sichergestellt, dass ein **abgeltender Kapitalertragsteuerabzug** erfolgt und regelmäßig keine Steuererklärung für die Erträge mehr abzugeben ist (§ 43 Abs. 5 EStG).

Pflichtveranlagung bei Auslandsverwahrung
Erfolgt eine Verwahrung der Fondsanteile im Ausland, so ist die Besteuerung über die Abgabe der Einkommensteuererklärung herbeizuführen. Ab 2016 wurden erstmals zum 30.09.2017 die Kapitalerträge im Ausland im Rahmen des internationalen Informationsaustausches an die nationalen Stellen (in Deutschland: Bundeszentralamt für Steuern) gemeldet.

2.9.4.2 Vorabpauschale

Grundsätzliches zur Vorabpauschale
Bei Investmentfonds, die ihre Erträge (teilweise) thesaurieren, ist auf **Anlegerebene** ggf. die sogenannte Vorabpauschale anzusetzen (§ 18 InvStG). Sie wird zur Vermeidung einer zeitlich unbeschränkten Steuerstundungsmöglichkeit und damit zur Verhinderung von Gestaltungen sowie zur Verstetigung des Steueraufkommens erhoben (vgl. Bundestags-Drucksache 18/8045 2016, S. 85).

Wann fällt die Vorabpauschale an?
Die Vorabpauschale wird grundsätzlich dann erhoben, wenn die Ausschüttungen eines Investmentfonds in einem Kalenderjahr geringer sind als die

Wertentwicklung des Investmentfonds im Sinne einer risikolosen Marktverzinsung (sogenannter Basiszins; vgl. Stadler und Bindl 2016, S. 1958). Der § 18 InvStG regelt, wie die Höhe der Vorabpauschale zu ermitteln ist.

Beispiel

Da thesaurierende Fonds keine Erträge ausschütten, entspricht die Vorabpauschale eins zu eins dem Basisertrag. Basisertrag 4 minus Ausschüttung 0 = Vorabpauschale 4.

Ermittlung des Basiszinses

Der Basiszins ist aus der langfristig erzielbaren Rendite **öffentlicher Anleihen** abzuleiten. Dabei ist auf den Zinssatz abzustellen, den die Deutsche Bundesbank anhand der Zinsstrukturdaten jeweils auf den ersten Börsentag des Jahres errechnet. Das Bundesministerium der Finanzen veröffentlicht den maßgebenden Zinssatz im Bundessteuerblatt (§ 18 Abs. 4 InvStG).

Entwicklung des Basiszinssatzes:

- Januar 2018: 0,87 %
- Januar 2017: 0,59 %
- Januar 2016: 1,10 %
- Januar 2015: 0,99 %
- Januar 2014: 2,59 %
- Januar 2013: 2,04 %

Basiszinssatz nach § 203 Abs. 2 BewG

Der Basiszinssatz lässt allerdings als pauschale Berechnungsgrundlage unberücksichtigt, dass der Anleger im Ergebnis die Fondserträge abzüglich der Verwaltungskosten des Fonds erhält. Aus diesem Grund wird zur Berechnung der Vorabpauschale der Basiszins um den durchschnittlichen Kostenanteil von 30 % auf den Gesamtertrag gemindert. Mithin erfolgt der Ansatz von 70 % (Bundestags-Drucksache 18/8045 2016, S. 88).

Was ist die Vorabpauschale und wie wird der Basisertrag errechnet?

Die **Vorabpauschale** ist der Betrag, um den die Ausschüttungen eines Investmentfonds innerhalb eines Kalenderjahres den Basisertrag für dieses Kalenderjahr unterschreitet (§ 18 Abs. 1 Satz 1 InvStG). Der Betrag, der sich aus der Multiplikation des Rücknahmepreises zu Beginn des Kalenderjahres mit 70 % des Basiszinssatzes ergibt, wird als „Basisertrag" bezeichnet (vgl. Bundestags-Drucksache 18/8045 2016, S. 88).

Beispiel

Rücknahmepreis zum 1.1.01: 100,00 EUR × 70 % = 70,00 EUR x Basiszins 1,1 % = Basisertrag 0,77 EUR.

▶   Der **Basisertrag** wird ermittelt durch Multiplikation des Rücknahmepreises des Investmentanteils zu Beginn des Kalenderjahres mit 70 % des Basiszinses (§ 18 Abs. 1 Satz 2 InvStG).

Ermittlung der Vorabpauschale (in Anlehnung an: Bundestags-Drucksache 18/8045 2016, S. 89)

Der Basiszins nach § 203 Abs. 2 BewG beträgt 0,99 %. Abzüglich des Abschlags von 30 % wäre für die Zwecke der Vorabpauschale ein Zinssatz in Höhe von 0,69 % anzusetzen.

Wert des Fondsanteils am Jahresanfang 01: 100,00 EUR

Wert des Fondsanteils am Jahresende 01: 100,50 EUR

Ausschüttung pro Anteil: 0,10 EUR

Wie hoch sind der Basisertrag und die Vorabpauschale?

Lösung: Für die Vorabpauschale könnte maximal der Basisertrag in Höhe von 0,69 EUR pro Anteil angesetzt werden (100 × 0,69 % = 0,69 EUR). Da aber die Wertsteigerung nur 0,50 EUR beträgt, bildet dieser Wert die Obergrenze. Zur Obergrenze in Höhe von 0,50 EUR sind die Ausschüttungen des Jahres 01 in Höhe von 0,10 EUR zu addieren, sodass ein Basisertrag von 0,60 EUR, eine Vorabpauschale von 0,50 EUR und eine Teilausschüttung von 0,10 EUR zu berücksichtigen sind.

Basisertrag ist auf den Mehrbetrag begrenzt

Der Basisertrag ist auf den Mehrbetrag begrenzt, der sich zwischen dem ersten und dem letzten im Kalenderjahr festgesetzten Rücknahmepreis zuzüglich der Ausschüttungen innerhalb des Kalenderjahres ergibt (§ 18 Abs. 1 Satz 3 InvStG).

Zeitanteile Vorabpauschale

Im Erwerbsjahr der Fondsanteile ist die zeitanteilige Vorabpauschale kapitalertragsteuerpflichtig (§ 44 Abs. 1 Nr. 4 EStG). Im Veräußerungsjahr kommt es zu keinem steuerlichen Ansatz der Vorabpauschale.

Kann die Vorabpauschale negativ werden?

Die Vorabpauschale kann nicht negativ sein. Zwar kann die Ausschüttung höher sein als der Basisertrag. In diesem Fall entsteht aber keine Vorabpauschale. Dem Anleger fließt die Vorabpauschale zu, sobald er darüber verfügen kann (BVI 2017, S. 12).

▶ Wenn Wertverluste des Fondsanteils eintreten oder die Ausschüttungen die Wertsteigerung übertreffen, ist keine negative Vorabpauschale anzusetzen (Bundestags-Drucksache 18/8045 2016, S. 88).

Zufluss der Vorabpauschale

Die Vorabpauschale gilt am ersten Werktag des folgenden Kalenderjahres als zugeflossen (§ 18 Abs. 3 InvStG). Nach dieser Vorschrift wird der fiktive Zufluss der Vorabpauschale auf das Folgejahr verschoben. Dies erleichtert das Steuerabzugsverfahren, da in vielen Fällen noch ein voller Sparer-Pauschbetrag zu Verfügung steht, mit dem die Vorabpauschale verrechnet werden kann (Bundestags-Drucksache 18/8739 2016, S. 103).

Auswirkungen der neuen Regelung

Die Vorabpauschale kann hierdurch mit dem vollen Sparer-Pauschbetrag (Freistellungsauftrag § 44a Abs. 2 EStG) verrechnet werden, sodass das Konto des Anlegers nicht belastet werden muss. Steht keine entsprechende Liquidität auf dem Kundenkonto zur Verfügung, so wird der Kunde von seinem Kreditinstitut aufgefordert, für entsprechende Deckung zu sorgen (vgl. Delp 2017, S. 451).

Besonderheiten der Vorabpauschale bei verschiedenen Fondsvarianten

Thesaurierende Fonds schütten bekanntlich keine Erträge aus. Demnach entspricht die Vorabpauschale eins zu eins dem **Basisertrag.**

Beispiel

Basisertrag 4 minus Ausschüttung 0 = Vorabpauschale 4.

Die Vorabpauschale gilt am ersten Werktag des folgenden Kalenderjahres als zugeflossen (§ 18 Abs. 3 InvStG).

Teilthesaurierender Fonds

Ist bei einem teilthesaurierenden Fonds die Teilausschüttung geringer als der Basisertrag, muss der Anleger den ausgeschütteten Anteil und die Vorabpauschale zu unterschiedlichen Zeitpunkten versteuern (BVI 2017, S. 11).

Beispiel

Basisertrag 4 minus Ausschüttung 1 = Vorabpauschale 3.

Die Teilausschüttung fließt dem Anleger aus steuerlicher Sicht zu, sobald er darüber verfügen kann. Die Vorabpauschale gilt dagegen am ersten Werktag des folgenden Kalenderjahres als zugeflossen (§ 18 Abs. 3 InvStG).

Ausschüttende Fonds
Da der Basisertrag gesetzlich gedeckelt ist, kann bei **ausschüttenden Fonds** die an den Anleger vorgenommene Ausschüttung auch höher sein als der Basisertrag. In diesem Fall gibt es **keine Vorabpauschale.** Die Ausschüttung fließt dem Anleger aus steuerlicher Sicht zu, sobald er darüber verfügen kann.

Vorabpauschale unterliegt dem Kapitalertragsteuerabzug
Auf die Vorabpauschale haben die depotführenden Stellen unter Berücksichtigung des Teilfreistellungsverfahrens **Kapitalertragsteuer einzubehalten,** da sie wie die anderen Investmenterträge nach § 16 Abs. 1 InvStG grundsätzlich der Kapitalertragsteuer in Höhe von 25 % zuzüglich Solidaritätszuschlag und ggf. Kirchensteuer unterliegt (vgl. Patzner und Nagler 2017, S. 1095 Rz. 16). Mit der Vorabpauschale ist jedoch **kein Liquiditätszufluss verbunden** (vgl. Delp 2017, S. 450).

Beispiel

Der Anleger Dr. Helmut Berger, 53 Jahre alt, der in seinem Depot Aktienfondsanteile unterhält, stellt der depotführenden Stelle keine Liquidität zur Begleichung der Steuerschuld auf die Vorabpauschale zur Verfügung. Was geschieht in der Praxis?

Lösung: Die depotführende Stelle darf die erforderlichen Beträge zur Abführung der Abgeltungsteuer auf die Vorabpauschale direkt vom Girokonto oder von einem anderen Einlagekonto des Anlegers einziehen, auch ohne dessen Einwilligung (BVI 2017, S. 12).

Auffassung des Gesetzgebers zur Erhebung der Kapitalertragsteuer
Werden Kapitalerträge in **Sachwerten** geleistet oder reicht der in **Geld geleistete Ertrag zur Deckung der Kapitalertragsteuer** nicht aus, kann der zum Steuerabzug Verpflichtete nach § 44 Abs. 1 Satz 8 und 9 EStG den Fehlbetrag von einem bei ihm geführten Giro-, Kontokorrent- oder Tagesgeldkonto des Gläubigers einziehen. Auf das zum Depot hinterlegte Verrechnungskonto kann auch zugegriffen werden, wenn Gläubiger der Kapitalerträge und Kontoinhaber nicht identisch sind. Ein Zugriff auf den Kontokorrentkredit ist ausgeschlossen, wenn der Gläubiger vor dem Zufluss der Kapitalerträge widerspricht. Bei mehreren Kontoberechtigten reicht es aus, wenn ein Kontoberechtigter widerspricht. Der Widerspruch gilt solange, bis er vom Gläubiger zurückgenommen wird

(BMF-Schreiben zur Ergänzung des BMF-Schreibens vom 18.01.2016 durch das Gesetz zur Reform der Investmentbesteuerung vom 03.05.2017, S. 2 Rz. 251a).

Verpflichtete kann den Gläubiger der Kapitalerträge auffordern
Der zum Steuerabzug Verpflichtete kann den Gläubiger der Kapitalerträge auffordern, den Fehlbetrag zur Verfügung zu stellen. Kann nicht auf ein Giro-, Kontokorrent- oder Tagesgeldkonto des Gläubigers zugegriffen werden oder deckt das zur Verfügung stehende Guthaben einschließlich eines zur Verfügung stehenden Kontokorrentkredits den Fehlbetrag nicht oder nicht vollständig, hat der zum Steuerabzug Verpflichtete den vollen Kapitalertrag dem Betriebsstättenfinanzamt anzuzeigen (BMF-Schreiben zur Ergänzung des BMF-Schreibens vom 18.01.2016 durch das Gesetz zur Reform der Investmentbesteuerung vom 03.05.2017, S. 2 Rz. 251b).

Anwendungsregelung
Die Änderungen der Randziffern 251a und 251b zur Ergänzung des BMF-Schreiben zu Einzelfragen zur Abgeltungsteuer vom 18.01.2016 sind erstmals ab dem 01.01.2018 anzuwenden (BMF-Schreiben zur Ergänzung des BMF-Schreibens vom 18.01.2016 durch das Gesetz zur Reform der Investmentbesteuerung vom 03.05.2017, S. 5 Rz. 324).

2.9.4.3 Gewinne aus der Veräußerung von Investmentanteilen

Für die Ermittlung des Gewinns aus der Veräußerung von Investmentanteilen, die nicht zu einem Betriebsvermögen gehören, **ist § 20 Abs. 4 EStG entsprechend anzuwenden** (§ 19 Abs. 1 Satz 1 InvStG). Gewinn ist der Unterschied zwischen den Einnahmen aus der Veräußerung nach Abzug der Aufwendungen, die im unmittelbaren sachlichen Zusammenhang mit dem Veräußerungsgeschäft stehen, und den Anschaffungskosten (§ 20 Abs. 4 Satz 1 EStG). Der **Gewinnbegriff** umfasst auch Verluste aus einem Rechtsgeschäft (§ 2 Abs. 14 InvStG).

▶   Der § 20 Abs. 4a EStG (Besteuerung zum Beispiel von Kapitalmaßnahmen) ist nicht anzuwenden (§ 19 Abs. 1 Satz 2 InvStG).

Fondsanteile in fremder Währung
Bei Fondsanteilen in fremder Währung sind die Einnahmen im Zeitpunkt der Veräußerung und die Anschaffungskosten im Zeitpunkt der Anschaffung in Euro umzurechnen (§ 20 Abs. 4 Satz 1 EStG).

FIFO-Methode kommt zur Anwendung
Bei vertretbaren Wertpapieren, die einem Verwahrer zur Sammelverwahrung anvertraut worden sind, ist zu unterstellen, dass die zuerst angeschafften Wertpapiere zuerst veräußert wurden (§ 20 Abs. 4 Satz 7 EStG). Das bedeutet, dass die FIFO-Methode bei der Veräußerung von Investmentanteilen anzuwenden ist.

Allgemeiner Verlustverrechnungstopf
Gewinne und Verluste aus der Veräußerung von Investmentanteilen werden auf Bankebene im allgemeinen Verlustverrechnungstopf verrechnet (§ 43a Abs. 3 EStG). Dies gilt allerdings nicht für Fondsanteile, die der Anleger vor dem 01.01.2009 (sogenannte bestandsgeschützte Alt-Anteile) erworben hat (vgl. BVI 2017, S. 9).

Vorabpauschalen werden vom Veräußerungsgewinn abgezogen
Um eine Überbesteuerung zu vermeiden, werden die während der Besitzzeit angesetzten Vorabpauschalen vom Gewinn abgezogen (§ 19 Abs. 1 Satz 3 InvStG). Die angesetzten Vorabpauschalen sind ungeachtet einer möglichen Teilfreistellung in voller Höhe zu berücksichtigen (§ 19 Abs. 1 Satz 4 InvStG).

Eine Vorabpauschale mindert den Veräußerungsgewinn auch dann, wenn diese zwar angesetzt, aber beispielsweise aufgrund des Sparer-Pauschbetrags nicht besteuert wurde. Durch den Abzug der Vorabpauschalen kann es auch zu steuerwirksamen Verlusten kommen (vgl. Bundestags-Drucksache 18/8045 2016, S. 89).

▶   Im Jahr der Veräußerung der Investmentanteile kommt es zu keinem Ansatz der Vorabpauschale (vgl. Delp 2017, S. 451).

Investmentfonds fällt nicht mehr in den Anwendungsbereich
Fällt ein Investmentfonds nicht mehr in den Anwendungsbereich dieses Gesetzes, so gelten **seine Anteile als veräußert** (§ 19 Abs. 2 Satz 1 InvStG). Dies ist beispielsweise dann möglich, wenn der Fonds die Voraussetzungen des § 1 Abs. 1 Satz 1 KAGB nicht mehr erfüllt (vgl. Bundestags-Drucksache 18/8045 2016, S. 90). Als **Veräußerungserlös** gilt der gemeine Wert der Investmentanteile zu dem Zeitpunkt, zu dem der Investmentfonds nicht mehr in den Anwendungsbereich fällt (§ 19 Abs. 2 Satz 2 InvStG).

Veräußerung von Fondsanteilen ab 2018 (entnommen aus: BVI 2017, S. 11)
Ein Privatanleger erwirbt am 01.01.2018 Anteile an einem deutschen thesaurierenden Aktienfonds. Am 15.01.2019 verkauft er die Anteile mit Gewinn.

Für den Kauf und Verkauf geltend die folgenden Annahmen:

Kaufpreis der Anteile am 01.01.2018	
(= Rücknahmepreis am 01.01.2018)	100,00 EUR
Rücknahmepreis der Anteile am 31.12.2018	105,00 EUR
Veräußerungspreis der Anteile am 15.01.2019	107,00 EUR
Basiszins nach § 203 Abs. 2 BewG	1 %
Steuerpflichtige Vorabpauschale für 2018:Rücknahmepreis der Anteile zum 01.01.2018	
= 100 EUR × 70 % × Basiszins (1 %)	0,70 EUR
Steuerliche Teilfreistellung für Aktienfonds	30 %

Wie hoch ist der steuerpflichtige Veräußerungsgewinn?

Lösung

Der steuerpflichtige Veräußerungsgewinn ermittelt sich wie folgt:

Einnahmen aus der Veräußerung (Rückgabe der Anteile am 15.01.2019)	107,00 EUR
– Anschaffungskosten	100,00 EUR
= Unbereinigter Veräußerungsgewinn	7,00 EUR
– steuerpflichtige Vorabpauschale für 2018 [a]	0,70 EUR
= Veräußerungsgewinn	6,30 EUR
– steuerbefreiter Anteil (nach Teilfreistellung)	
(6,30 EUR x 30 %)	1,89 EUR
= steuerpflichtiger Veräußerungsgewinn	4,41 EUR

[a]Die angesetzten Vorabpauschalen sind ungeachtet einer möglichen Teilfreistellung in voller Höhe zu berücksichtigen (§ 19 Abs. 1 Satz 4 InvStG). Die Vorabpauschale für 2018 gilt am ersten Werktag des folgenden Kalenderjahres, das heißt Anfang 2019 als zugeflossen (§ 18 Abs. 3 InvStG)

2.9.4.4 Anwendung der Teilfreistellung

Mit dem Teilfreistellungssystem soll nach Auffassung des Gesetzgebers ein Ausgleich für die **steuerliche Vorbelastung auf Fondsebene** geschaffen werden.

Deshalb erhalten nur Anleger von Investmentfonds mit bestimmten Anlageschwer-punkten die Teilfreistellung, wobei die Höhe je nach dem Anlageschwerpunkt des Fonds variiert. Hinsichtlich der Teilfreistellung wird zwischen Aktien-, Misch- und offenen Immobilienfonds unterschieden (vgl. Stadler und Bindl 2016, S. 1959).

Einzelne Teilfreistellungssätze
Die einzelnen Teilfreistellungssätze lassen sich wie in Tab. 2.2 dargestellt zusam-menfassen (§ 20 Abs. 1 bis 3 InvStG).

Voraussetzungen müssen erfüllt sein
Damit der Investmentfonds als Aktien-, Misch- oder offener Immobilienfonds anerkannt wird, müssen die folgenden Voraussetzungen erfüllt sein:

Aktienfonds: Dies sind Investmentfonds, die gemäß den Anlagebedingungen fortlaufend mindestens 51 % ihres Wertes in Kapitalbeteiligungen anlegen (§ 2 Abs. 6 InvStG). Kapitalbeteiligungen sind beispielsweise zum amtlichen Handel an einer Börse zugelassene oder auf einem organisierten Markt notierte Anteile an einer Kapitalgesellschaft (§ 2 Abs. 8 InvStG).

Mischfonds: Dies sind Investmentfonds, die gemäß den Anlagebedingungen fortlaufend mindestens 25 % ihres Wertes in Kapitalbeteiligungen anlegen (§ 2 Abs. 7 InvStG).

Immobilienfonds: Dies sind Investmentfonds, die gemäß den Anlagebedin-gungen fortlaufend mindestens 51 % ihres Wertes in Immobilien und Immobili-en-Gesellschaften anlegen. Investmentanteile an Immobilienfonds gelten in Höhe von 51 % des Wertes des Investmentanteils als Immobilien (§ 2 Abs. 9 InvStG).

Tab. 2.2 Teilfreistellungssätze

	Aktienfonds (%)	Mischfonds (%)	Offener Immobilienfonds	
			Inland (%)	Ausland (%)
Privatanleger	30	15	60	80
Betrieblicher Anleger	60	30	60	80
Körperschaften als Anleger	80	40	60	80

[vgl. § 20 Abs. 1 bis 3 InvStG]

Was heißt fortlaufend?
Der Investmentfonds hat aufgrund des gesetzlich vorgegebenen Kriteriums der „fortlaufenden Anlage" die durchgehende Erfüllung (das heißt grundsätzlich an jedem Tag des Geschäftsjahres) dieser Vermögenszusammensetzung anzustreben (BMF-Schreiben zur Bestimmung des anwendbaren Teilfreistellungsatzes vom 14.06.2017, S. 1485). Dementsprechend stellen insbesondere Finanzderivate, die die Wertentwicklung von Kapitalbeteiligungen synthetisch nachbilden (zum Beispiel Aktien-Swaps), keine Kapitalbeteiligung nach § 2 Abs. 8 InvStG dar (BMF-Schreiben zur Bestimmung des anwendbaren Teilfreistellungsatzes vom 14.06.2017, S. 1486).

Passive Grenzverletzung
Eine passive Grenzverletzung führt nicht zum Verlust des Status eines Aktien- oder Mischfonds, wenn der Investmentfonds unverzüglich nach Kenntnis der Grenzverletzung ihm mögliche und zumutbare Maßnahmen unternimmt, um die für ihn erforderliche Kapitalbeteiligungsquote wiederherzustellen (BMF-Schreiben zur Bestimmung des anwendbaren Teilfreistellungsatzes vom 14.06.2017, S. 1485).

Teilfreistellungen sind bereits beim Kapitalertragsteuerabzug zu berücksichtigen
Die Teilfreistellungen der Investmenterträge sind grundsätzlich bereits im Rahmen des Kapitalertragsteuerabzugs zu berücksichtigen. Dies stellt insbesondere für den Einbehalt der Abgeltungsteuer sicher, dass der Steuerabzug in zutreffender Höhe erfolgt und Privatanleger nicht erst im Rahmen der Veranlagung beim Finanzamt von der Teilfreistellung profitieren (vgl. Bundestags-Drucksache 18/8045 2016, S. 90).

Für Aktienfonds wird aus Vereinfachungsgründen immer der für Privatanleger anwendbare Teilfreistellungssatz von 30 % angesetzt (§ 43a Abs. 2 EStG). Betriebliche Anleger müssen dagegen die höheren Freistellungssätze (60 % und 80 %) im Rahmen des Veranlagungsverfahrens beim Finanzamt geltend machen (vgl. Stadler und Bindl 2016, S. 1960).

Auswirkungen des Investmentsteuergesetzes auf Exchange Traded Funds (ETF)
Bei Exchange Traded Funds (ETF) handelt es sich um Investmentfonds, die an der Börse gehandelt werden und passiv verwaltete Indexfonds darstellen.

Physische ETF
Bei physisch mit Aktien hinterlegte ETF erhält der Anleger die Aktienteilfreistellung von 30 %, wenn der ETF gemäß den Anlagebedingungen fortlaufend mindestens 51 % seines Vermögens in Kapitalbeteiligungen anlegt (§ 2 Abs. 6 InvStG).

Synthetische ETF
Anleger, die in synthetischen ETF investiert sind, erhalten keine Teilfreistellung, da auch grundsätzlich keine Vorbelastung bei den Fonds eintritt (vgl. Delp 2017, S. 455).

2.9.4.5 Anwendungs- und Übergangsvorschriften

Beschränkung des Altbestandsschutzes für Privatanleger
Privatanleger halten oft sogenannte **bestandsgeschützte Alt-Anteile an** Investmentfonds in ihren Depots, die vor Einführung der Abgeltungsteuer und damit vor dem 01.01.2009 gekauft wurden. Der Bestandsschutz wurde im Zuge der Investmentsteuerreform auf Wertsteigerungen bis zum 31.12.2017 beschränkt. Bei bestandsgeschützten Alt-Anteilen sind ab dem 01.01.2018 eingetretene Wertsteigerungen voll steuerpflichtig (vgl. Stadler und Bindl 2016, S. 1966).

Anwendung des alten und neuen Rechts
Nach § 56 Abs. 1 Satz 1 InvStG ist das Investmentsteuergesetz vom 19.07.2016 ab dem 01.01.2018 anzuwenden. Für die Zeit vor dem 01.01.2018 bestimmen sich nach § 56 Abs. 1 Satz 2 InvStG die steuerlichen Rechte und Pflichten der Beteiligten weiterhin nach dem alten Recht (InvStG 2004).

Trennung zwischen den Erträgen
Am 26.04.2017 nahm der Finanzausschusses des Deutschen Bundestages im Rahmen des Gesetzes zur Bekämpfung der Steuerumgehung und zur Änderung weiterer steuerlicher Vorschriften (Steuerumgehungsbekämpfungsgesetz) Änderungen an dem ab dem 01.01.2018 geltenden Investmentsteuergesetz (InvStG 2018) vor (vgl. Bundestags-Drucksache 18/12127, S. 69).

Nach Auffassung des Finanzausschusses erfordert der grundlegende Wechsel des Besteuerungsregimes beim Übergang zwischen den bis Ende 2017 und den ab 2018 geltenden Investmentsteuerregelungen eine **Trennung zwischen den Erträgen,** die noch dem alten Recht unterliegen und solchen die unter das neue Besteuerungsrecht fallen. Ein Nebeneinander zweier Besteuerungsregime in der Übergangsphase wäre praktisch nicht administrierbar (vgl. Bundestags-Drucksache 18/12127, S. 69).

Aus diesem Grund sehen die Regelungen des § 56 Abs. 7 bis 9 InvStG vor, dass die Erträge, die unter dem alten Recht entstanden sind, noch zwingend nach den Besteuerungsregeln des alten Rechts erfasst werden. Umgekehrt sollen alle Ausschüttungen, die ab dem 01.01.2018 vorgenommen werden, ausschließlich dem neuen Recht unterliegen (Bundestags-Drucksache 18/12127, S. 69).

Alterträge im Jahr 2017 versteuern

Nach § 56 Abs. 7 Satz 1 InvStG gelten ordentliche Alterträge bei den Anlegern eines Investmentfonds oder eines Spezial-Investmentfonds als zugeflossen, wenn der Fonds die Erträge nicht vor dem 01.01.2018 ausschüttet und diese Erträge dem Anleger nicht vor diesem Stichtag zufließen. Aufgrund der Zuflussfiktion in Satz 1 muss der Anleger die ordentlichen Alterträge noch im Veranlagungszeitraum 2017 als ausschüttungsgleiche Erträge versteuern (Bundestags-Drucksache 18/12127, S. 69).

Beispiel

Der Anleger A kaufte am 02.01.2017 einen Anteil an einem Investmentfonds zu einem Preis von 100 EUR. Der Investmentfonds erzielt drei Euro Zinsen, die er nicht ausschüttet. Am 31.12.2017 hat der Anleger drei Euro ausschüttungsgleiche Erträge zu versteuern. Der Gewinn aus der fiktiven Veräußerung der Fondsanteile mit Ablauf des 31.12.2017 beträgt 0 EUR (Stadler und Bindl 2017, S. 1413).

Die Zuflussfiktion ist auch dann anwendbar, wenn der Fonds im Jahr 2017 einen Ausschüttungsbeschluss fasst, aber die tatsächliche Ausschüttung dem Anleger erst im Jahr 2018 zufließt. Die ordentlichen Alterträge gelten mit Ablauf des in 2017 endenden Geschäftsjahres als zugeflossen (Bundestags-Drucksache 18/12127, S. 69).

Zeitpunkt der Veräußerungsfiktion

Anteile an Investmentfonds gelten mit Ablauf des 31.12.2017 als veräußert und mit Beginn des 01.01.2018 als angeschafft (§ 56 Abs. 2 Satz 1 InvStG). Als Veräußerungserlös und Anschaffungskosten ist der letzte im Kalenderjahr festgesetzte Rücknahmepreis anzusetzen (§ 56 Abs. 2 Satz 2 InvStG). Wird kein Rücknahmepreis angesetzt, tritt der Börsen- oder Marktpreis an die Stelle des Rücknahmepreises (§ 56 Abs. 2 Satz 3 InvStG).

Anwendung der FIFO-Methode

Bei der tatsächlichen Veräußerung von Alt-Anteilen gelten die zuerst angeschafften Anteile als zuerst veräußert (FIFO-Methode) (§ 56 Abs. 3 Satz 2 InvStG).

Veräußerungs- und Anschaffungsfiktion auf Anlegerebene

Die Veräußerungs- und Anschaffungsfiktion sorgt auf Anlegerebene für einen einheitlichen Übergang auf das neue Recht. Sie führt nicht zu einer sofortigen Besteuerung von Veräußerungsgewinnen oder -verlusten, sondern diese Fiktion sorgt lediglich dafür, dass die steuerliche Bemessungsgrundlage einheitlich für alle Anleger nach den zum 31.12.2017 geltenden Regelungen zu ermitteln ist (vgl. Bundestags-Drucksache 18/8045 2016, S. 124).

Besteuerung erst bei tatsächlicher Veräußerung
Der nach dem 31.12.2017 geltenden Vorschriften ermittelte Gewinn aus der **fiktiven Veräußerung** ist zu dem Zeitpunkt zu berücksichtigen, zu dem der Alt-Anteil tatsächlich veräußert wird (§ 56 Abs. 3 Satz 1 InvStG).

Ersatzbemessungsgrundlage für den Gewinn aus der fiktiven Veräußerung
Kann der Gewinn aus der fiktiven Veräußerung nicht ermittelt werden, so sind 30 % des Rücknahmepreises oder, wenn kein Rücknahmepreis festgesetzt ist, des Börsen- oder Marktpreises als **Bemessungsgrundlage** für den Steuerabzug anzusetzen (Ersatzbemessungsgrundlage) (§ 56 Abs. 3 Satz 4 InvStG).

Keine Abgeltungswirkung bei Anwendung der Ersatzbemessungsgrundlage
Bei Ansatz der **Ersatzbemessungsgrundlage** ist die Abgeltungswirkung **ausgeschlossen** und der Entrichtungsverpflichtete (zum Beispiel das die Anteile verwahrende Kreditinstitut) ist verpflichtet, eine Steuerbescheinigung auszustellen, in der er den Ansatz der Ersatzbemessungsgrundlage kenntlich zu machen hat (§ 56 Abs. 3 Satz 5 InvStG).

Bestandsschutz beschränkt sich auf bestandgeschützte Alt-Anteile
Der Bestandsschutz für die im Depot befindlichen Investmentanteile wird nur für die **bestandsgeschützten Alt-Anteile** bis zum 31.12.2017 gewährt. Für die Beratungspraxis sollten die in Tab. 2.3 dargestellten Investmentanteile unterschieden werden.

Was sind bestandsgeschützte Alt-Anteile?
Bei bestandsgeschützten Alt-Anteilen handelt es sich um Investmentanteile, die vor dem 01.01.2009 im Privatvermögen erworben wurden und seitdem im Privatvermögen des Anlegers gehalten werden.

Steuerfreiheit von bestandsgeschützten Alt-Anteilen bis Ende 2017
Bei Alt-Anteilen, die **vor dem 01.01.2009** erworben wurden und seit der Anschaffung nicht im Betriebsvermögen gehalten wurden (**bestandgeschützte Alt-Anteile**), sind

Tab. 2.3 Investmentanteile

Neu-Anteile	Alt-Anteile	Bestandsgeschützte Alt-Anteile
Nach dem 31.12.2017 erworbene Anteile	Nach dem 31.12.2008 erworbene Anteile	Vor dem 01.01.2009 erworbene Anteile
Freibetrag gilt nicht	Freibetrag gilt nicht	Freibetrag von 100.000 EUR gilt

1. Wertveränderungen, die zwischen dem Anschaffungszeitpunkt und dem 31.12.2017 eingetreten sind, **steuerfrei** und

2. Wertveränderungen, die ab dem 01.01.2018 eingetreten sind, **steuerpflichtig,** soweit der Gewinn aus der Veräußerung von bestandsgeschützten Alt-Anteilen 100.000 EUR übersteigt (§ 56 Abs. 6 Satz 1 InvStG).

Wertveränderungen, die zwischen dem Anschaffungszeitpunkt vor 2009 und dem 31.12.2017 eingetreten sind, bleiben steuerfrei (§ 56 Abs. 6 Satz 1 Nr. 1 InvStG). Verluste aus den bestandsgeschützten Alt-Anteilen, die vor dem 01.01.2018 veräußert wurden, bleiben unberücksichtigt (vgl. Delp 2017, S. 452).

Besonderheiten des Freibetrags für bestandsgeschützte Alt-Anteile
Die ab 2018 eingetretenen Wertveränderungen von bestandsgeschützten Alt-Anteilen sind **steuerpflichtig,** soweit sie einen Freibetrag in Höhe von 100.000 EUR überschreiten. Der Freibetrag kann nur im Veranlagungsverfahren und nicht auf Bankebene berücksichtigt werden (§ 56 Abs. 6 Satz 2 InvStG).

Auffassung des Gesetzgebers zum Freibetrag
Um das Vertrauen eines Kleinanlegers, für den die Bestandsschutzregelung bei Einführung der Abgeltungsteuer gedacht war, nicht zu enttäuschen, wird ein neuer Freibetrag in Höhe von 100.000 EUR eingeführt. Das heißt, auch die ab 2018 anfallenden Veräußerungsgewinne bleiben bis zu diesem Betrag steuerfrei. Dadurch dürfte sich für die weit überwiegende Zahl aller Steuerpflichtigen faktisch weiterhin ein Bestandsschutz hinsichtlich der vor 2009 erworbenen Investmentanteile ergeben (Bundestags-Drucksache 18/8045 2016, S. 126).

Gewährleistungsfunktion des Rechts
Grundsätzlich muss sich der Steuerpflichtige darauf einstellen, dass der deutsche Gesetzgeber altes Recht durch neues Recht ersetzt, damit auch höhere Steuerbelastungen als bisher einführt. Das Rechtsstaatsprinzip fordert aber schonende Übergänge für den Steuerpflichtigen (vgl. Kirchhof 2015, S. 723).

Feststellung des verbleibenden Freibetrags
Der am Schluss des Veranlagungszeitraums verbleibende Freibetrag ist bis zu seinem vollständigen Verbrauch jährlich **gesondert festzustellen** (§ 56 Abs. 6 Satz 2 InvStG). Zuständig für die gesonderte Feststellung des verbleibenden Freibetrags ist das Finanzamt, das für die Besteuerung des Anlegers nach dem Einkommen zuständig ist (§ 56 Abs. Satz 3 InvStG).

Aufleben des verbrauchten Freibetrags
Treten in einem Folgejahr Verluste aus der Veräußerung von bestandsgeschützten Alt-Anteilen ein, so steht insoweit der **verbrauchte Freibetrag** in den auf den Verlustentstehungszeitraum folgenden Jahren wieder zur Verfügung (§ 56 Abs. 6 Satz 4).

Veräußerung von bestandsgeschützten Alt-Anteilen
Die Kundin Maria Berger, 63 Jahre alt, kaufte am 15.01.2008 deutsche Aktienfondsanteile im Wert von 50.000 EUR. Bis zum 31.12.2017 sind die Fondsanteile auf 70.000 EUR gestiegen. Frau Berger verkauft die Fondsanteile am 09.01.2023 zu 90.000 EUR.

Welche steuerlichen Folgen ergeben Sie für Frau Berger?

Lösung: Nach dem alten Recht (bis einschließlich 31.12.2017) wären die gesamten 40.000 (90.000−50.000) EUR steuerfrei gewesen. Bei den Aktienfondsanteilen handelt es sich um sogenannte bestandsgeschützte Alt-Anteile. Wertveränderungen, die zwischen dem Anschaffungszeitpunkt (15.01.2008) und dem 31.12.2017 anfallen (also 20.000 EUR) waren bis zum 31.12.2017 steuerfrei.

Wertveränderungen, die ab dem 01.01.2018 eingetreten sind, sind steuerpflichtig, soweit der Gewinn aus der Veräußerung von bestandgeschützten Alt-Anteilen 100.000 EUR übersteigt. Am 09.01.2023 errechnet das Kreditinstitut, das die Alt-Anteile für Frau Berger verwahrt, die Abgeltungsteuer:

Veräußerungserlös am 09.01.2023	90.000 EUR
− Anschaffungskosten am 01.01.2018	70.000 EUR
= unbereinigter Veräußerungsgewinn	20.000 EUR
− 30 % Teilfreistellung für Aktienfonds	6000 EUR
= Steuerpflichtiger Veräußerungsgewinn	14.000 EUR
Zu bezahlende Abgeltungsteuer	
(ohne Solidaritätszuschlag und ohne Kirchensteuer)	3500 EUR

Hinweis: Die an das Betriebsstättenfinanzamt des Kreditinstituts für die Kundin abgeführte Abgeltungsteuer wird Frau Berger in der Steuerbescheinigung nach § 45a Abs. 2 EStG bescheinigt.

Veranlagungsverfahren beim Finanzamt: Im Rahmen des Veranlagungsverfahrens bekommt die Kundin die gezahlte Abgeltungsteuer in Höhe von 3500 EUR erstattet. Der verbleibende Rest-Freibetrag beträgt nur noch 86.000 (100.000−14.000) EUR.

▶ Der am Schluss des Veranlagungszeitraums verbleibende Freibetrag ist bis zu seinem vollständigen Verbrauch jährlich gesondert festzustellen (§ 56 Abs. 6 Satz 2 InvStG).

2.9.4.6 Handlungsempfehlungen für die Beratungspraxis

Mit dem Gesetz zur Reform der Investmentbesteuerung hat der deutsche Gesetzgeber die Besteuerung inländischer und ausländischer Investmentfonds auf eine neue Grundlage gestellt. Wie jede große Steuerreform, leidet auch das neue Investmentsteuergesetz 2018 erfahrungsgemäß an praktischen Umsetzungshinweisen. Eine Vielzahl von Auslegungs- und Anwendungsschreiben ist aufgrund des umfangreichen Gesetzes (es enthält 56 Paragrafen) absehbar (vgl. Helois und Mann 2016, S. 31).

In qualifizierten Beratungsgesprächen sollten die neuen Aspekte zur Investmentbesteuerung angesprochen und dem Kunden mögliche Handlungsempfehlungen auch mit Hilfe von aussagefähigen Fallbeispielen aufgezeigt werden.

2.10 Besteuerung privater Veräußerungsgeschäfte

2.10.1 Fallstricke bei privaten Konten in fremder Währung

Vor dem Hintergrund der internationalen Diversifizierung des Geldvermögens treten im Rahmen der Anlageberatung verstärkt Fragen zur Besteuerung von Fremdwährungsguthaben auf. Vielen Beratern ist nicht bekannt, dass es sich bei der Geldanlage in fremder Währung (zum Beispiel Anlage eines Betrags auf einem Fremdwährungskonto in der Schweiz) durchaus um private Veräußerungsgeschäfte im Sinne des § 23 EStG handeln kann.

Zu den Wirtschaftsgütern, die Gegenstand eines privaten Veräußerungsgeschäfts sein können, gehören auch Geldbestände in fremder Währung. Das Fremdwährungsguthaben ist ein selbstständiges Wirtschaftsgut (BFH-Urteil vom 02.05.2000, IX R 73/98, BStBl. II 200, S. 614).

Werden Euro in eine Fremdwährung umgetauscht, wird damit das Wirtschaftsgut „Fremdwährungsguthaben" angeschafft. Der Rücktausch dieses Fremdwährungsguthabens in Euro sowie der Umtausch dieses Guthabens in eine andere Fremdwährung innerhalb eines Jahres nach der Anschaffung sind private Veräußerungsgeschäfte im Sinne des § 23 Abs. 1 Satz 1 Nr. 2 EStG (BMF-Schreiben zu Zweifelsfragen bei der Besteuerung privater Veräußerungsgeschäfte vom 25.10.2004, Rz. 42).

In Fremdwährung angefallene Zinsen
In der Zwischenzeit in der Fremdwährung angefallene Zinsen führen beim Umtausch nicht zu einem privaten Veräußerungsgeschäft im Sinne des § 23 Abs. 1 Satz 1 Nr. 2 EStG, da sie nicht angeschafft wurden, sondern zugeflossen sind (BMF-Schreiben zu Zweifelsfragen bei der Besteuerung privater Veräußerungsgeschäfte vom 25.10.2004, Rz. 42).

2.10.2 Unverzinste und verzinste Fremdwährungsguthaben

Unverzinste Fremdwährungsguthaben, die gehalten werden, unterliegen einer Behaltefrist von einem Jahr (§ 23 Abs. 1 Satz 1 Nr. 2 Satz 1 EStG). **Verzinste Fremdwährungsguthaben** (Wirtschaftsgüter, aus deren Nutzung als Einkunftsquelle zumindest in einem Kalenderjahr Einkünfte erzielt werden) unterliegen einer Behaltefrist von zehn Jahren (§ 23 Abs. 1 Satz 1 Nr. 2 Satz 4 EStG).

Beispiel

US-Fremdwährungsguthaben ohne Verzinsung: steuerfreie Veräußerung der Währung nach Ablauf eines Jahres.

US-Fremdwährungsguthaben mit Verzinsung: Die Zinsen aus dem Fremdwährungsguthaben unterliegen als **Einkünfte aus Kapitalvermögen** nach § 20 Abs. 1 Nr. 7 EStG der Abgeltungsteuer, während ein eventueller Währungsgewinn als privates Veräußerungsgeschäft im Sinne des § 23 Abs. 1 Satz 1 Nr. 2 Satz 4 EStG innerhalb von zehn Jahren dem persönlichen Steuersatz des Steuerpflichtigen unterliegt. Nach Ablauf der zehnjährigen Behaltefrist (wie zum Beispiel bei Grundstücken) kann der Währungsgewinn jedoch steuerfrei vereinnahmt werden.

2.10.3 Anschaffung und Veräußerung anderer Wirtschaftsgüter gegen Fremdwährung

Wird ein bestehendes **Fremdwährungsguthaben** zur Anschaffung anderer Wirtschaftsgüter verwendet (zum Beispiel Kauf von Aktien), ist dies eine Veräußerung des Wirtschaftsguts „Fremdwährung" und eine Anschaffung des anderen Wirtschaftsguts (BMF-Schreiben zu Zweifelsfragen bei der Besteuerung privater Veräußerungsgeschäfte vom 25.10.2004, Rz. 43).

Was sollte in der Praxis beachtet werden?
Veräußerung ist die entgeltliche Rückgabe der Fremdwährung. Darunter fällt
neben dem Währungsumtausch auch der Tausch in ein anderes Wirtschaftsgut,
wie beispielsweise der Erwerb von Wertpapieren. Keine Veräußerung stellen steu-
erneutrale Kontenbewegungen, wie zum Beispiel der Ausgleich einer Forderung
oder Verbindlichkeit, dar (vgl. Demuth und Jena 2016, S. 205).

2.10.4 Dokumentation von privaten Veräußerungsgeschäften nach § 23 EStG

Die meisten Kreditinstitute am Finanzplatz Deutschland bescheinigen dem Kunden nicht die Fremdwährungsguthaben im Sinne des § 23 EStG. Sie sind vom
Privatanleger mit dem individuellen Steuersatz zu versteuern und in der Einkommensteuererklärung (Anlage SO) anzugeben. Da in Praxis die Gefahr besteht,
dass sowohl Kunden als auch Steuerberater davon ausgehen, dass im Falle des
Nichtausweises in der Erträgnisaufstellung keine steuerpflichtigen privaten Veräußerungsgeschäfte angefallen sind, sollte der Anlageberater den Kunden über ggf.
steuerpflichtige Transaktionen informieren (vgl. Rhodius und Lofing 2017, S. 68).

2.11 Neue Entwicklungen im europäischen und internationalen Steuerrecht aus Sicht der Anlageberatung

2.11.1 Fundierte Kenntnisse im Steuerrecht erforderlich

Viele Privatanleger legen ihr Vermögen nicht nur am deutschen Kapitalmarkt an,
sondern aus Gründen der Diversifizierung erfolgen auch Investitionen im Ausland. Damit gewinnen Fragen des europäischen und internationalen Steuerrechts
für die Mitarbeiter in der Anlageberatung zunehmend an Bedeutung, ohne die
eine ausgerichtete „internationale Anlageberatung" kaum mehr möglich ist. Von
daher werden Kenntnisse und Kompetenzen im europäischen und internationalen
Steuerrecht immer wichtiger.

   Das europäische Steuerrecht ist Teil des Internationalen Steuerrechts. Es
hat seine Grundlage im Vertrag über die Arbeitsweise der Europäischen Union
(AEUV). Darüber hinaus ist die differenzierte Rechtsprechung des Europäischen
Gerichtshofs in Luxembourg zu beachten (vgl. Grashoff und Kleinmanns 2017,
S. 13 Rz. 19).

Das internationale Recht ist immer dann anzuwenden, wenn bei grenzüberschreitenden Sachverhalten (zum Beispiel Erwerb einer ausländischen Aktie an der Börse in Zürich) des Steuerpflichtigen der räumliche Bereich des nationalen Steuerrechts verlassen wird. Die Ziele des Internationalen Steuerrechts sind einerseits die globale Sicherstellung der Besteuerung des Steuerpflichtigen. Darüber hinaus soll die Doppelbesteuerung von Steuerpflichtigen durch das Steuerrecht verschiedener Staaten vermieden werden (vgl. Grashoff und Kleinmanns 2017, S. 12 Rz. 16).

▶   Verträge mit anderen Staaten über die Besteuerung (zum Beispiel Doppelbesteuerungsabkommen, FATCA-Abkommen mit den USA) gehen, soweit sie unmittelbar anwendbares innerstaatliches Recht geworden sind, den Steuergesetzen vor (§ 2 Abs. 1 AO).

2.11.2 Mitwirkungspflichten bei grenzüberschreitenden Sachverhalten

2.11.2.1 Rechtsvorschriften der AO mit Auslandsbezug

Die Abgabenordnung (AO) enthält eine Vielzahl von Vorschriften, die auf die **Ermittlung von Auslandssachverhalten** zugeschnitten sind. Dazu gehören zum Beispiel:

- § 90 Abs. 2 AO: Erhöhte Mitwirkungspflichten bei Auslandssachverhalten
- § 117 AO: Zwischenstaatliche Rechts- und Amtshilfe in Steuersachen
- § 117a AO: Übermittlung personenbezogener Daten an Mitgliedstaaten der europäischen Union
- § 117c AO: Umsetzung innerstaatlich anwendbarer völkerrechtlicher Vereinbarungen zur Förderung der Steuerehrlichkeit bei internationalen Sachverhalten
- § 138 Abs. 2 AO: Anzeigepflicht bei bestimmten Auslandsaktivitäten
- § 162 Abs. 2 AO: Schätzung von Besteuerungsgrundlagen.

2.11.2.2 Ermittlungsmöglichkeiten der Finanzbehörden bei Auslandssachverhalten

Die Beteiligten sind zur **Mitwirkung bei der Ermittlung** des **Sachverhalts** verpflichtet. Sie kommen der Mitwirkungspflicht insbesondere dadurch nach, dass sie die für die Besteuerung erheblichen Tatsachen vollständig und wahrheitsgemäß offenlegen und die ihnen bekannten Beweismittel angeben. Der Umfang dieser Pflichten richtet sich nach den Umständen des Einzelfalls (§ 90 Abs. 1 AO).

Ist ein Sachverhalt zu ermitteln und steuerrechtlich zu beurteilen, der sich auf Vorgänge **außerhalb des Geltungsbereiches dieses Gesetzes bezieht,** so haben die Beteiligten diesen Sachverhalt aufzuklären und die erforderlichen Beweismittel zu beschaffen (§ 90 Abs. 2 Satz 1 AO). In diesem Zusammenhang wird von erhöhten Mitwirkungspflichten bei Auslandssachverhalten gesprochen.

2.11.2.3 Schätzung von Besteuerungsgrundlagen

Soweit die Finanzbehörde die Besteuerungsgrundlagen nicht ermitteln oder berechnen kann, hat sie sie zu schätzen. Dabei sind alle Umstände zu berücksichtigen, die für die Schätzung von Bedeutung sind (§ 162 Abs. 1 AO).

Zu schätzen ist insbesondere dann, wenn der Steuerpflichtige über seine Angaben keine ausreichenden Aufklärungen zu geben vermag oder weitere Auskunft oder eine Versicherung an Eides statt verweigert oder seine Mitwirkungspflicht nach § 90 Abs. 2 verletzt (§ 162 Abs. 2 Satz 1 AO).

2.11.3 Nachweis eines ausländischen Steuerdomizils

Die aus Kapitalanlagen in der Schweiz bezogenen Zinsen und Dividenden eines **unbeschränkt Steuerpflichtigen** unterliegen der deutschen Einkommensteuer, wenn der Steuerpflichtige den Nachweis eines **Steuerdomizils in Frankreich** nicht gelingt. Der Steuerpflichtige trägt die objektive Beweislast dafür, dass er in Frankreich eine Wohnung oder seinen hauptsächlichen Aufenthalt und zu diesem Vertragsstaat auch **die engeren persönlichen und wirtschaftlichen Beziehungen** hat. Dabei obliegt ihm eine erhöhte Aufklärungs-, Mitwirkungs- und Beweismittelbeschaffungspflicht (§ 90 Abs. 2 AO) (FG Nürnberg, Urteil vom 19.05.2016 4 K 351/14 − rechtskräftig, in: Entscheidungen der Finanzgerichte, 64. Jg., 2016, S. 1272–1276, hier S. 1272).

Im vorstehenden Urteil des Finanzgerichts Nürnberg konnten die Kläger nicht beweisen, dass sie ihren Wohnsitz in Frankreich hatten. Sie unterlagen damit mit allen in den Streitjahren (2000 bis 2009) erzielten (Welt-)Einkünften der Einkommensteuer (vgl. FG Nürnberg, Urteil vom 19.05.2016 4 K 351/14 − rechtskräftig, in: Entscheidungen der Finanzgerichte, 64. Jg., 2016, S. 1272–1276, hier: S. 1273).

2.11.4 Kunden als Steuerausländer

Unter einem Steuerausländer versteht man eine Person, die nicht nach dem deutschen Einkommensteuergesetz unbeschränkt steuerpflichtig ist. Dies ist dann der Fall, wenn bei natürlichen Personen weder ein Wohnsitz noch der gewöhnliche Aufenthalt im Inland liegen (§ 1 Abs. 1 Satz 1 EStG). Die Begriffe Wohnsitz und gewöhnlicher Aufenthalt sind für die Zwecke des deutschen Steuerrechts in §§ 8 ff. AO geregelt (vgl. Schmitt und Farle 2015, S. 1 Rz. 3).

Feststellung der Steuerausländereigenschaft
Die Ausländereigenschaft eines Kunden kann anhand der Merkmale festgestellt werden, die vom Kreditinstitut im Zusammenhang mit der Legitimationsprüfung nach § 154 AO oder der Identifizierung nach dem Geldwäschegesetz (GwG) bei der Begründung der Geschäftsbeziehung oder der Kontoeröffnung erhoben werden.

Ist im Einzelfall unklar, ob der Kunde Steuerausländer ist, kann das Institut auf die von einer ausländischen Finanzbehörde ausgestellte Wohnsitzbescheinigung vertrauen und für den Steuerabzug davon ausgehen, dass im Inland nur eine beschränkte Steuerpflicht besteht (BMF-Schreiben zu Einzelfragen zur Abgeltungsteuer vom 18.01.2016, Rz. 314).

Kunde teilt Umzug vom Inland in das Ausland mit
Teilt ein Kunde seinem Kreditinstitut den Umzug vom Inland in das Ausland mit, kann das Kreditinstitut nur dann nicht mehr von einer unbeschränkten Steuerpflicht ausgehen, wenn dem Kreditinstitut der Statuswechsel durch schriftliche, beweiskräftige Unterlagen nachgewiesen wurde. Schriftliche beweiskräftige Unterlagen sind insbesondere die melderechtlichen Nachweise (Schreiben an Meldebehörde) des Wohnsitzwechsels oder die von einer ausländischen Finanzbehörde ausgestellte Wohnsitzbescheinigung (BMF-Schreiben zu Einzelfragen zur Abgeltungsteuer vom 18.01.2016, Rz. 314).

Statuswechsel kann nicht zweifelsfrei nachgewiesen werden
Kann der Statuswechsel nicht zweifelsfrei nachgewiesen werden, ist weiterhin davon auszugehen, dass im Inland eine unbeschränkte Steuerpflicht besteht. Die Voraussetzungen, dass keine **unbeschränkte Steuerpflicht** vorliegt, sind in einem **zeitlich angemessenen Abstand** vom Kreditinstitut entsprechend den Grundsätzen nach dem Geldwäschegesetz zu überprüfen (BMF-Schreiben zu Einzelfragen zur Abgeltungsteuer vom 18.01.2016, Rz. 314).

2.11.5 Vereinbarungen über den internationalen Informationsaustausch in Steuersachen

2.11.5.1 Bekämpfung der grenzüberschreitenden Steuerhinterziehung

Zur Bekämpfung der grenzüberschreitenden Steuerhinterziehung entwickelte die OECD (Organisation für wirtschaftliche Zusammenarbeit und Entwicklung) mit Sitz in Paris den Standard für den automatischen Austausch von Informationen über Finanzkonten (CRS − Common Reporting Standard).

Am 29.10.2014 erklärte sich Deutschland neben zahlreichen anderen Staaten zur Umsetzung eines solchen Austausches von Informationen bereit. Der CRS verpflichtet Finanzinstitute zur Meldung von Informationen über Finanzvermögen, welches für Steuerpflichtige aus den am Informationsaustausch teilnehmenden Ländern verwaltet wird, an die deutsche Steuerverwaltung. Die Informationen über Finanzkonten werden auch zwischen den Steuerverwaltungen der teilnehmenden Staaten ausgetauscht (BMF-Schreiben zum Standard für den automatischen Austausch von Finanzinformationen in Steuersachen vom 01.02.2017, S. 1).

Durch Abschluss des sogenannten FATCA-Abkommens zwischen der Bundesrepublik und den Vereinigten Staaten von Amerika am 31.05.2013 wurde ebenfalls eine Regelung zum automatischen Austausch steuerlich relevanter, von Finanzinstituten erhobener Daten geschaffen, die für die Erhöhung der Steuerehrlichkeit bei internationalen Sachverhalten sorgt (BMF-Schreiben zum Standard für den automatischen Austausch von Finanzinformationen in Steuersachen vom 01.02.2017, S. 2).

2.11.5.2 Automatischer Austausch von Finanzkontendaten

Die Praxis des globalen Informationsaustausches in Steuersachen steht vor einem historischen Wandel, der auch die Bundesrepublik Deutschland betrifft. Mit dem **Gesetz zum automatischen Austausch von Informationen über Finanzkonten in Steuersachen (Finanzkonteninformationsaustauschgesetz − FKAustG)** vom 30.12.2015 (BGBl. Teil I, S. 2531 ff.) ist ein zwischenstaatliches Informationsaustauschsystem zu Finanzkonten in Deutschland eingeführt worden (vgl. Hendricks 2015, M 5). Das Gesetz setzte den CRS in das deutsche Recht um.

Finale Staatenaustauschliste 2017

Mit dem Schreiben vom 22.06.2017 hat das Bundesfinanzministerium die finale Staatenaustauschliste für den ersten automatischen Austausch von Informationen über Finanzkonten in Steuersachen zum 30.09.2017 bekannt gegeben (siehe

BMF-Schreiben zum automatischen Austausch von Informationen über Finanzkonten in Steuersachen nach dem Finanzkonten-Informationsaustauschgesetz –
FKAustG; Bekanntmachung einer finalen Staatenaustauschliste vom 22.06.2017,
abrufbar unter: www.bundesfinanzministerium.de/Internationales Steuerrecht).
www.bundesfinanzministerium.de/Internationales Steuerrecht).

Welche Staaten meldeten zum 30.09.2017?
Zu den 50 Staaten im Sinne des § 1 Abs. 1 FKAustG, mit denen der automatische
Austausch von Informationen über Finanzkonten in Steuersachen erfolgte, zählen
beispielsweise:
     Argentinien, Dänemark, Frankreich, Griechenland, Großbritannien, Indien,
Kolumbien, Liechtenstein, Luxemburg, Mexiko, Norwegen, San Marino, Schweden,
Spanien und Zypern.

Meldepflichtige Daten
Dem Bundeszentralamt für Steuern sind als zuständiger Behörde von den mel-
denden Finanzinstituten die Daten (zum Beispiel Gesamtbruttobetrag der Zinsen
und Dividenden) nach amtlich vorgeschriebenen Datensatz elektronisch im Wege
der Datenfernübertragung **erstmals zum 31.07.2017** übermittelt worden (§ 5 Abs.
1 Satz 1 FKAustG). Das Bundeszentralamt für Steuern übermittelt die ihm von
den Finanzinstituten übermittelten Daten an die zuständige Behörde des jeweils
ausländischen Staates (§ 5 Abs. 2 Satz 1 FKAustG).

**BMF-Anwendungsschreiben im Zusammenhang mit einem gemeinsamen
Meldestandard sowie die FATCA-Abkommen**
Am 01.02.2017 ist das umfangreiche BMF-Anwendungsschreiben im Zusammenhang mit einem gemeinsamen Meldestandard sowie dem FATCA-Abkommen veröffentlicht worden (das Schreiben kann unter: www.bundesfinanzministerium.de/
Internationales Steuerrecht abgerufen werden). Das Anwendungsschreiben dient dem
praktischen Umgang mit dem CRS und dem FATCA-Abkommen (BMF-Schreiben
zum Standard für den automatischen Austausch von Finanzinformationen in
Steuersachen vom 01.02.2017, Rz. 1).

2.11.6 Risiken des internationalen
Informationsaustausches für die Steuerpflichtigen

Die ausgetauschten globalen Finanzkontendaten zu den Kapitalerträgen sind
für die Finanzbehörden der kooperierenden Staaten von besonderem Interesse.

Es handelt sich um zentrale Informationen zu den Einkünften aus Kapitalvermögen. Sie dienen der **Überprüfung der Ehrlichkeit** der Steuerpflichtigen. Darüber
hinaus wird es den Finanzbehörden aber nicht nur um die Kapitalerträge gehen,
sondern es wird sich auch die Frage nach der steuerbaren Herkunft des gemeldeten Kapitalvermögens stellen (vgl. Hendricks 2015, M 5). Der globale Informationsaustausch in Steuersachen (sowohl CRS als auch FATCA) bedeutet de facto
das Ende des **Bankgeheimnisses.** Das Entdeckungsrisiko von weltweiten Finanz-
delikten wird deutlich zunehmen (vgl. Steiner 2016, S. 1).

2.12   Aktuelles Know-how Erbschaftsteuerrecht

2.12.1 Schenkungen an Angehörige: Ertragsteuerliche Folgen

2.12.1.1 Tatbestand der freigebigen Zuwendung
Schenkungen an Angehörige führen regelmäßig zur Bereicherung des Beschenkten auf Kosten des Zuwendenden und erfüllen damit den schenkungssteuerlichen
Tatbestand der freigebigen Zuwendung nach § 7 Abs. 1 Nr. 1 ErbStG. Eine freigebige Zuwendung setzt in objektiver Hinsicht voraus, dass die Leistung zu einer
Bereicherung des Bedachten auf Kosten des Zuwendenden führt und die Zuwendung unentgeltlich ist, und in subjektiver Hinsicht den Willen des Zuwendenden
zur Freigebigkeit. Erforderlich ist eine Vermögensverschiebung, das heißt eine
Vermögensminderung auf der Seite des Zuwendenden und eine Vermögensmehrung auf der Seite des Bedachten (BFH-Urteil vom 12.07.2016 − II R 42/14, in:
Neue Juristische Wochenschrift, 69. Jg., 2016, S. 2975–2976, hier S. 2976).

▶   Für die Tatsache, die zur Annahme einer freigebigen Zuwendung
    erforderlich ist, trägt das Finanzamt die Feststellungslast (BFH-Urteil
    vom 12.07.2016 − II R 42/14, in: Neue Juristische Wochenschrift, 69.
    Jg., 2016, S. 2975–2976, hier S. 2976).

Schenker und Beschenkter sollten neben den erbschaftsteuerlichen aber auch die
ertragsteuerlichen Rechtsfolgen beachten, denn oft war der Gegenstand der
Schenkung bislang beim Schenker ertragsteuerlich relevant und diese steuerlichen
Aspekte gehen nun auf den Beschenkten über (vgl. Günther 2014, S. 41).

Verträgen zwischen nahen Angehörigen

Bei Verträgen zwischen nahen Angehörigen (zum Beispiel zwischen Eltern und (minderjährigen) Kindern) sind bei Schenkungen klare und eindeutige Vereinbarungen erforderlich, um beabsichtigte Einkunftsverlagerungen auf die Kinder auch mit steuerlicher Wirkung durchzuführen (vgl. Günther 2014, S. 45).

2.12.1.2 Sparbuch wird zugunsten minderjähriger Kinder eröffnet

Wird ein Sparbuch zugunsten minderjähriger Kinder eröffnet, sind die Zinsen aus dem Sparbuch nur dann den Kindern **ertragsteuerlich zuzurechnen,** wenn sie unmittelbar Gläubiger der Guthabenforderung sind. Bei der Übertragung des Sparbuchs muss es sich um eine **endgültige Vermögensübertragung** handeln (vgl. Günther 2014, S. 45).

Worauf sollte in der Praxis geachtet werden?

Richten die Eltern zwar ein Sparbuch auf den Namen des (minderjährigen) Kindes ein, verwalten dieses Vermögen aber nicht entsprechend den bürgerlich-rechtlichen Vorschriften über die elterliche Vermögenssorge, sondern wie eigenes Vermögen, so sind die Zinsen den Eltern ertragsteuerlich zuzurechnen (vgl. Günther 2014, S. 45).

Elterliche Sorge

Die Eltern haben die Pflicht und das Recht, für das minderjährige Kind zu sorgen **(elterliche Sorge).** Die elterliche Sorge umfasst die Sorge für die Person des Kindes **(Personensorge)** und das Vermögen des Kindes **(Vermögenssorge)** (§ 1626 Abs. 1 BGB).

2.12.2 Schenkungssteuerliche Risiken für Ehegatten bei Bankkonten

2.12.2.1 Besonderheiten bei einem Einzelkonto und einem Gemeinschaftskonto

In der Praxis werden häufig Einzahlungen von Ehegatten auf Einzelkonten oder Gemeinschaftskonten ohne konkrete Vorstellung der schenkungssteuerlichen Konsequenzen vorgenommen. Aber auch in Nacherklärungsfällen von bisher nicht erklärten ausländischen Bankkonten von Ehegatten sind durchaus schenkungsteuerliche Gesichtspunkte zu beachten (vgl. Götz 2017, S. 77). Zur Übertragung eines Einzelkontos zwischen Ehegatten und zu Zahlungen eines Ehegatten auf ein

gemeinsames Oder-Konto liegen zwei richtungsweisende BFH-Urteile vor, die im
Rahmen der Anlageberatung zu beachten sind.
Freigiebige Zuwendungen:

- Übertragung eines Einzelkontos zwischen den Ehegatten
- Zahlungen eines Ehegatten auf ein gemeinsames Oder-Konto

Unentgeltlicher Übertrag eines Einzelkontos
Ein Einzelkonto/-depot ist auch bei Eheleuten (im Gegensatz zu einem Gemeinschaftskonto) grundsätzlich allein dem Kontoinhaber zuzurechnen.

Überträgt ein Ehegatte den Vermögensgegenstand seines Einzelkontos/-de-
pots unentgeltlich auf das Einzelkonto/-depot des anderen Ehegatten, trägt der zur
Schenkungssteuer herangezogene Ehegatte die Feststellungslast für Tatsachen,
die der Annahme einer freigebigen Zuwendung entgegenstehen. Zu diesen Tatsachen zählen auch solche, die belegen sollen, dass dem bedachten Ehegatten das
erhaltene Guthaben bereits vor der Übertragung im Innenverhältnis vollständig
oder teilweise zuzurechnen war (BFH-Urteil vom 29.06.2016 – II R 41/14, in:
Deutsches Steuerrecht, 54. Jg., 2016, S. 2041–2044, hier S. 2014).

Sachverhalt
Im Urteilsfall übertrug der Ehemann den Vermögensstand seines bei einer
Schweizer Bank geführten Einzeldepotkontos (Einzelkonto) auf ein ebenfalls
bei einer Schweizer Bank geführten Einzelkonto seiner Ehefrau. Das Finanzamt
nahm in voller Höhe des übertragenen Vermögensgegenstandes eine **freigebige
Zuwendung** des Ehemanns an die Ehefrau an. Die Ehefrau wendete ein, sie sei
nur in Höhe der Hälfte des Vermögensstands bereichert, da ihr die andere Hälfte
des Vermögensgegenstands schon vor der Übertragung zugestanden habe.

Das Finanzgericht wies die Klage ab. Die Ehefrau, die dafür die Feststellungslast trage, habe nicht nachgewiesen, dass sie schon vor der Übertragung zur
Hälfte an dem Vermögen berechtigt gewesen sei. Der BFH bestätigte mit seinem
Urteil vom 29.06.2016 die Klageabweisung (vgl. BFH-Pressemitteilung vom
31.08.2016, in: Der Betrieb 2016, M 12).

▶   Die Entscheidung des BFH betrifft nur Einzelkonten, nicht aber
    Gemeinschaftskonten von Ehegatten. Kontovollmachten für Einzel-
    konten sind für die schenkungssteuerliche Beurteilung ohne Bedeu-
    tung (BFH-Pressemitteilung vom 31.08.2016, in: Der Betrieb 2016, M
    12). Die Kontovollmacht ermöglicht es dem Bevollmächtigten zwar im
    Außenverhältnis gegenüber dem Kreditinstitut aufzutreten, lässt aber

keine Schlüsse auf das Innenverhältnis zu. Damit hat eine Kontovoll-
macht keine Auswirkung auf die schenkungsteuerliche Zuordnung
des Vermögens (vgl. KPMG Law 2016, S. 2).

2.12.2.2 Zahlungen eines Ehegatten auf ein gemeinsames Oder-Konto als freigebige Zuwendung an den anderen Ehegatten

Wird die Zahlung eines Ehegatten auf ein **Gemeinschaftskonto** (sogenanntes
Oder-Konto) der Eheleute als **freigebige Zuwendung** an den anderen Ehegatten
der Schenkungsteuer unterworfen, trägt das Finanzamt die Feststellungslast für
die Tatsachen, die zur Annahme einer freigebigen Zuwendung im Sinne des § 7
Abs. 1 Nr. 1 ErbStG erforderlich sind, also auch dafür, dass der nicht einzahlende
Ehegatte im Verhältnis zum einzahlenden Ehegatten tatsächlich und rechtlich frei
zur Hälfte über das eingezahlte Guthaben verfügen kann.

Gibt es **hinreichend deutliche objektive Anhaltspunkte** dafür, dass beide
Ehegatten entsprechend der Auslegungsregel des § 430 BGB zu gleichen Anteilen
am Kontoguthaben beteiligt sind, trägt der zur Schenkungsteuer herangezogene
Ehegatte die Feststellungslast dafür, das im **Innenverhältnis** nur der einzahlende
Ehegatte berechtigt sein soll (BFH-Urteil vom 23.11.2011, II R 33/10, in: Deut-
sches Steuerrecht, 50. Jg., 2012, S. 796–799, hier S. 796).

Sachverhalt

Die Ehegatten begründeten im Jahre 2003 ein Oder-Konto, auf welches der Ehemann (E) in den Jahren 2003 bis 2007 hohe Beträge aus der Veräußerung einer
Beteiligung einzahlte. Es folgten weitere Wertpapieranschaffungen und -veräu-
ßerungen durch E, nicht aber durch dessen Ehefrau (F). Verfügungen über das
gemeinsame Konto nahm F nicht vor.

Einkommensteuerlich hatten die Ehegatten die Einkünfte aus dem Oder-Konto
je hälftig versteuert. Im Jahr 2007 schlossen die Ehegatten schriftlich eine Vereinbarung, dass der Veräußerungserlös und die daraus resultierenden Erträge nur
E zustehen sollten. Fraglich war nun, ob die Einzahlungen des E Schenkungen
zugunsten der F darstellten (Schieke-Ohletz 2012, S. 1265).

Zahlung eines Ehegatten auf ein Gemeinschaftskonto

Nach Auffassung des BFH kann auch eine Zahlung eines Ehegatten auf ein
Gemeinschaftskonto (sogenanntes Oder-Konto) beider Ehegatten eine Zuwen-
dung im Sinne von § 7 Abs. 1 Nr. 1 ErbStG an den anderen Ehegatten sein. Eine
Bereicherung des anderen Ehegatten liegt jedoch nur vor, wenn und soweit dieser

im Verhältnis zum einzahlenden Ehegatten tatsächlich und rechtlich frei über das eingezahlte Guthaben verfügen kann und die Zuwendung unentgeltlich ist (BFH-Begründung, S. 797).

▶ Je häufiger der nicht einzahlende Ehegatte Abhebungen vom Oder-Konto vornimmt, um sich eigenes Vermögen zu bilden, umso stärker spricht dies für eine steuerliche Zweckzuwendung und damit für eine Schenkung (vgl. Schienke-Ohletz 2012, S. 1265).

2.12.3 Gewährung eines zinslosen Darlehens als freigebige Zuwendung

Die Zinslosigkeit eines gewährten Darlehens erfüllt den Tatbestand der freigebigen Zuwendung nach § 7 Abs. 1 Nr. 1 ErbStG. Dabei ist es für die Schenkungsteuer unerheblich, dass das Darlehen nur aufgrund eines religiös begründeten Zinsverbots zinslos vergeben wird (BFH-Urteil vom 04.03.2015, II R 19/13, in: Steuer kurzgefasst, 7. Jg., 2015, S. 310).

Gründe der Entscheidung
Der Empfänger eines zinslosen Darlehens erfahre durch die Gewährung des Rechts, das als Darlehen überlassene Kapital unentgeltlich zu nutzen, eine Vermögensmehrung, die der Schenkungsteuer unterliege. Die Minderung des Vermögens des Zuwendenden bestehe darin, dass er auf einen Ertrag verzichte, den er bei verkehrsüblichem Verhalten gezogen hätte (BFH-Urteil vom 04.03.2015, II R 19/13, in: Steuer kurzgefasst, 7. Jg., 2015, S. 310).

▶ Für den Fall der Gewährung eines zinslosen Darlehens ohne sonstige Gegenleistung ist stets eine **Schenkung in Höhe des Zinsvorteils** anzunehmen (vgl. Pondelik 2015, S. 310).

2.12.4 Erbfall und Schenkung im Steuerstrafrecht

2.12.4.1 Abgabe einer Erbschaftsteuererklärung
Das Erbschaftsteuer- und Schenkungsteuergesetz (ErbStG) kennt keine Pflichten, unaufgefordert eine **Erbschaftsteuererklärung** abzugeben. Vielmehr ist die Erbschaftsteuererklärung erst auf **Anforderung** dem für die Verwaltung der Erbschaftsteuer zuständigen Finanzamt einzureichen (vgl. Stahl 2016, S. 19921).

Das Finanzamt kann von jedem an einem Erbfall, an einer Schenkung oder an einer Zweckzuwendung Beteiligten ohne Rücksicht darauf, ob er selbst steuerpflichtig ist, die Abgabe einer Erklärung innerhalb einer von ihm zu bestimmenden Frist verlangen (§ 31 Abs. 1 Satz 1 ErbStG). Die Frist muss mindestens einen Monat betragen (§ 31 Abs. 1 Satz 2 ErbStG).

2.12.4.2 Anzeige des Erwerbs
Jeder der Erbschaftsteuer unterliegende Erwerb (§ 1 ErbStG) ist vom Erwerber, bei einer Zweckzuwendung vom Beschwerten binnen einer Frist von drei Monaten nach erlangter Kenntnis von dem Anfall oder von dem Eintritt der Verpflichtung dem für die Verwaltung der Erbschaftsteuer zuständigen Finanzamt schriftlich anzuzeigen (§ 30 Abs. 1 ErbStG).

Erfolgt der steuerpflichtige Erwerb durch eine Rechtsgeschäft unter Lebenden, ist zur Anzeige auch derjenige verpflichtet, aus dessen Vermögen der Erwerb stammt (§ 30 Abs. 2 ErbStG).

2.12.4.3 Nichtanzeige des Erwerbs nach § 30 ErbStG
Besteht eine Anzeigepflicht des Erwerbs nach § 30 Abs. 1 ErbStG und beispielsweise keine zusätzliche Anzeigepflicht des Notars (§ 34 ErbStG) und kommt der Erwerber der Anzeigepflicht nicht nach, so liegt die Annahme einer Steuerhinterziehung durch Unterlassen nahe (Stahl 2016, S. 19921). Welche Angaben eine Anzeige enthalten soll (zum Beispiel Gegenstand und Wert des Erwerbs, frühere Zweckzuwendungen des Erblassers oder Schenkers), ergibt sich aus § 30 Abs. 4 ErbStG).

▶   Der Tatbestand des § 370 Abs. 1 Nr. 1 AO (Steuerhinterziehung) kann
     sowohl durch die Abgabe einer unrichtigen Anzeige als auch durch
     Abgabe unrichtiger Steuererklärungen verwirklicht werden (vgl. Sack-
     reuther 2011, S. 254).

2.12.4.4 Falschangaben in einer Steuererklärung über Vorschenkungen
Bei der Abgabe einer Erklärung zur Erbschaft- oder Schenkungsteuer müssen alle Vorschenkungen im Sinne des § 14 ErbStG (Berücksichtigung früherer Erwerbe) innerhalb von zehn Jahren von derselben Person angegeben werden, damit der Steuersatz berechnet und der Freibetrag berücksichtigt werden können. Das Feld im amtlichen Vordruck für das „Kreuzchen zu Vorschenkungen" ist klein. Das Unterlassen dieser Angaben hat nach Ansicht des BGH in seinem Urteil vom 10.02.2015 erhebliche strafrechtliche Bedeutung (vgl. Beyer 2015, S. 3040).

Gefahren für den Steuerpflichtigen

In der Praxis werden bei früheren Schenkungen oft (entgegen der Pflicht nach § 30 Abs. 1 ErbStG) Anzeigen des Erwerbs unterlassen, weil nach Auffassung des Steuerpflichtigen der Freibetrag (zum Beispiel der Kinder im Sinne der Steuerklasse I in Höhe von 400.000 EUR) nicht überschritten ist. Kommt es dann zu einer weiteren Schenkung oder Erbschaft und wird der vom Gesetz zugestandene Freibetrag nach § 16 ErbStG insgesamt überschritten, kann es zu einer Steuerhinterziehung kommen, wenn man die Vorschenkungen nicht gleichzeitig erklärt werden (vgl. Beyer 2015, S. 3040).

BGH- Urteil zu Vorschenkungen vom 10.02.2015 beachten

Die in einer Schenkungsteuererklärung enthaltene unzutreffende Angabe, vom Schenker keine Vorschenkungen erhalten zu haben, stellt sowohl für die Besteuerung der Schenkung, auf die sich die Erklärung bezieht, als auch für diejenige der Vorschenkungen eine **unrichtige Angabe** über steuerlich erhebliche Tatsachen im Sinne des § 370 Abs. 1 Nr. 1 AO dar (BGH, Beschluss vom 10.02.2015 − 1 StR 405/14, in: Neue Juristische Wochenschrift, 68. Jg., 2015, S. 2354–2358, hier S. 2354).

▶   Mit Freiheitsstrafe bis zu fünf Jahren oder mit Geldstrafe wird bestraft, wer den Finanzbehörden oder anderen Behörden über steuerlich erhebliche Tatsachen unrichtige oder unvollständige Angaben macht, und dadurch Steuern verkürzt oder für sich oder einen anderen nicht gerechtfertigte Steuervorteile erlangt (§ 370 Abs. 1 Nr. 1 AO).

2.12.5 Erbschaftsteuerliche Anzeigepflicht erstreckt sich auch auf Zweigniederlassungen im Ausland

Ein inländisches Kreditinstitut ist verpflichtet, in die Anzeigen nach § 33 Abs. 1 ErbStG auch Vermögensgegenstände einzubeziehen, die von einer unselbstständigen Zweigniederlassung im **Ausland verwahrt und verwaltet werden,** selbst wenn dort ein strafbewehrtes Bankgeheimnis zu beachten ist. Die Anzeigepflicht nach § 33 Abs. 1 ErbStG ist, soweit sie sich auf Vermögensgegenstände bei einer unselbstständigen Zweigniederlassung in einem EU-Mitgliedstaat (hier Österreich) erstreckt, mit dem Unionsrecht vereinbar (BFH, Urteil vom 16.11.2016 − II R 29/13, in: Höchstrichterliche Finanzrechtsprechung, 57. Jg., 2017, S. 325–332, hier S. 325).

Begründung des BFH
Der Anzeigepflicht nach § 33 Abs. 1 ErbStG unterliegen inländische Kreditinstitute, die sich geschäftsmäßig mit der Verwahrung und Verwaltung fremden Vermögens befassen. Dabei sind in die Anzeigen auch Vermögensgegenstände einzubeziehen, die von einer (rechtlich unselbständigen) Zweigniederlassung im Ausland verwahrt oder verwaltet werden (BFH, Urteil vom 16.11.2016 – II R 29/13, in: Höchstrichterliche Finanzrechtsprechung, 57. Jg., 2017, S. 325–332, hier S. 326).

Die Herausnahme der Auslandsniederlassungen aus der Anzeigepflicht würde nach Auffassung des BFH die Erreichung dieses Zwecks insoweit gefährden. Inländer könnten erwägen, über ein inländische Kreditinstitut und dessen Zweigstelle im Ausland die Festsetzung von Erbschaftsteuer zu vermeiden (BFH, Urteil vom 16.11.2016 – II R 29/13, in: Höchstrichterliche Finanzrechtsprechung, 57. Jg., 2017, S. 325–332, hier S. 326).

2.13   Steuerliche Beratungs- und Vertriebsansätze: Aktuelle Themen chancenorientiert und erfolgreich nutzen

2.13.1   Komplexität des Steuerrechts als Chance ergreifen

Die Komplexität des Steuerrechts sollte in der Beratungspraxis als Beratungs- und Vertriebschance genutzt werden, die Kunden durch **kompetente und rechtssichere** Hinweise auf mögliche Fallstricke des Steuerrechts aufmerksam zu machen. Dies erfordert aber eine aktuelle **steuerliche Sachkunde** im Rahmen der Berufsausübung als Mitarbeiter in der Anlageberatung.

Komplexität des Steuerrechts nutzen:

- **Beratungsansätze:** dem Kunden aktuelles, neues und zukunftsfähiges Steuerwissen vermitteln,
- **Vertriebsansätze:** Problemzonen und Gestaltungshinweise aufzeigen.

Ausführungen zum Steuerrecht haben nur hinweisenden Charakter
Der Kunde ist in der **Anlageberatung** darauf hinzuweisen, dass Ausführungen zu Steuerfragen ausschließlich hinweisenden Charakter haben und keine Steuerberatung darstellen (siehe im Einzelnen auch die Ausführungen in Abschn. 2.1).

Kundenorientierte Ausrichtung
Mit dieser kundenorientierten Ausrichtung „steuerliche Ausführungen haben nur
hinweisenden Charakter" wird die **Bindung zum Kunden** gestärkt. Außerdem
können neue Geschäfte erfolgreich abgeschlossen werden (zum Beispiel eine
neue Ausrichtung des Wertpapiervermögens, Einzug von in- und ausländischen
Depots).

2.13.2 Erb-, familien- und steuerrechtliche Beratung durch eine Bank als erlaubnispflichtige Rechtsdienstleistung

In der Praxis der Anlageberatung kommen immer wieder Fragen auf, wie weit die
Beratung in rechtlichen Angelegenheiten gehen darf. Nach der **Legaldefinition**
des § 2 Abs. 1 Rechtsdienstleistungsgesetz (RDG) ist eine **Rechtsdienstleistung**
jede Tätigkeit in konkreten fremden Angelegenheiten, sobald sie eine **rechtliche
Prüfung des Einzelfalls** erfordert.

Rechtsdienstleistungen im Zusammenhang mit einer anderen Tätigkeit
Ob eine **Erlaubnisfreiheit** im jeweiligen Einzelfall gegeben ist, bemisst sich
allein an § 5 RDG (Rechtsdienstleistungen im Zusammenhang mit einer anderen
Tätigkeit). Nach dieser Norm sind Rechtsdienstleistungen erlaubt, die im Zusam-
menhang mit einer anderen Tätigkeit stehen, wenn sie als Nebenleistung zum
Berufs- oder Tätigkeitsbild gehören (§ 5 Abs. 1 Satz 1 RDG).
    Ob eine Nebenleistung vorliegt, ist nach ihrem Inhalt, Umfang und sachlichen
Zusammenhang mit der Haupttätigkeit unter Berücksichtigung der Rechtskenntnisse
zu beurteilen, die für die Haupttätigkeit erforderlich sind (§ 5 Abs. 1 Satz 2 RDG).

Urteil des OLG Karlsruhe vom 23.12.2010 beachten
Gerade im Bereich der **ganzheitlichen themenübergreifenden Beratung,** die in
der Praxis auch als private Finanzplanung oder Financial Planning von den Kreditinstituten vor allem wohlhabenden Privatkunden angeboten wird, tritt ein Spannungsfeld zwischen (Anlage)Beratung und Rechtsdienstleistung auf. Mit Urteil
vom 23.12.2010 (Az. 4 U 109/10) hat das OLG Karlsruhe eine Genossenschaftsbank verurteilt, es zu unterlassen, **rechtsberatend** und/oder **rechtsbesorgend** für
Kunden tätig zu werden.

Das Urteil ist inzwischen rechtskräftig. Die Nichtzulassungsbeschwerde wurde mit
BGH-Beschluss vom 15.12.2011(Az. I ZR 15/11) zurückgewiesen.

Sachverhalt der Entscheidung

Die Klägerin (eine Rechtsanwaltskammer) macht gegen die Beklagte (eine Genossenschaftsbank) wettbewerbsrechtliche Unterlassungsansprüche geltend. Anlass hierfür war ein von der Beklagten herausgegebener Werbeprospekt (Flyer), mit dem diese verschiedene Dienstleistungen auf erb-, familien- und steuerrechtlichem Gebiet anbietet (OLG Karlsruhe, Urteil vom 13.12.2010 – 4 U 109/10, in: Zeitschrift für Wirtschaftsrecht, 33. Jg., 202, S. 20–23, hier S. 20).

Leitsatz der Entscheidung

Das Erstellen von Vorsorgevollmachten, die Berechnung der Erbschaftsteuer und die Planung einer vorweggenommenen Erbauseinandersetzung („Financial Planning") fallen in den Anwendungsbereich des Rechtsdienstleistungsgesetzes und sind für eine (Genossenschafts-)Bank nicht erlaubnisfrei (OLG Karlsruhe, Urteil vom 13.12.2010 – 4 U 109/10, in: Zeitschrift für Wirtschaftsrecht, 33. Jg., 202, S. 20–23, hier S. 20).

Berechnung der Erbschaftsteuer

In dem Flyer wurde die Berechnung der Erbschaftsteuer ebenfalls als Rechtsdienstleistung im Sinne des § 2 RDG beworben. Nach Auffassung des OLG Karlsruhe kann die Berechnung der Erbschaftsteuer nicht abstrakt erfolgen. Sie setzt zunächst das Erfassen der für die Steuerbemessung relevanten Tatsachen und die Beratung über mögliche Handlungsalternative voraus. Im Anschluss ist der Sachverhalt, das heißt die konkrete fremde Angelegenheit, unter die Bestimmungen des Erbschafts- und Schenkungsteuerrechts zu subsumieren. Hierbei fällt, so die Karlsruher Richter, eine rechtliche Prüfung des Einzelfalls an (OLG Karlsruhe, Urteil vom 13.12.2010 – 4 U 109/10, in: Zeitschrift für Wirtschaftsrecht, 33. Jg., 202, S. 20–23, hier S. 22).

Was ist erlaubt?

Im Rahmen der ganzheitlichen (Anlage)Beratung ist grundsätzlich eine wirtschaftliche Beratung zulässig, dir rechtliche und steuerliche Fragen nur abstrakt betrachtet. In der Praxis ist die Überleitung an den Netzwerkpartner (zum Beispiel Rechtsanwalt, Steuerberater) zu empfehlen.

2.13.3 Steuerliche Behandlung negativer Einlagenzinsen

Im Zuge der Niedrigzinsphase gibt es derzeit kaum noch Zinsen. In der Anlageberatungspraxis wird vom Kunden oft die Frage gestellt, wie negative Einlagezinsen steuerlich behandelt werden. Dazu hat sich das Bundesministerium der Finanzen im Anwendungsschreiben zur Abgeltungsteuer wie folgt geäußert:

Behält ein Kreditinstitut negative Einlagezinsen für die Überlassung von Kapital ein, stellen diese negativen Einlagezinsen keine Zinsen im Sinne des § 20 Abs. 1 Nr. 7 EStG dar, da sie nicht vom Kapitalnehmer an den Kapitalgeber als Entgelt für die Überlassung von Kapital gezahlt werden. Wirtschaftlich gesehen handelt es sich vielmehr um eine Art Verwahr- und Einlagegebühr, die bei den Einkünften aus Kapitalvermögen als Werbungskosten vom Sparer-Pauschbetrag gemäß § 20 Abs. 9 Satz 1 EStG erfasst sind (BMF-Schreiben zu Einzelfragen zur Abgeltungsteuer vom 18.01.2016, Rz. 129a).

2.13.4 Verlustverrechnung bei Ehegatten und die steuerlichen Besonderheiten

Mit Wirkung ab dem Jahr 2010 haben die Kreditinstitute im Rahmen des **Steuerabzugsverfahrens** eine **übergreifende Verlustverrechnung** über alle beim Kreditinstitut geführten Konten und Depots der Ehegatten/Lebenspartner (Einzelkonten und -depots, Gemeinschaftskonten und -depots) vorzunehmen, wenn die Ehegatten/Lebenspartner einen gemeinsamen Freistellungsauftrag erteilt haben (BMF-Schreiben zu Einzelfragen zur Abgeltungsteuer vom 18.01.2016, Rz. 219).

Gemeinsam erteilter Freistellungsauftrag
Ehegatten/Lebenspartner können auch einen gemeinsamen Freistellungsauftrag über 0 EUR erteilen. Dies ist erforderlich, wenn Ehegatten/Lebenspartner eine **übergreifende Verlustverrechnung** vom Kreditinstitut durchführen lassen möchten, ihr gemeinsames Freistellungsvolumen aber schon bei einem anderen Institut ausgeschöpft haben (BMF-Schreiben zu Einzelfragen zur Abgeltungsteuer vom 18.01.2016, Rz. 267).

2.13.5 Verlustbescheinigung bei Beendigung der Kundenbeziehung und bei Steuerausländereigenschaft

Bei **Beendigung der Kundenbeziehung** sind die in diesem Zeitpunkt noch vorhandenen Verlusttöpfe zu schließen und eine Verlustbescheinigung zum Jahresende zu erstellen, sofern kein Antrag auf Verlustmitteilung an das neue Kreditinstitut (§ 43a Abs. 3 Satz 6 EStG) gestellt wird. Entsprechendes gilt, wenn der Kunde in den Status des **Steuerausländers** wechselt. Die Ausstellung der Bescheinigungen durch das Kreditinstitut erfolgt ohne Antrag (BMF-Schreiben zu Einzelfragen zur Abgeltungsteuer vom 18.01.2016, Rz. 238).

2.14   Entwicklungslinien und Perspektiven weiterer Gesetzgebung zur Kapitalanlage und die Auswirkungen auf die Anlageberatung

2.14.1   Panama Papers haben weltweite Empörung hervorgerufen

Die „Panama Papers" haben weltweite Empörung hervorgerufen. Die Bundesregierung hatte sehr schnell reagiert und im September 2016 einen Zehn-Punkte-Aktionsplan gegen Steuerbetrug, trickreiche Steuervermeidung und Geldwäsche vorgelegt (Bundesministerium der Finanzen 2016, S. 1). Zu den Maßnahmen gehören beispielsweise erweiterte Mitwirkungspflichten der Steuerpflichtigen bei Erwerb einer Beteiligung an einer ausländischen Kapitalgesellschaft, neue Ermittlungsbefugnisse der Finanzverwaltung und Anzeigepflichten für Banken, welche Beteiligungen an Briefkastenfirmen sie vermittelt oder hergestellt haben (Bundesministerium der Finanzen 2016, S. 2). Der Aktionsplan ist wesentlicher Bestandteil des **Steuerumgehungsbekämpfungsgesetzes** geworden.

2.14.2   Gesetz zur Bekämpfung der Steuerumgehung und zur Änderung weiter steuerlicher Vorschriften

2.14.2.1   Ziel des Steuerumgehungsbekämpfungsgesetzes

Das Steuerumgehungsbekämpfungsgesetz (StUmgBG) ist am 24.06.2017 im Bundesgesetzblatt (Teil I, S. 1682 ff.) veröffentlicht worden und am 25.06.2017 in Kraft getreten. Erklärtes Ziel des Gesetzes ist es, „beherrschende" Geschäftsbeziehungen inländischer Steuerpflichtiger zu ausländischen Kapitalgesellschaften transparent zu machen (vgl. Bundestags-Drucksache 18/11132 2017, S. 15). Darüber hinaus erweitert es vor allem die Ermittlungsbefugnisse der Finanzverwaltung und führt zu einer Verschärfung des deutschen Steuerrechts für Steuerpflichtige und Kreditinstitute.

Die Banken und Sparkassen am Finanzplatz Deutschland werden noch stärker als Erfüllungsgehilfe des Staates instrumentalisiert. Das Steuerumgehungbekämpfungsgesetz führt beispielsweise zu einer Erweiterung der Erhebungs- und Aufzeichnungspflichten für Kreditinstitute (§ 154 Abs. 2a AO).

2.14.2.2   Anzeigen über den Erwerb von Beteiligungen

Steuerpflichtige mit Wohnsitz, gewöhnlichem Aufenthalt, Geschäftsleitung oder Sitz im Geltungsbereich dieses Gesetzes **(inländische Steuerpflichtige)** haben dem für sie zuständigen Finanzamt beispielsweise mitzuteilen:

1. die Gründung und den Erwerb von Betrieben und Betriebsstätten im Ausland;
2. den Erwerb, die Aufgabe oder die Veränderung einer Beteiligung an ausländischen Personengesellschaften;
3. den Erwerb oder die Veräußerung von Beteiligungen an einer Körperschaft, Personenvereinigung oder Vermögensmasse mit Sitz und Geschäftsleitung **außerhalb des Geltungsbereichs dieses Gesetzes,** wenn
   a) damit eine Beteiligung von mindestens zehn Prozent am Kapital oder am Vermögen der Körperschaft, Personenvereinigung oder Vermögensmasse erreicht wird oder
   b) die Summe der Anschaffungskosten aller Beteiligungen mehr als 150.000 EUR beträgt (§ 138 Abs. 2 AO).

Änderung zum bisherigen Recht
Nach altem Recht wurde zwischen unmittelbaren Beteiligungen von zehn Prozent und mittelbaren Beteiligungen von 25 % unterschieden (§ 138 Abs. 2 Nr. 3 AO a. F.). Die Beteiligungsquote wurde nun auf zehn Prozent vereinheitlicht und führt damit zu einer Verschärfung der Rechtslage für den Steuerpflichtigen (vgl. Talaska 2017, S. 1804).

Ab wann sind die Vorschriften anzuwenden?
Die Änderungen in § 138 Abs. 2 AO sind auf alle mitteilungspflichtigen Sachverhalte anzuwenden, die nach dem 31.12.2017 verwirklicht werden (Art. 97 § 32 Abs. 1 EGAO).

2.14.2.3 Neue Aufbewahrungspflichten für Steuerpflichtige

Steuerpflichtige, die allein oder zusammen mit **nahestehenden Personen** im Sinne des § 1 Abs. 2 AStG unmittelbar oder mittelbar einen beherrschenden oder bestimmenden Einfluss auf die gesellschaftsrechtlichen, finanziellen oder geschäftlichen Angelegenheiten einer **Drittstaat-Gesellschaft** im Sinne des § 138 Abs. 3 AO ausüben können, haben die Aufzeichnungen und Unterlagen über diese Beziehung und alle damit verbundenen Einnahmen und Ausgaben **sechs Jahre** aufzubewahren (§ 147a Abs. 2 Satz 1 AO). Bei diesen Steuerpflichtigen ist auch ohne besonderen Anlass eine steuerliche Außenprüfung zulässig (vgl. Talaska 2017, S. 1804).

Was versteht man unter einer Drittstaat-Gesellschaft?
Eine **Drittstaat-Gesellschaft** ist eine Personengesellschaft, Körperschaft, Personenvereinigung oder Vermögensmasse mit Sitz oder Geschäftsleitung in Staaten

oder Territorien, die nicht Mitglieder der Europäischen Union oder der Europäischen Freihandelsassoziation sind (§ 138 Abs. 3 AO).

Ab wann gilt die Aufbewahrungspflicht?
Die Aufbewahrungspflicht gilt erstmals für Besteuerungszeiträume, die nach dem **31.12.2017** beginnen (Art. 97 § 22 Abs. 3 EGAO).

2.14.2.4 Bankgeheimnis wurde abgeschafft

Das steuerliche Bankgeheimnis nach § 30a AO a. F. wurde durch das Steuerumgehungsbekämpfungsgesetz ersatzlos gestrichen. Die Aufhebung der Vorschrift erlaubt es nun, dass die Finanzbehörden ohne die bisher geltenden Einschränkungen in § 30a AO a. F. bei hinreichendem Anlass **Auskunftsersuchen** an inländische Kreditinstitute richten dürfen. Dadurch können sie Informationen über Kunden und deren Geschäftsbeziehungen zu Dritten erlangen (vgl. Bundestags-Drucksache 18/11132 2017, S. 22).

▶ Die Vorschrift ist ab dem 25.06.2017 auch auf Sachverhalte, die vor diesem Zeitpunkt verwirklicht worden sind, nicht mehr anzuwenden (Art. 97 § 1 Abs. 12 Satz 2 EGAO).

2.14.2.5 Automatisierter Abruf von Konteninformationen

Der § 93b AO, der den automatisierten Abruf von Kontoinformationen regelt, wurde um einen neuen Absatz 1a erweitert. Dieser hat folgenden Inhalt:

„Kreditinstitute haben für Kontenabrufersuchen nach § 93 Abs. 7 und 8 AO zusätzlich zu den in § 24c Abs. 1 des Kreditwesengesetzes bezeichneten Daten für jeden Verfügungsberechtigten und jeden wirtschaftlich Berechtigten im Sinne des Geldwäschegesetzes auch die Adressen sowie die in § 154 Abs. 2a AO bezeichneten Daten zu speichern. § 154 Abs. 2d AO und Artikel 97 § 26 Abs. 5 Nr. 3 und 4 des Einführungsgesetzes zur Abgabenordnung bleiben unberührt" (§ 93b Abs. 1a AO).

▶ Der § 93b Abs. 1a AO ist ab dem **01.01.2020** anzuwenden (Art. 97 § 26 Abs. 3 AEAO).

2.14.2.6 Neue Bestimmungen zur Kontenwahrheit

Der § 154 AO regelt die Vorschriften zur Kontenwahrheit. Niemand darf auf einen falschen oder erdichteten Namen für sich oder einen Dritten ein Konto errichten oder Buchungen vornehmen lassen, Wertsachen (Geld, Wertpapiere,

Kostbarkeiten) in Verwahrung geben oder verpfänden oder sich ein Schließfach geben lassen (§ 154 Abs. 1 AO).

Der § 154 Abs. 2 AO wurde im Zuge des Steuerumgehungsbekämpfungsgesetzes wesentlich erweitert und um spezielle Sachverhalte in den neuen Absätzen 2a bis 2d ergänzt. Für die Kreditinstitute bedeuten die umfangreichen Bestimmungen eine sorgfältige Einholung der Kundenangaben.

Erweiterung der Erhebungs- und Aufzeichnungspflichten für Kreditinstitute
Wer ein Konto führt, Wertsachen verwahrt oder als Pfand nimmt oder ein Schließfach überlässt (Verpflichteter), hat

1. sich zuvor Gewissheit über die Person und Anschrift des Verfügungsberechtigten und jedes wirtschaftlich Berechtigten im Sinne des Geldwäschegesetzes zu verschaffen und
2. die entsprechenden Angaben in geeigneter Form, bei Konten auf dem Konto, festzuhalten.

Ist der Verfügungsberechtigte eine **natürliche Person,** ist § 11 Abs. 4 Nummer 1 des Geldwäschegesetzes entsprechend anzuwenden. Der Verpflichtete hat sicherzustellen, dass er den Finanzbehörden **jederzeit** Auskunft darüber geben kann, über welche Konten oder Schließfächer eine Person verfügungsberechtigt ist oder welche Wertsachen eine Person zur Verwahrung gegeben oder als Pfand überlassen hat. Die **Geschäftsbeziehung** ist **kontinuierlich zu überwachen** und die nach Satz 1 zu erhebenden Daten sind in angemessenem zeitlichen Abstand **zu aktualisieren** (§ 154 Abs. 2 AO).

Steuerliche Identifikationsnummer einholen
Die Kreditinstitute haben nach § 154 Abs. 2a AO erstmals auf nach dem 31.12.2017 begründete Geschäftsbeziehungen (Art. 97 § 26 Abs. 4 AEAO) im Rahmen der Legitimationsprüfung nach § 154 Abs. 2 AO auch die steuerliche Identifikationsnummer und die Wirtschafts-Identifikationsnummer des Kontoinhabers, jedes anderen Verfügungsberechtigten und jedes wirtschaftlich Berechtigten im Sinne des Geldwäschegesetzes zu erheben und aufzuzeichnen.

Besonderheiten bei Kreditkonten
Bei Kreditkonten, bei denen der Kredit der Finanzierung privater Konsumgüter dient und der Kreditrahmen 12.000 EUR nicht übersteigt, sind die Sätze 1 und 2 nicht anzuwenden (§ 154 Abs. 2a Satz 3 AO). Damit soll nach Auffassung des Gesetzgebers vor allem der reibungslose Ablauf der Finanzierung von Verbraucherkrediten

sichergestellt werden (zum Beispiel die Finanzierung eines privaten Auto- oder Fernsehkaufs) (Bundestags-Drucksache 18/12127, S. 55).

Für vor dem 01.01.2018 begründete Geschäftsbeziehungen
Für Geschäftsbeziehungen zu Kreditinstituten im Sinne des § 154 Abs. 2 Satz 1 AO in der am 25.06.2017 geltenden Fassung, die vor dem 01.01.2018 begründet worden sind und am 01.01.2018 noch bestehen, gilt beispielsweise Folgendes: Kreditinstitute haben bis zum 31.12.2019 für den Konteninhaber, jeden anderen Verfügungsberechtigten und jeden wirtschaftlich Berechtigten im Sinne des Geldwäschegesetzes

a) die Adresse,
b) bei natürlichen Personen das Geburtsdatum sowie
c) die in § 154 Abs. 2a Satz 1 AO genannten Daten

in den Aufzeichnungen nach § 154 Abs. 2 bis 2c AO zu führenden Dateisystem zu erfassen (Art. 97 § 26 Abs. 5 AEAO).

Am 11.12.2017 hat das Bundesfinanzministerium den Anwendungserlass zur Abgabenordnung (AEAO) zur Anpassung des § 154 AO an das Steuerumgehungsbekämpfungsgesetz veröffentlicht (vgl. Bundessteuerblatt 2017, S. 1604 ff.). Der Anwendungserlass gibt Auskunft beispielsweise zur Kontenwahrheit, zum wirtschaftlich Berechtigten und zur Identifizierungs- und Aktualisierungspflicht.

Konsequenzen für die Anlageberatungspraxis
Bei der Eröffnung von Konten (zum Beispiel Einlagen- und Verwahrkonten) **nach dem 31.12.2017** muss der Mitarbeiter in der Anlageberatung nicht nur ein „Mehr" an Informationen über den Kunden einholen, sondern es müssen auch Prozesse in den Banken und Sparkassen implementiert werden, die eine regelmäßige Überprüfung und Aktualisierung der Kundendaten vorsehen.

2.14.3 Zukunft der Abgeltungsteuer am Finanzplatz Deutschland

2.14.3.1 Entschließung des Bundesrates zur Abgeltungsteuer
Das Land Brandenburg ist für die Abschaffung der Abgeltungsteuer. Am **27.10.**2016 reichte das Bundesland einen Antrag beim Bundesrat mit der Bitte ein, den Punkt

auf die Tagesordnung der Bundesratssitzung am 04.11.2016 zu setzen und anschließend den Ausschüssen zur Beratung zuzuweisen (Bundesrats-Drucksache 643/16).
Die Entschließung des Bundesrates zur Abschaffung der Abgeltungsteuer lautete:

> Der Bundesrat fordert die Bundesregierung auf, nach erfolgter Einführung des
> internationalen automatischen Informationsaustauschs von Steuerdaten die Abge-
> ltungsteuer abzuschaffen und Kapitalerträge **wieder mit dem persönlichen Ein-
> kommensteuersatz** der Steuerpflichtigen zu unterwerfen. Gleichzeitig ist durch
> Anpassung von Einkommen- und Körperschaftsteuer das Ziel der Rechtsformneu-
> tralität der Besteuerung von Kapitalerträgen sicherzustellen und eine gleichmäßige
> Besteuerung von Veräußerungsgewinnen und laufenden Einkünften im Bereich von
> Kapitalanlagen zu gewährleisten (Bundesrats-Drucksache 643/16, S. 1).

2.14.3.2 Rückkehr zum progressiven Steuersystem für Kapitaleinkünfte?

Die Besteuerung von Kapitaleinkünften mit dem individuellen Steuersatz bedingt
nach Auffassung des Landes Brandenburg auch eine Neuregelung der Besteuerung von Kapitalgesellschaften und deren ausgeschütteten Gewinnen. Neben
einem Teileinkünfteverfahren könnten hier auch andere Möglichkeiten untersucht
werden (Bundesrats-Drucksache 643/16, S. 3).

Außerdem wäre zu prüfen, ob Veräußerungsgewinne im Bereich der Finanz-
anlagen (Wertpapiergeschäfte, Termingeschäfte etc.) weiterhin ohne Spekula-
tionsfrist steuerpflichtig bleiben sollen. Mit Abschaffung der Abgeltungsteuer
wäre nach Auffassung des Landes Brandenburg auch die Zulassung des Abzugs
tatsächlicher Werbungskosten zu eruieren (Bundesrats-Drucksache 643/16, S. 3).

▶ Der Bundesrat hatte in seiner Sitzung am 12.05.2017 beschlossen, die
Entschließung zur Abschaffung der Abgeltungsteuer nicht zu fassen
(Bundesrats-Drucksache 376/17, S. 1).

2.14.4 Steuerharmonisierung im europäischen Finanzdienstleistungssektor: die nächsten Schritte

Die Europäische Kommission verfolgt ein ehrgeiziges Programm für eine gerech-
tere, transparentere und effektive Besteuerung in der gesamten Europäischen
Union. Dies steht im Einklang mit der nachhaltigen Förderung von Wachstum
und Investitionen, um die Schaffung von Arbeitsplätzen in der EU zu unterstützen
(Bundesrats-Drucksache 373/16 2016, S. 2).

Die EU-Agenda zur Verbesserung der Transparenz und der Bekämpfung von Steuerhinterziehung und Steuervermeidung umfasst die

- verstärkte Verknüpfung der Bekämpfung von Geldwäsche mit den Steuertransparenzvorschriften,
- Verbesserung des Informationsaustausches über wirtschaftliches Eigentum (zum Beispiel grenzüberschreitender Informationsaustausch über Finanzkonten),
- stärkere Beaufsichtigung der Gestalter und Förderer aggressiver Steuerplanung,
- Förderung höherer Standards für verantwortungsvolles Handeln im Steuerbereich weltweit,
- Verbesserung des Schutzes von Hinweisgebern (Bundesrats-Drucksache 373/16 2016, S. 10).

Neue Steuerleitlinien für grenzübergreifendes Anlegen

Am 11.12.2017 legte die Europäische Kommission neue Quellensteuer-Leitlinien vor, die die Kosten für die Mitgliedstaaten senken und die Verfahren für grenzübergreifend tätige Anleger in der Europäischen Union vereinfachen sollen. Die Umsetzung des Verhaltenskodex ist für die Mitgliedstaaten freiwillig. Der Kodex enthält eine Bestandsaufnahme der Probleme, mit denen grenzübergreifend tätige Anleger konfrontiert sind. Er zeigt den Mitgliedstaaten verschiedene praktische Lösungsmöglichkeiten auf (z. B. wie kleineren Anlegern geholfen werden kann, für die die Vorschriften über die Erstattung der Quellensteuer übermäßig komplex sind). Der EU-Vorschlag ist ein Teil des EU-Aktionsplans für die Kapitalmarktunion und soll das Quellensteuerverfahren für Investoren und Mitgliedstaaten gleichermaßen vereinfachen und verbessern (vgl. EU-Kommission, Pressemitteilung vom 11.12.2017, S. 1).

Literatur

Balzer, P.: Haftung im Financial Planning, hrsg. vom Financial Planning Standards Board Deutschland e. V., Frankfurt am Main 2016.

Beyer, D.: Falsche Angaben zu Vorschenkungen: Mehrfache Steuerhinterziehung und Verwendungsverbot, in: Betriebs-Berater, 70. Jg., 2015, S. 3040–3041.

BMF-Schreiben zum automatischen Austausch von Informationen über Finanzkonten in Steuersachen nach dem Finanzkonten-Informationsaustauschgesetz – FKAustG; Bekanntmachung einer finalen Staatenaustauschliste vom 22.6.2017 (das Schreiben ist abrufbar unter: www.bundesfinanzministerium.de/Internationales Steuerrecht).

BMF-Schreiben zur Bestimmung des anwendbaren Teilfreistellungssatzes vom 14.6.2017, in: Der Betrieb, 70. Jg., 2017, S. 1485–1487.

BMF-Schreiben zur Ergänzung des BMF-Schreibens vom 18.1.2016 durch das Gesetz zur Reform der Investmentbesteuerung vom 3.5.2017.

BMF-Schreiben zum Standard für den automatischen Austausch von Finanzinformationen in Steuersachen vom 1.2.2017 (das Schreiben ist abrufbar unter: www.bundesfinanzministerium.de/Internationales Steuerrecht).

BMF-Schreiben zum Anwendungserlass zu § 153 AO vom 23.5.2016, in: Der Betrieb, 69. Jg., 2016, S. 1228−1230.

BMF-Schreiben zu Einzelfragen zur Abgeltungsteuer vom 18.1.2016 (das umfangreiche Schreiben kann unter: www.bundesfinanzministerium.de abgerufen werden).

BMF-Schreiben zu Zweifelsfragen bei der Besteuerung privater Veräußerungsgeschäfte nach § 23 Abs. 1 Satz 1 Nr. 2 EStG vom 25.10.2004, in: Der Betrieb, 57. Jg., 2004, S. 2393−2399.

Bundesministerium der Finanzen: Anwendungserlass zur Abgabenordnung (AEAO); Anpassung des AEAO zu § 154 an die Rechtsänderung durch das Steuerumgehungsbekämpfungsgesetz vom 23.06.2017, in: Bundessteuerblatt 2017 Teil I, S. 1604−1607.

Bundesministerium der Finanzen: Nationale Maßnahmen gegen Steueroasen und Briefkastenfirmen vom 22.9.2016, abrufbar unter: www.bundesfinanzministerium.de.

Bundesrats-Drucksache 376/17: Beschluss des Bundesrates: Entschließung des Bundesrates zur Abschaffung der Abgeltungsteuer vom 12.5.2017.

Bundesrats-Drucksache 376/17: Entschließung des Bundesrates zur Abschaffung der Abgeltungsteuer vom 12.5.2017.

Bundesrats-Drucksache 643/16: Antrag des Landes Brandenburg: Entschließung des Bundesrates zur Abschaffung der Abgeltungsteuer vom 27.10.2016.

Bundesrats-Drucksache 373/16: Mitteilung der Kommission an das Europäische Parlament und den Rat über weitere Maßnahmen zur Verbesserung der Transparenz und der Bekämpfung von Steuerhinterziehung und Steuervermeidung vom 11.7.2016.

Bundestags-Drucksache 18/12127: Beschlussempfehlung und Bericht des Finanzausschusses (7. Ausschuss) zum Entwurf eines Gesetzes zur Bekämpfung der Steuerumgehung und zur Änderung weiterer steuerlicher Vorschriften (Steuerumgehungsbekämpfungsgesetz − StUmgBG) vom 26.4.2017.

Bundestags-Drucksache 18/11132: Entwurf eines Gesetzes zur Bekämpfung der Steuerumgehung und zur Änderung weiterer steuerlicher Vorschriften (Steuerumgehungsbekämpfungsgesetz – StUmgBG) vom 13.2.2017.

Bundestags-Drucksache 18/8739: Beschlussempfehlung und Bericht des Finanzausschusses (7. Ausschuss): Entwurf eines Gesetzes zur Reform der Investmentbesteuerung (Investmentsteuerreformgesetz – InvStRefG) vom 8.6.2016.

Bundestags-Drucksache 18/8045: Entwurf eins Gesetzes zur Reform der Investmentbesteuerung (Investmentsteuerreformgesetz − InvStRefG) vom 7.4.2016.

BVI Bundesverband Investment und Asset Management: Investmentsteuerreform Kompakt: Was sich ab 2018 ändert, Frankfurt am Main 2017.

Delp, U.: Investmentsteuerreform aus privater Anlegersicht, in: Der Betrieb, 70. Jg. 2017, S. 447–457.

Delp, U.: Klein-Panama und ausgewählte SchenkSt- und ErbSt-Fragen, in: Der Betrieb, 69. Jg., 2016, S. 1403−1406.

Delp, U.: Aktuelle Gestaltungs- und Problemzonen bei der Abgeltungsteuer, in: Der Betrieb, 64. Jg., 2011, S. 196–201.

Demuth, B./Jena, O.: Devisenbesteuerung aus Sicht strafbefreiender Selbstanzeigen, in: Deutsches Steuerrecht, 54. Jg., 2016, S. 204–209.

Diskussionsentwurf der Bundesanstalt für Finanzdienstleistungsaufsicht: Verordnung zur Änderung der WpHG-Mitarbeiteranzeigeverordnung, Stand: 29.5.2017.

EU-Kommission, Pressemitteilung zur Kapitalmarktunion: Kommission kündigt neue Steuerleitlinien an, um grenzübergreifend tätigen Anlegern das Leben zu erleichtern vom 11.12.2017.

Gehre, H./Koslowski, G.: Steuerberatungsgesetz (Kommentar), 7. Aufl., München 2015.

Gieringhoff, S.: Investmentsteuer, in: Beck'sches Steuerberater-Handbuch 2017/2018, hrsg. von J. Pelka und K. Petersen, 16. Aufl., München 2017, S. 758–791.

Götz, H. Schenkungsteuerliche Risiken für Ehegatten bei Bankkonten, in: Zeitschrift für Erbrecht und Vermögensnachfolge, 24. Jg., 2017, S. 77–81.

Grashoff, D./Kleinmanns, F.: Aktuelles Steuerrecht, 13. Aufl., München 2017.

Günther, K.-H.: Schenkungen an Angehörige – Ertragsteuerliche Rechtsfolgen und Gestaltungsmöglichkeiten, in: Der Erbschaft-Steuer-Berater, o. Jg., Heft 2, 2014, S. 41–46.

Helios, M./Mann, A.: Das Gesetz zur Reform der Investmentbesteuerung, in: Der Betrieb, 69. Jg., 2016, Sonderausgabe 1/2016, S. 1–31.

Hendricks, M.: Automatischer Austausch von Finanzkontendaten – Beginn einer neuen Epoche, in: Der Betrieb, 68. Jg., 2015, M 5.

Hoffmann, D.: Kein Anspruch auf Schadensersatz gegen Kreditinstitute bei verpflichtender Umsetzung des Kapitalertragsteuerabzugs, in: Deutsches Steuerrecht, 54. Jg., 2016, S. 1848–1851.

Kirchhof, P.: Die verfassungsrechtlichen Grenzen rückwirkender Steuergesetze, in: Deutsches Steuerrecht, 53. Jg., 2015, S. 717–723.

KPMG Law: Mandanten-Information: Steuerstrafrecht, Wirtschaftsstrafrecht und Steuerstreit, Dezember 2016, S. 1–4.

Moench, D./Hübner, H.: Erbschaftsteuerrecht, 3. Aufl., München 2012.

Moritz, J./Strohm, J.: Abgeltungsteuer bei nahestehenden Personen und Gesellschafter-Fremdfinanzierung, in: Der Betrieb, 67. Jg., 2014, S. 2306–2312.

Oberfinanzdirektion Nordrhein-Westfalen: Kurzinformation ESt vom 27.12.2016, in: Deutsches Steuerrecht, 55. Jg., 2017, S. 1267–1268.

Pondelik, M.: Gewährung eines zinslosen Darlehens als freigebige Zuwendung, in: Steuerrecht kurzgefaßt, 7. Jg., 2015, S. 310.

Pressemitteilung des BFH vom 31.8.2016: Schenkungsteuerliche Zuwendung an Ehegatten, in: Der Betrieb, 69. Jg., 2016, M 12.

Rhodius, O./Lofing, J.: Kapitalertragsteuer und Abgeltungsteuer verstehen, 3. Aufl., Wiesbaden 2017.

Sackreuther, K.: Strafrechtliche Besonderheiten bei ErbSt-Hinterziehung, in: Praxis Steuerstrafrecht, Oktober 2011, S. 254–256.

Schienke-Ohletz, T.: Begründung eines Oder-Kontos als Schenkung unter Ehegatten: Entwarnung durch den BFH?, in: Deutsches Steuerrecht, 50. Jg., 2012, S. 1265–1266.

Schmitt, R./Farle, V: Deutsches internationales Steuerrecht: Eine Kurzeinführung für Praktiker, München 2015.

Stadler, R./Bindl, E.: Übergangsvorschriften zum neuen InvStG – Überblick und Handlungsempfehlungen, in: Deutsche Steuerrecht, 55. Jg., 2017, S. 1409–1415.

Stadler, R./Bindl, E.: Das neue InvStG – Überblick und Korrekturbedarf, in: Deutsches Steuerrecht, 54. Jg., 2016, S. 1953–1966.

Stahl, R.: Erbfall und Schenkung im Steuerstrafrecht, in: Kölner Steuerdialog, Heft 8, 2016, S. 19920–19929.

Steiner, G.: Common Reporting Standard (CRS – ein „Informationsaustausch-Tsunami" mit Folgen, in: Betriebs-Berater, 71. Jg., 2016, S. 1).

Talaska, P.: Steuerumgehungsbekämpfungsgesetz, in: Der Betrieb, 70. Jg., 2017, S. 1803–1808.

Werth, F.: Erste BFH-Rechtsprechung zur Abgeltungsteuer, in: Deutsches Steuerrecht, 53. Jg., 2015, S. 1343–1350.

Worgulla, N. Bruttobesteuerung der Einkünfte aus Kapitalvermögen und der allgemeine Gleichheitsgrundsatz, in: Finanz-Rundschau, 95. Jg., 2013, S. 921–931.

Zaumseil, P.: Die Modernisierung des Besteuerungsverfahrens, in: Neue Juristische Wochenschrift, 69. Jg., 2016, S. 2769–2774.

Recht in der Anlageberatung

3

3.1 Zunehmende Bedeutung der rechtlichen Aspekte

Die Anlageberatung am Finanzplatz Deutschland befindet sich in einem sichtbaren Umbruch. Vor allem hierzulande stehen erhebliche Vermögensumschichtungen auf die Erbengeneration an und eröffnen den Mitarbeitern in der Anlageberatung lukrative Beratungs- und Betreuungsfelder. Der Ausbau der privaten Altersvorsorge, der Trend zum Einsatz neuartiger Finanz- und Fondsprodukte und nicht zuletzt die vielen rechtlichen einzuhaltenden Bestimmungen in Kapitalmarktgesetzen (zum Beispiel WpHG, KAGB) fordern die Berater im Anlageberatungsgeschäft wesentlich stärker als früher heraus.

Vor dem Hintergrund dieser aufgezeigten Entwicklungen müssen die durch die Rechtsprechung entwickelten Pflichten und insbesondere die durch das neue WpHG zum 03.01.2018 geschaffenen Rahmenbedingungen in der Anlageberatung berücksichtigt und chancenorientiert umgesetzt werden. Aus diesem Grund sollte das Thema „Recht in der Anlageberatung", das Gegenstand der nachfolgenden Ausführungen ist, zu den Kernkompetenzen eines jeden Anlageberaters gehören. Die rechtlichen Aspekte können wie in Abb. 3.1 in Bereiche unterteilt werden.

Recht der Anlageberatung		
Zivilrechtliche Pflichte	Gesetzliche Pflichten	Aufsichtsrechtliche Pflichten
Abschluss eines Beratungsvertrages	§§ 63 ff. WpHG	MaComp (zum Beispiel Ausführungen zur Geeignetheitserklärung)

Abb. 3.1 Beratungsstandards in der Anlageberatung. (Quelle: eigene Darstellung)

© Springer Fachmedien Wiesbaden GmbH, ein Teil von Springer Nature 2018
H. Nickel, *Anlageberatung am Finanzplatz Deutschland*,
Edition Bankmagazin, https://doi.org/10.1007/978-3-658-18794-1_3

3.2 Zivilrechtliche Gesichtspunkte der Anlageberatung

3.2.1 Zustandekommen eines Beratungsvertrags

Ein Anleger wird einen Anlageberater im Allgemeinen hinzuziehen, wenn er selbst keine ausreichenden wirtschaftlichen Kenntnisse und keinen genügenden Überblick über die wirtschaftlichen Zusammenhänge hat. Er erwartet dann nicht nur die Mitteilung von Tatsachen, sondern insbesondere deren **fachkundige Bewertung und Beurteilung.** Häufig wünscht er eine auf seine persönlichen Verhältnisse zugeschnittene Anlageberatung. Zum Vertragsschluss reicht es aus, wenn der Anleger die Dienste des Anlageberaters in Anspruch nimmt und dieser mit seiner Tätigkeit beginnt (BGH, Urteil vom 05.011.2009 – III ZR 302/08, in: Der Betrieb, 62. Jg., 2009, S. 2711–2713, hier S. 2711).

Ein **Beratungsvertrag** zwischen Bank und Kunde kann dadurch zustande kommen, dass der Kunde **ausdrücklich** eine Beratung wünscht und das Kreditinstitut bereit ist, eine entsprechende Anlageberatung zu erbringen (vgl. Ruland und Wetzig 2013, S. 57).

Ein solcher Vertrag kommt aber regelmäßig auch **konkludent** (durch schlüssiges Verhalten) zustande. Tritt ein Anlageinteressent an eine Bank oder der Anlageberater einer Bank an einen Kunden heran, um über die Anlage eines Geldbetrags beraten zu werden bzw. zu beraten, so wird das darin liegende Angebot zum Abschluss eines Beratungsvertrags **stillschweigend** durch die Aufnahme des Beratungsgesprächs angenommen. Der Beratungsvertrag ist damit auf eine konkrete Anlageentscheidung bezogen (vgl. zum Beispiel BGH, Urteil vom 28.04.2015 – XI ZR 378/13, in: Neue Juristische Wochenschrift, 68. Jg., 2015, S. 2248–2257, hier S. 2250).

3.2.2 Pflichtenprogramm aus dem Beratungsvertrag

Aus einem **Anlageberatungsvertrag** ist der Berater zur vollständigen und richtigen Anlageberatung verpflichtet. Nach dem grundlegenden Bond-Urteil von 1993 hängt die konkrete Ausgestaltung der dem Berater obliegenden Pflichten von den Umständen des Einzelfalls ab, nämlich der **Person des Kunden** einerseits und dem **konkreten Anlageobjekt** andererseits (vgl. BGH, Urteil vom 06.07.1993, XI ZR 12/93, in: Der Betrieb, 46. Jg., 1993, S. 1869).

Anlegergerechte Beratung

Zu den Umständen in der Person des Kunden (sogenannte anlegergerechte Beratung) gehören insbesondere dessen Wissensstand über Anlagegeschäfte der vorgesehenen Art und dessen Risikobereitschaft. Zu berücksichtigen ist vor allem, ob es sich bei dem Kunden um einen erfahrenen Anleger mit einschlägigem Fachwissen handelt und welches Anlageziel der Kunde verfolgt (BGH, Urteil vom 06.07.1993, XI ZR 12/93, in: Der Betrieb, 46. Jg., 1993, S. 1869).

Anlagegerechte Beratung

In Bezug auf das Anlageobjekt (sogenannte anlagegerechte Beratung) hat sich die Beratung auf diejenigen Eigenschaften und Risiken zu beziehen, die für die jeweilige Anlageentscheidung wesentliche Bedeutung haben oder haben können. Dabei ist zwischen den **allgemeinen Risiken** (Konjunkturlage, Entwicklung des Börsenmarktes) und den **speziellen Risiken** zu unterscheiden, die sich aus den individuellen Gegebenheiten des Anlageobjekts (Kurs-, Zins- und Währungsrisiko) ergeben (BGH, Urteil vom 06.07.1993, XI ZR 12/93, in: Der Betrieb, 46. Jg., 1993, S. 1869).

Grundsätze ordnungsmäßiger Anlageberatung

Die Anlageberatung der Bank muss richtig und sorgfältig, dabei für den Kunden verständlich und vollständig sein, die Bank muss zeitnah über alle Umstände unterrichten, die für das Anlagegeschäft von Bedeutung sind. Fehlen ihr derartige Kenntnisse, so hat sie das dem Kunden mitzuteilen und offenzulegen, dass sie zu einer Beratung zum Beispiel über das konkrete Risiko eines Geschäfts mangels eigener Information nicht in der Lage ist (BGH, Urteil vom 06.07.1993, XI ZR 12/93, in: Der Betrieb, 46. Jg., 1993, S. 1869). Diese Leitsätze des BGH können als sogenannte „Grundsätze ordnungsmäßiger Anlageberatung" bezeichnet werden.

▶   Aus einem Beratungsvertrag ist eine Bank verpflichtet, eine Kapitalanlage, die sie empfehlen will, mit banküblichem kritischen Sachverstand zu prüfen; eine bloße Plausibilitätsprüfung ist ungenügend (BGH-Urteil vom 07.10.2008 – XI ZR 89/07, in: Der Betrieb, 61. Jg., 2008, S. 2590–2592, hier S. 2590).

Wer haftet für den wirtschaftlichen Erfolg einer Kapitalanlage?

Die Bewertung und Empfehlung eines Anlageobjekts durch ein Kreditinstitut muss ex ante betrachtet vertretbar sein. Das Risiko, dass sich eine aufgrund anleger- und anlagegerechte Beratung getroffene Anlageentscheidung im Nachhinein als falsch erweist, trägt der Kunde (BGH-Urteil vom 21.03.2006 – XI ZR 63/05, in: Der Betrieb, 59. Jg., 2006, S. 1052–1053, hier S. 1052).

3.2.3 Bankenhaftung bei Kapitalanlagen: Ausgewählte Entscheidungen und die Konsequenzen für die Anlageberatung

3.2.3.1 Empfehlung ungeeigneter Anlageobjekte als Pflichtverletzung

Die Anlageempfehlung einer Bank an eine 60-jährige selbstständige Unternehmerin mit **geringen Rentenansprüchen,** einen zur **Altersversorgung** bestimmten größeren Geldbetrag aus einer Lebensversicherung ausschließlich in mehreren Aktienfonds (mittlerer bis hoher Risikoeinstufung) anzulegen, ist nicht **anlegergerecht** (OLG Jena, Urteil vom 17.05.2005 – 5 U 693/04, in: Zeitschrift für Wirtschaftsrecht, 26. Jg., 2005, S. 1913–1915, hier S. 1913).

▶   Nach ständiger Rechtsprechung des Bundesgerichtshofes ist der Anleger, der aufgrund einer **fehlerhaften Empfehlung** eine für ihn nachteilige Kapitalanlage erwirbt, in der Regel bereits durch den Erwerb geschädigt (OLG Jena, Urteil vom 17.05.2005 – 5 U 693/04, in: Zeitschrift für Wirtschaftsrecht, 26. Jg., 2005, S. 1913–1915, hier S. 1914).

3.2.3.2 Bezeichnung einer Kapitalanlageform als „sicher"

Die Bezeichnung einer Kapitalanlageform als „**sicher**" kann nicht als konkrete Risikobeschreibung verstanden werden. Vollständige risikofreie und damit absolut sichere Anlageformen gibt es nicht. Es obliegt den Beteiligten im Einzelfall, zu präzisieren, welches konkrete Risiko sie in welchem Umfang ausschließen wollen. Die Verwendung des Begriffs „sicher" alleine ist damit eine bloß unverbindliche werblich anpreisende Beschreibung des Produkts, an das konkrete Erwartungen nicht geknüpft werden können (OLG Frankfurt a. M., Urteil vom 16.07.2015 (3 U 180/14), in: Zeitschrift für Wirtschafts- und Bankrecht, 69. Jg., 2015, S. 1852–1853, hier S. 1853).

3.2.3.3 Hinweispflicht über verdeckte Rückvergütungen bei Aktienfonds

Wenn eine Bank einen Kunden über Kapitalanlagen berät und Fondsanteile empfiehlt, bei denen sie verdeckte Rückvergütungen aus den Ausgabeaufschlägen und jährlichen Verwaltungsgebühren erhält, muss sie den Kunden über diese Rückvergütungen aufklären, damit der Kunde beurteilen kann, ob die Anlageempfehlung allein im Kundeninteresse nach den Kriterien der anleger- und anlagegerechten Beratung erfolgt ist, oder im Interesse der Bank, möglichst hohe

Rückvergütungen zu erhalten (BGH-Urteil vom 19.12.2006 – XI ZR 56/05, in:
Der Betrieb, 60. Jg., 2007, S. 683–685, hier S. 683).

Warum ist die Aufklärung über die Rückvergütung notwendig?
Die Aufklärung über die Rückvergütung ist notwendig, um dem Kunden einen
insofern bestehenden Interessenkonflikt der Bank offen zu legen. Erst durch
die Aufklärung wird der Kunde in die Lage versetzt, das Umsatzinteresse der
Bank selbst einzuschätzen und zu beurteilen, ob die Bank ihm einen bestimmten Titel nur deswegen empfiehlt, weil sie selbst daran verdient (BGH-Urteil
vom 19.12.2006 – XI ZR 56/05, in: Der Betrieb, 60. Jg., 2007, S. 683–685, hier
S. 685).

Was sind aufklärungspflichtige Rückvergütungen?
Aufklärungspflichtige Rückvergütungen sind regelmäßig umsatzabhängige Provisionen, die im Gegensatz zu versteckten Innenprovision nicht aus dem Anla-
gevermögen, sondern aus offen ausgewiesenen Provisionen wie zum Beispiel
Ausgabeaufschläge und Verwaltungsvergütungen gezahlt werden, deren Rück-
fluss an die beratende Bank aber nicht offenbart wird, sondern hinter dem Rücken
des Anlegers erfolgt. Hierdurch kann beim Anleger zwar keine Fehlvorstellung
über die Werthaltigkeit der Anlage entstehen, er kann jedoch das besondere Interesse der beratenden Bank an der Empfehlung gerade dieser Anlage **nicht erken-
nen** (BGH, Urteil vom 08.04.2014 – XI ZR 341/12, in: Der Betrieb, 67. Jg.,
2014, S. 1247–1250, hier S. 1249).

3.2.3.4 Aufklärungspflichten bei Erwerb von Anteilen an einem offenen Immobilienfonds

Eine Bank, die den Erwerb von Anteilen an einem offenen Immobilienfonds
empfiehlt, muss den Anleger ungefragt über die Möglichkeit einer **zeitweiligen
Aussetzung der Anteilsrücknahme** durch die Fondsgesellschaft **aufklären**
(BGH-Urteil vom 29.04.2014 – XI ZR 130/13, in: Der Betrieb, 67. Jg., 2014,
S. 1487–1489).

▶   Die Möglichkeit, die Rücknahme der Anteile auszusetzen, stellt ein
     während der gesamten Investitionsphase bestehendes Liquiditäts-
     risiko dar, über das der Anleger informiert sein muss, bevor er seine
     Entscheidung trifft (BGH-Urteil vom 29.04.2014 – XI ZR 130/13, in: Der
     Betrieb, 67. Jg., 2014, S. 1487–1489, hier S. 1488).

3.2.3.5   Aufklärungspflichten der Bank beim Vertrieb einer festverzinslichen Anleihe mit integriertem Kreditderivat

Ist die von einer deutschen Bank emittierte festverzinsliche Anleihe mit einem **Kreditderivat** verknüpft, besteht ein erheblicher Beratungs- und Aufklärungs- bedarf über die **komplexe Struktur der Anleihe** für den Anleger. Die Risiken einer festverzinslichen Anleihe mit integriertem Kreditderivat sind nicht mit den Risiken einer „normalen" festverzinslichen Anleihe vergleichbar. Es besteht ein besonderer Aufklärungsbedarf über diese Risiken auch dann, wenn die für das Kreditderivat maßgeblichen Referenzunternehmen zum Zeitpunkt der Emis- sion der Anleihe ein sehr gutes Rating besitzen (OLG Karlsruhe, Urteil vom 29.08.2003 – 9 U 24/11, in: Zeitschrift für Wirtschaftsrecht, 35. Jg. 2014, S. 867– 872, hier S. 867).

3.2.3.6   Aufklärungspflichten der Kreditinstitute beim Vertrieb von Aktienanleihen

Aktienanleihen werden regelmäßig als Schuldverschreibung mit einem deutlich über dem Marktzinsniveau liegenden Kupon ausgestattet. Die hohe Verzinsung wird damit „erkauft", dass der Emittent bei Fälligkeit der Anleihe ein **Rück- zahlungswahlrecht** besitzt. Er kann entweder die Schuldverschreibung zum Nennbetrag zurückzahlen oder der Inhaber der Anleihe erhält eine bei Emission festgelegte Anzahl Aktien einer bestimmten Aktiengesellschaft als Tilgungsleis- tung angedient (vgl. Wilkens et al. 1999, S. 322).

Im Falle des **Vertriebs von Aktienanleihen** bestehen die allgemeinen Auf- klärungs- und Beratungspflichten des Anlageberaters darin, den Anleger über die **Funktionsweise,** insbesondere das dem Emittenten am Fälligkeitszeitpunkt anste- hende **Andienungsrecht** aufzuklären (vgl. Dötsch und Kellner 2001, S. 1998).

▶   Der Anleger **muss nachvollziehen können,** ab welchem Kurs der
        Emittent von seinem Andienungsrecht Gebrauch machen wird und
        dass er in diesem Fall (trotz der Zahlung der Zinsen) zumindest einen
        Buchverlust erleidet (vgl. Dötsch und Kellner 2001, S. 1998).

3.2.3.7   Umschichtung von Wertpapieren innerhalb des Depots

Bei einer **Depotumschichtung** besteht keine generell gesteigerte Aufklärungs- pflicht, auch nicht vor dem Hintergrund eines Provisionsinteresses der Bank sowie der mit der Neuanlage für den Kunden verbundenen Kosten. Da bei einer

Umschichtung zeitgleich sowohl eine **Verkaufs- als auch eine Kaufempfehlung**
ausgesprochen werden, müssen (lediglich) beide Empfehlungen **anleger- und
anlagegerecht sein** (Schleswig-Holsteinisches OLG, Urteil vom 24.07.2014 –
5 U 54/13, in: Zeitschrift für Bank- und Kapitalmarktrecht, 15. Jg., 2015,
S. 76–84, hier S. 76).

Kosten-Nutzen-Analyse bei Produkttausch
Anders als im Zivilrecht verlangt dagegen das Aufsichtsrecht detaillierte Pflichten. Bei der Erbringung von **Anlageberatungs- bzw. Portfolioverwaltungs-
leistungen,** bei denen Anlagen **umgeschichtet** werden, indem entweder ein
Instrument verkauft und ein anderes gekauft oder ein Recht ausgeübt wird, um
ein bestehendes Instrument zu ändern, holen die Wertpapierfirmen die erforderlichen Informationen über die bestehenden Investitionen des Kunden sowie die
empfohlenen Neuinvestitionen ein und führen eine **Kosten-Nutzen-Analyse der
Umschichtung** durch, sodass sie entsprechend demonstrieren können, dass die
Vorteile der Umschichtung deren Kosten überwiegen (Artikel 54 Abs. 11 Delegierte Verordnung [EU] 2017/565).

3.2.3.8 Ende der Pflichten im Rahmen der Anlageberatung

Ein Beratungsvertrag ist immer auf eine konkrete Anlageentscheidung bezogen.
Mit der vollständigen und korrekten Erfüllung der für die Anlageentscheidung
des Kunden betreffenden Beratungspflichten sind die Leistungspflichten der
Bank erfüllt (vgl. Stackmann 2016, S. 2389). Fortdauernde Überwachungs- und
Beratungspflichten folgen aus einem solchen Beratungsvertrag nicht. Ein Dauerberatungsvertrag, der es dem Kunden erlaubt, Beratungspflichten wiederholt auf
derselben vertraglichen Grundlage abzurufen, kann nicht stillschweigend, er muss
ausdrücklich geschlossen werden (OLG Karlsruhe, Urteil vom 22.11.2016 – 17 U
25/16, in: Zeitschrift für Wirtschaftsrecht, 38. Jg., 2017, S. 366–370, hier S. 367).

▶   Die in Abschn. 3.2 ausgewählten Urteile aus der Rechtsprechung zei-
    gen eindrucksvoll, dass der Anlageberater die durch die **Zivilgerichte
    entwickelten Pflichten** im Rahmen der Anlageberatung sorgfältig zu
    beachten hat. Denn gerade im Bereich der Kapitalanlage wirken sich
    die Risiken und Nachteile (zum Beispiel Reduzierung oder gar Wegfall
    von Ausschüttungen) vielfach erst einige Jahre nach dem Erwerb eines
    Anlageobjekts finanziell spürbar aus (BGH-Urteil vom 08.07.2010 –
    III ZR 249/09, in: Zeitschrift für Wirtschafts- und Bankrecht, 64. Jg., 2010,
    S. 1493–1496, hier S. 1496).

3.3 Wertpapierhandelsgesetz aktuell: Praxisbezogene Hinweise aus dem Blickwinkel der Anlageberatung

3.3.1 Kollektiver Verbraucherschutz als Aufsichtsziel der BaFin

Die Berücksichtigung kollektiver Verbraucherinteressen als gleichberechtigtes Ziel der Aufsichtstätigkeit von Behörden des Bundes ist ein wichtiges Anliegen der Bundesregierung. Bei der Bundesanstalt für Finanzdienstleistungsaufsicht (BaFin) ist der kollektive Verbraucherschutz als weiteres Aufsichtsziel mit dem Kleinanlegerschutzgesetz vom 10.07.2015 im Finanzdienstleistungsaufsichtsgesetz (FinDAG) implementiert worden (vgl. Bundestags-Drucksache 18/9495, S. 7). Die BaFin ist innerhalb ihres gesetzlichen Auftrags auch dem Schutz der kollektiven Verbraucherinteressen verpflichtet (§ 4 Abs. 1a Satz 1 FinDAG).

Was bedeutet „kollektiv"?
Kollektiv bedeutet in diesem Zusammenhang, dass die BaFin ausschließlich dem Schutz der Verbraucherinnen und Verbraucher in ihrer Gesamtheit verpflichtet ist. Die Aufsichtsbehörde ist damit auch hinsichtlich des kollektiven Verbraucherschutzes ausschließlich im öffentlichen Interesse tätig. Die Durchsetzung individueller Rechte von Verbrauchern ist weiterhin über Gerichte und Schlichtungsstellen möglich (vgl. Bundestags-Drucksache 18/9495, S. 7).

BaFin kann Anordnungen treffen
Die Aufsichtsbehörde kann daher alle Anordnungen gegenüber den Instituten und anderen Unternehmen treffen, die geeignet und erforderlich sind, um verbraucherrelevante Missstände zu verhindern oder zu beseitigen (§ 4 Abs. 1a Satz 2 FinDAG). Nach der Definition des Missstands in § 4 Abs. 1a Satz 3 FinDAG muss ein erheblicher, dauerhafter oder wiederholter Verstoß gegen ein „Verbraucherschutzgesetz" (zum Beispiel WpHG, KAGB) vorliegen.

3.3.2 Persönliche Empfehlung als Kern der Anlageberatung

3.3.2.1 Definition der persönlichen Empfehlung
Die Anlageberatung ist unter anderem durch die Abgabe von **persönlichen Empfehlungen** im Sinne des Artikels 9 der Delegierten Verordnung (EU) 2017/565 an

Kunden oder deren Vertreter, die sich auf Geschäfte mit **bestimmten Finanzinstrumenten** beziehen, definiert (§ 2 Abs. 8 Satz 1 Nr. 10 WpHG).

Was ist eine persönliche Empfehlung?
Für die Zwecke der Definition von „Anlageberatung" gilt als persönliche Empfehlung eine Empfehlung, die an eine Person in ihrer Eigenschaft als Anleger oder potenzieller Anleger oder in ihrer Eigenschaft als Beauftragter eines Anlegers oder potenziellen Anlegers gerichtet ist (Artikel 9 Abs. 1 Delegierte Verordnung [EU] 2017/565).

Diese Empfehlung muss als für die betreffende Person geeignet dargestellt werden oder auf eine Prüfung der Verhältnisse der betreffenden Person gestützt sein, und sie muss darauf abzielen, dass eine der folgenden Handlungen getätigt wird:

a) Kauf, Verkauf, Zeichnung, Tausch, Rückkauf, Halten oder Übernahme eines bestimmten Finanzinstruments;
b) Ausübung bzw. Nichtausübung eines mit einem bestimmten Finanzinstrument einhergehenden Rechts betreffend Kauf, Verkauf, Zeichnung, Tausch oder Rückkauf eines Finanzinstruments (Artikel 9 Abs. 2 Delegierte Verordnung [EU] 2017/565).

▶ Eine Empfehlung wird nicht als persönliche Empfehlung betrachtet, wenn sie ausschließlich gegenüber der Öffentlichkeit abgegeben wird (Artikel 9 Abs. 3 Delegierte Verordnung [EU] 2017/565).

Anlageempfehlungen als zukunftsbezogene Entscheidungen
Anlageempfehlungen bzw. (Risiko)Entscheidungen sind durch ihre **„Zukunftsbezogenheit"** sowie durch die diesen Entscheidungen **immanenten Unsicherheiten** geprägt (vgl. Mülbert und Sajnovits 2015, S. 2354). Darauf sollte der Kunde im Beratungsgespräch ausdrücklich hingewiesen werden. In der Anlageberatungspraxis ist häufig festzustellen, dass Anleger Empfehlungen des Anlageberaters „personifizieren".

3.3.2.2 Begriff der Finanzinstrumente
Dem Begriff der Finanzinstrumente kommt im WpHG eine große Bedeutung zu, weil viele wichtige Vorschriften auf ihn Bezug nehmen (zum Beispiel § 2 Abs. 8 Satz 1 Nr. 10 WpHG). **Finanzinstrumente** im Sinne des WpHG sind

1. Wertpapiere,
2. Anteile an Investmentvermögen,

3. Geldmarktinstrumente,
4. derivative Geschäfte,
5. Emissionszertifikate,
6. Rechte auf Zeichnung von Wertpapieren und
7. Vermögensanlagen (§ 2 Abs. 4 WpHG).

3.3.3 Begriff der strukturierten Einlage

Gegenstand der Anlageberatung kann auch eine strukturierte Einlage sein (§ 96 WpHG). Eine **strukturierte Einlage** ist eine Einlage im Sinne des § 2 Abs. 3 Satz 1 und 2 des Einlagensicherungsgesetzes, die bei Fälligkeit in voller Höhe zurückzuzahlen ist, wobei sich die Zahlung von Zinsen oder eine Prämie, das Zinsrisiko oder das Prämienrisiko aus einer Formel ergibt, die insbesondere abhängig ist von

1. einem Index oder einer Indexkombination,
2. einem Finanzinstrument oder einer Kombination von Finanzinstrumente,
3. einer Ware oder einer Kombination von Waren oder anderen körperlichen oder nicht körperlichen nicht übertragbaren Vermögenswerten oder
4. einem Wechselkurs oder einer Kombination von Wechselkursen.
   Keine strukturierten Einlagen stellen variabel verzinsliche Einlagen dar, deren Ertrag unmittelbar an einen Zinsindex, insbesondere den Euribor oder den Libor, gebunden ist (§ 2 Abs. 19 WpHG).

Strukturiertes Finanzprodukt
Von der strukturierten Einlage ist ein strukturiertes Finanzprodukt zu unterscheiden. Ein **strukturiertes Finanzprodukt** im Sinne des WpHG ist ein Wertpapier, das zur Verbriefung und Übertragung des mit einer ausgewählten Palette an finanziellen Vermögenswerten einhergehenden Kreditrisikos geschaffen wurde und das den Wertpapierinhaber zum Empfang regelmäßiger Zahlungen berechtigt, die vom Geldfluss der Basisvermögenswerte abhängen (§ 2 Abs. 34 WpHG).

3.3.4 Bonitätsabhängige Schuldverschreibungen

Die Deutsche Kreditwirtschaft und der Deutsche Derivate Verband haben der BaFin im Dezember 2016 eine Selbstverpflichtung für die Emission und den Vertrieb von **bonitätsabhängigen Schuldverschreibungen** vorgelegt.

Die Finanzdienstleistungsbranche reagierte damit auf die Anlegerschutzbe-
denken, die die Aufsicht hinsichtlich des Retailvertriebs dieser Produkte hatte
(BaFin-Pressemitteilung vom 16.12.2016, S. 1).

Die BaFin sieht nach ihrer neunmonatigen Überwachungsphase davon ab, den Vertrieb
von bonitätsabhängigen Schuldverschreibungen zu verbieten. Sie kommt zu dem Ergebnis,
dass die Selbstverpflichtung von Deutscher Kreditwirtschaft und Deutschem Derivate Verband weitgehend eingehalten wird und Privatanleger in ausreichendem Maße schützt (vgl.
Pressemitteilung der BaFin vom 05.12.2017 zu bonitätsabhängigen Schuldverschreibungen, S. 1).

Was muss der Anlageberater in der Praxis beim Vertrieb von bonitätsabhängigen
Schuldverschreibungen beachten?

Bonitätsabhängige Schuldverschreibungen werden nach der Selbstverpflichtung der Finanzdienstleistungsbranche nur noch mit einer Mindeststückelung
von 10.000 EUR emittiert. In kleinere Anlagebeträge kann nicht mehr investiert
werden. Damit stellen bonitätsabhängige Schuldverschreibungen kein typisches
Kleinanlegerprodukt mehr dar (BaFin-Pressemitteilung vom 16.12.2016, S. 1).

Damit ausschließlich risikobereite Privatanleger in diese Produktart investieren, dürfen bonitätsabhängige Schuldverschreibungen nur noch an Anleger ab
Risikobereitschaftsstufe 3 vertrieben werden. Kunden, die keine oder eine nur
sehr geringe Risikotoleranz haben, dürfen sie bei der Anlageberatung nicht mehr
empfohlen werden. Damit ist nach Meinung der BaFin gewährleistet, dass Privatanleger keine Produkte angeboten bekommen, die nicht ihrem Risikoprofil entsprechen (BaFin-Pressemitteilung vom 16.12.2016, S. 2).

▶   Die Kreditwirtschaft und der Deutsche Derivate Verband hatten die
    Selbstverpflichtung vor dem Hintergrund einer drohenden Produktin-
    tervention der Aufsichtsbehörde Ende 2016 veröffentlicht. Sie trat am
    01.01.2017 in Kraft (BaFin-Pressemitteilung vom 12.07.2017, S. 1).

3.3.5   Erstes Finanzmarktnovellierungsgesetz im Blickpunkt der Anlageberatung

3.3.5.1 Anwendungsbereich des WpHG

Am 01.07.2016 ist das „Erste Gesetz zur Novellierung von Finanzmarktvorschriften aufgrund europäischer Rechtsakte (Erstes Finanzmarktnovellierungsgesetz – 1.
FiMaNoG)“ im Bundesgesetzblatt (Teil I, S. 1514 ff.) veröffentlicht worden und
am 03.07.2016 in Kraft getreten. Mit diesem Kapitalmarktgesetz wurden unter

anderem die EU-Richtlinie über strafrechtliche Sanktionen bei Marktmanipulation, die Verordnung (EU) 596/2014 über Marktmissbrauch und die Verordnung (EU) 1286/2014 über Basisinformationsblätter für verpackte Anlageprodukte für Kleinanleger und Versicherungsanlageprodukte (PRIIP) in das nationale Recht umgesetzt (vgl. Bundestags-Drucksache 18/7482 vom 08.02.2016, S. 1 und 2).

Vertrieb unter Aufsicht der BaFin
Die Mitarbeiter in der Anlageberatung müssen den erweiterten Anwendungsbereich des WpHG im Rahmen ihrer Tätigkeit beachten. Darüber hinaus unterliegt der Vertrieb von Finanzinstrumenten und strukturierten Einlagen verstärkt der Vertriebsaufsicht der BaFin.

Das umfangreiche WpHG, das auch als **Grundgesetz des deutschen Kapitalmarktrechts** bezeichnet wird, enthält beispielsweise Regelungen in Bezug auf

1. die Erbringung von Wertpapierdienstleistungen und Wertpapiernebendienstleistungen,
2. das marktmissbräuchliche Verhalten im börslichen und außerbörslichen Handel mit Finanzinstrumenten,
3. die Vermarktung, den Vertrieb und den Verkauf von Finanzinstrumenten und strukturierten Einlagen (§ 1 Abs. 1 WpHG).

▶   Seit dem 03.01.2018 beinhaltet das WpHG auch Regelungen in Bezug auf die Konzeption von Finanzinstrumenten zum Vertrieb (§ 1 Abs. 1 Nr. 5 WpHG).

3.3.5.2 BaFin-Hinweisgeberstelle für Verstöße gegen das Aufsichtsrecht
Im Zuge des Ersten Finanzmarktnovellierungsgesetzes wurde im FinDAG die Meldung von **Verstößen gegen das Aufsichtsrecht** geregelt (§ 4d FinDAG). Seit dem 02.07.2016 können Hinweisgeber, sogenannte Whistleblower, Verstöße gegen aufsichtsrechtliche Bestimmungen (zum Beispiel WpHG, KAGB) bei der BaFin melden (vgl. o. V. 2016, S. 4). Seitdem sind rund 400 Hinweise bei der BaFin eingegangen (vgl. BaFin-Pressemitteilung vom 17.07.2017, S. 1). Hinweisgeber sind Personen, die über ein besonderes Wissen zum Unternehmen verfügen.

3.4   EU-PRIIPs-Verordnung: Anforderungen an Basisinformationsblätter für verpackte Anlageprodukte für Kleinanleger und Versicherungsanlageprodukte

3.4.1   EU-PRIIPs-Verordnung gilt seit dem 01.01.2018

Die EU-Verordnung über Basisinformationsblätter für verpackte Anlageprodukte für Kleinanleger und Versicherungsanlageprodukte (PRIIPs) gilt seit dem **01.01.2018** (vgl. Verordnung [EU] Nr. 1286/2014 des Europäischen Parlaments und des Rates vom 26.11.2014 über Basisinformationsblätter für verpackte Anlageprodukte für Kleinanleger und Versicherungsanlageprodukte (PRIIP), in: Amtsblatt der Europäischen Kommission 2014, L 352/1 ff.). Die Abkürzung „PRIIP" steht für „packaged retail and insurance-based investment products". Die Verordnung ist in allen ihren Teilen verbindlich und gilt unmittelbar in jedem Mitgliedstaat (Art. 34 PRIIPs-VO).

3.4.2   Zweck der EU-PRIIPs-Verordnung

Die PRIIPs-Verordnung legt einheitliche Vorschriften für das Format und den Inhalt der von PRIIP-Herstellern abzufassenden Basisinformationsblätter sowie für die Bereitstellung dieser Basisinformationsblätter an Kleinanleger durch PRIIP-Hersteller und Personen, die diese Produkte verkaufen oder über sie beraten, fest (Erwägungsgrund 1 der Leitlinien zur Anwendung der PRIIPs-VO).

Die Basisinformationsblätter schaffen einen gemeinsamen Standard für die Unterrichtung der Kleinanleger über ein breites PRIIP-Spektrum. Dadurch werden diese in die Lage versetzt, die wichtigsten Merkmale und Risiken, die potenzielle Wertentwicklung und die Kosten von PRIIP zu verstehen, miteinander zu vergleichen und auf dieser Grundlage eine fundierte Anlageentscheidung zu treffen (Erwägungsgrund 2 der Leitlinien zur Anwendung der PRIIPs-VO).

Risiken eines PRIIP
Die mit einem PRIIP verbundenen Risiken können verschiedener Art sein. Die wichtigsten Risiken sind das Marktrisiko, das Kreditrisiko und das Liquiditätsrisiko. Damit Kleinanleger diese Risiken vollständig verstehen können, werden die **Risikoinformationen** weitestgehend zusammengefasst und numerisch in Form eines **Gesamtrisikoindikators** ergänzt und durch hinreichende Erläuterungen,

dargestellt werden (Erwägungsgrund 5 Delegierte Verordnung [EU] 2017/653).
Der Gesamtrisikoindikator gibt Auskunft über die Risiken, die der Anleger durch
das Finanzinstrument eingeht.

Erläuterungen zum Gesamtrisikoindikator
Zur Ermittlung des Gesamtrisikoindikators werden die PRIIP in **sieben Risiko-
klassen** eingeteilt. Der Gesamtrisikoindikator hilft dem Kleinanleger, das mit
dem PRIIP verbundene Risiko im Vergleich zu anderen Produkten einzuschätzen
(Anhang III, Erläuterungen zum Gesamtrisikoindikator, Delegierte Verordnung
[EU] 2017/653, L 100/26).

   Das PRIIP ist auf einer Skala von 1 bis 7 in die Risikoklasse (1/2/3/4/5/6/7)
eingestuft, wobei 1 der niedrigsten/2 einer niedrigen/3 einer mittelniedrigen/4
einer mittleren/5 einer mittelhohen/6 der zweithöchsten/7 der höchsten Risikoklasse entspricht (Anhang III, Erläuterungen zum Gesamtrisikoindikator, Delegierte Verordnung [EU] 2017/653, L 100/26).

3.4.3   Sachlicher Anwendungsbereich

Die PRIIPs-Verordnung gilt für alle von der Finanzdienstleistungsbranche aufge-
legten Produkte, die Kleinanlegern **Investitionsmöglichkeiten** bieten, bei denen
der dem Kleinanleger zurückzuzahlende Betrag aufgrund der Abhängigkeit von
Referenzwerten oder der Entwicklung eines oder mehrerer Vermögenswerte, die
nicht direkt vom Kleinanleger erworben werden, Schwankungen unterliegt. Zu
den PRIIPs gehören beispielsweise die folgenden Anlageprodukte:

- Investmentfonds,
- Lebensversicherungspolicen mit einem Anlageelement,
- strukturierte Produkte,
- strukturierte Einlagen (Erwägungsgrund 6 der PRIIPs-VO).

Investmentfonds sind vorerst ausgenommen
Organismen für gemeinsame Anlagen in Wertpapieren (OGAW) und alternative
Investmentfonds (AIF), die nach nationalem Recht dazu verpflichtet sind, ein
Basisinformationsblatt für Anleger zur Verfügung zu stellen, sind gemäß Artikel
32 Abs. 1 der PRIIPs-VO bis zum 31.12.2019 von den Bestimmungen der PRI-
IPs-VO ausgenommen (Erwägungsgrund 13 der Leitlinien zur Anwendung der
PRIIS-VO).

Aktien oder Staatsanleihen
Vermögenswerte, die direkt gehalten werden, wie Aktien oder Staatsanleihen, sind keine PRIIP und werden vom Anwendungsbereich dieser Verordnung ausgenommen (Erwägungsgrund 7 der PRIIPs-VO).

▶ Für institutionelle Anleger konzipierte Investmentfonds sind ebenfalls vom Anwendungsbereich dieser Verordnung ausgenommen, da sie nicht für den Verkauf an Kleinanleger bestimmt sind (Erwägungsgrund 7 der PRIIPs-VO).

Versicherungsanlageprodukte
Zu den Produkten, die die BaFin im deutschen Markt typischerweise als Versicherungsanlageprodukte einordnet, gehören beispielsweise alle **kapitalbildenden Lebensversicherungen** mit Überschussbeteiligungen (laufende Prämienzahlung oder Einmalzahlung) und fondsgebundene Lebensversicherungen (vgl. Kohleick et al. 2017, S. 37).

Neue Regeln für Versicherungsanlageprodukte im Jahr 2018
Für Versicherungsanlageprodukte gelten ab dem 01.01.2018 nicht nur die Pflicht zur Erstellung eines Basisinformationsblatts nach der PRIIPs-Verordnung, sondern auch zusätzliche Anforderungen an **den Vertrieb,** die seit dem 23.02.2018 aufgrund der **EU-Versicherungsvertriebsrichtlinie** (IDD – die Abkürzung steht für „Insurance Distribution Directive") im Vertriebsprozess einzuhalten sind (vgl. Kohleick et al. 2017, S. 35). So hat beispielsweise der Versicherer bei einer **Beratung zu einem Versicherungsanlageprodukt** zu erfragen:

1. Kenntnisse und Erfahrungen des Versicherungsnehmers im Anlagebereich in Bezug auf den speziellen Produkttyp oder den speziellen Typ der Dienstleistung,
2. die finanziellen Verhältnisse des Versicherungsnehmers, einschließlich der Fähigkeit des Versicherungsnehmers, Verluste zu tragen, und
3. die Anlageziele, einschließlich der Risikotoleranz des Versicherungsnehmers (§ 7c VVG).

Umsetzung der IDD in das deutsche Recht
Am 28.07.2017 wurde das Gesetz zur Umsetzung der Richtlinie (EU) 2016/97 des Europäischen Parlaments und des Rates vom 20.01.2016 über Versicherungsvertrieb und zur Änderung weiterer Gesetze im Bundesgesetzblatt (Teil I, S. 2789 ff.) veröffentlicht worden. Mit diesem Gesetz wurde die IDD in das deutsche Recht

umgesetzt. Es ist am 23.02.2018 in Kraft getreten. Im Rahmen dieses Artikelgesetzes wurden auch neue Vorschriften im Versicherungsvertragsgesetz (VVG) aufgenommen (zum Beispiel Informationen bei Versicherungsanlageprodukten, Beurteilung von Versicherungsanlageprodukten).

Vertriebstätigkeit des Versicherers
Der Versicherer muss bei seiner **Vertriebstätigkeit** gegenüber Versicherungsnehmern stets ehrlich, redlich und professionell im bestmöglichen Interesse handeln. Zur Vertriebstätigkeit gehören

1. Beratung,
2. Vorbereitung von Versicherungsverträgen einschließlich Vertragsvorschlägen,
3. Abschluss von Versicherungsverträgen,
4. Mitwirkung bei Verwaltung und Erfüllung von Versicherungsverträgen, insbesondere im Schadensfall (§ 1a Abs. 1 VVG).

3.4.4 Ermittlung der PRIIPs-Produkte

Die Ermittlung der Produkte, die die Bestimmungen der Verordnung 1286/2014 erfüllen müssen, ist **Aufgabe der Hersteller** von Anlageprodukten für Kleinanleger und Versicherungsprodukten sowie der Personen, die Kleinanleger über diese Produkte beraten oder diese Produkte an Kleinanleger verkaufen. Bei dieser Bewertung ist insbesondere den wirtschaftlichen Merkmalen und Geschäftsbedingungen jedes Produkts Rechnung zu tragen (Erwägungsgrund 5 der Leitlinien zur Anwendung der PRIIPs-VO).

3.4.5 Räumlicher Geltungsbereich

Die Verordnung 1286/2014 findet Anwendung auf alle PRIIP-Hersteller, die über PRIIP beraten oder PRIIP verkaufen, wenn diese PRIIP Kleinanlegern **innerhalb des Gebiets der Europäischen Union** angeboten werden; dies gilt auch für Rechtsträger und Personen aus Drittländern. Wird ein PRIIP Anlegern nur außerhalb der Union zur Verfügung gestellt, so ist kein Basisinformationsblatt erforderlich (Erwägungsgrund 10 der Leitlinien zur Anwendung der PRIIPs-VO).

3.4.6   Form und Inhalt des Basisinformationsblatts

Die im Basisinformationsblatt enthaltenen Informationen sind **vorvertragliche Informationen.** Das Basisinformationsblatt muss präzise, redlich und klar sein und darf nicht irreführend sein. Es enthält die wesentlichen Informationen und stimmt mit etwaigen verbindlichen Vertragsunterlagen, mit den einschlägigen Teilen der Angebotsunterlagen und mit den Geschäftsbedingungen des PRIIP überein (Art. 6 Abs. 1 PRIIPs-VO).

Das Basisinformationsblatt wird als kurze Unterlage abgefasst, die prägnant formuliert ist und ausgedruckt höchstens **drei Seiten Papier** im A4-Format umfasst, um für Vergleichbarkeit zu sorgen (Art. 6 Abs. 4 Satz 1 PRIIPs-VO).

3.4.7   Einzelheiten des Inhalts des Basisinformationsblatts

Der Titel „Basisinformationsblatt" steht oben auf der ersten Seite des Basisinformationsblatts (Art. 8 Abs. 1 Satz 1 PRIIPs-VO). Unmittelbar unter dem Titel des Basisinformationsblatts folgt eine Erläuterung mit folgendem Wortlaut:

„Dieses Informationsblatt stellt Ihnen wesentliche Informationen über dieses Anlageprodukt zur Verfügung. Es handelt sich nicht um Werbematerial. Diese Informationen sind gesetzlich vorgeschrieben, um Ihnen dabei zu helfen, die Art, das Risiko, die Kosten sowie die möglichen Gewinne und Verluste dieses Produkts zu verstehen, und Ihnen dabei zu helfen, es mit anderen Produkten zu vergleichen" (Art. 8 Abs. 2 PRIIPs-VO).

3.4.8   Bereitstellung des Basisinformationsblatts

Eine Person, die über ein PRIIP berät oder es verkauft, stellt den betreffenden Kleinanlegern das Basisinformationsblatt **rechtzeitig** zur Verfügung, bevor diese Kleinanleger durch einen Vertrag oder ein Angebot im Zusammenhang mit diesem PRIIP gebunden sind (Art. 13 Abs. 1 PRIIPs-VO).

Bedingungen hinsichtlich der Rechtzeitigkeit
Die Person, die zu einem PRIIP berät oder es verkauft, legt das Basisinformationsblatt so rechtzeitig vor, dass die Kleinanleger **über genügend Zeit** für die Prüfung des Dokuments verfügen, bevor sie durch einen Vertrag oder ein Angebot im Zusammenhang mit diesem PRIIP gebunden sind; dies gilt ungeachtet dessen,

dass dem Kleinanleger eine Bedenkzeit angeboten wird oder nicht (Artikel 17 Abs. 1 Delegierte Verordnung [EU] 2017/653).

Zeitschätzung für die Prüfung des Basisinformationsblatts
Für die Zwecke des Absatzes 1 schätzt die Person, die zu einem PRIIP berät oder es verkauft, ab, wie viel Zeit der jeweilige Kleinanleger benötigt, um das Basisinformationsblatt zu prüfen, und berücksichtigt dabei Folgendes:

a) die Kenntnisse und Erfahrungen des Kleinanlegers mit dem PRIIP oder mit PRIIP ähnlicher Art oder mit Risiken, die denjenigen, die im Zusammenhang mit dem PRIIP entstehen, vergleichbar sind;
b) die Komplexität des PRIIP;
c) soweit die Beratung oder der Verkauf auf Initiative des Kleinanlegers erfolgt, die vom Kleinanleger explizit angegebene Dringlichkeit des Abschlusses des vorgeschlagenen Vertrags oder Angebots (Artikel 17 Abs. 2 Delegierte Verordnung [EU] 2017/653).

3.4.9   Vertrieb eines PRIIP ohne Basisinformationsblatt

Die Verordnung 1286/2014 unterscheidet nicht zwischen PRIIP, die mit oder ohne Beratung an Kleinanleger verkauft werden oder die der Kleinanleger auf eigene Initiative oder auf andere Weise erworben hat. Der PRIIP-Hersteller muss für jedes PRIIP, das Kleinanlegern angeboten wird, ein Basisinformationsblatt abfassen und auf seiner Website veröffentlichen; Personen, die über ein PRIIP beraten oder es verkaufen, müssen dem Kleinanleger dieses Basisinformationsblatt zur Verfügung stellen (Erwägungsgrund 16 der Leitlinien zur Anwendung der PRIIPs-VO).

Eine Person, die über eine PRIIP berät oder es verkauft, muss dem Kleinanleger gemäß Artikel 13 der Verordnung 1286/2014 das Basisinformationsblatt zur Verfügung stellen. Der Vertrieb eines PRIIP ohne Basisinformationsblatt stellt einen Verstoß gegen die Verordnung 1286/2014 dar (Erwägungsgrund 18 der Leitlinien zur Anwendung der PRIIPs-VO).

3.4.10   Einrichtung eines Beschwerdeverfahrens

Der PRIIP-Hersteller und die Person, die über PRIIP berät oder sie verkauft, sehen geeignete Verfahren und Vorkehrungen vor, durch die gewährleistet wird, dass

a) Kleianleger auf wirksame Weise Beschwerde gegen einen PRIIP-Hersteller einreichen können;

b) Kleinanleger, die in Bezug auf das Basisinformationsblatt eine Beschwerde eingereicht haben, zeitig und in angemessener Form eine sachdienliche Antwort erhalten und

c) Kleinanlegern wirksame Rechtsbehelfsverfahren auch im Fall von grenzüberschreitenden Streitigkeiten zur Verfügung stehen, insbesondere für den Fall, dass der PRIIP-Hersteller in einem anderen Mitgliedstaat oder in einem Drittland ansässig ist (Art. 19 PRIIPs-VO).

3.5 Umsetzung von MiFID II/MiFIR durch das Zweite Finanznovellierungsgesetz in deutsches Recht: Neue Vorgaben für Anlageberatung, Vertrieb und Finanzprodukte

3.5.1 Stärkung des Anlegerschutzes am Finanzplatz Deutschland

Am 24.06.2017 ist das Zweite Gesetz zur Novellierung von Finanzmarktvorschriften aufgrund europäischer Rechtsakte (Zweites Finanzmarktnovellierungsgesetz – 2. FiMaNoG) im Bundesgesetzblatt (Teil I, S. 1693 ff.) veröffentlicht worden. Mit dem umfangreichen Kapitalmarktgesetz wurden unter anderem die Vorgaben der europäischen Finanzmarktrichtlinie MiFID II (die Abkürzung steht für Markets in Financial Instruments Directive II) und der Finanzmarktverordnung MiFIR (die Bezeichnung steht für Markets in Financial Instruments Regulation) in das deutsche Recht transferiert (Richtlinie 2014/65/EU des Europäischen Parlaments und des Rates über Märkte für Finanzinstrumente sowie zur Änderung der Richtlinien 2002/92/EG und 2011/61/EU vom 15.5.2014, in: Amtsblatt der Europäischen Union vom 12.6.2011, L 173/349 – L 173/496). Das Gesetz gilt seit dem 03.01.2018. Vor allem die **Vorschriften zur Stärkung des Anlegerschutzes** durch die Ausweitung der Verhaltens- und Organisationspflichten von Wertpapierdienstleistungsunternehmen, insbesondere durch höhere Transparenz- und Informationspflichten sowie durch neue Überwachungs- und Eingriffsbefugnisse der BaFin, werden die Anlageberatung am Finanzplatz Deutschland nachhaltig beeinflussen (vgl. Bundestags-Drucksache 18/10936, S. 2).

3.5.2 Neue Nummerierung des Wertpapierhandelsgesetzes

Für die Praxis der Anlageberatung ist vor allem hervorzuheben, dass der Gesetzgeber die umfangreichen Änderungen im Wertpapierhandelsgesetz (WpHG) zum

Anlass genommen hat, dieses zum Zwecke der besseren Übersichtlichkeit neu zu nummerieren (vgl. Bundestags-Drucksache 18/10936, S. 3). Die für die Anlageberatungspraxis wichtigen Vorschriften zu den Verhaltens-, Organisations- und Transparenzpflichten sind jetzt im Abschn. 11 (vorher Abschn. 6) in den weiter gefassten §§ 63 bis 96 WpHG geregelt.

Vorgaben ergeben sich auch aus der Delegierten Verordnung (EU) 2017/565
Während die Konkretisierung der Pflichten nach dem bisherigen § 31 WpHG a. F. (Allgemeine Verhaltensregeln) in großen Teilen durch die Verordnung zur Konkretisierung der Verhaltensregeln und Organisationspflichten für Wertpapierdienstleistungsunternehmen (WpDVerOV) erfolgte, ergeben sich die Kriterien und nähere Bestimmungen zu den Vorgaben des § 63 WpHG (Allgemeine Verhaltensregeln) und § 64 WpHG (Besondere Verhaltensregeln bei der Erbringung von Anlageberatung und Finanzportfolioverwaltung; Verordnungsermächtigung) unmittelbar aus der Delegierten Verordnung (EU) 2017/565 (Bundestags-Drucksache 18/10936, S. 235). Diese für die Anlageberatung wichtige EU-Verordnung regelt unter anderem die organisatorischen Anforderungen an Wertpapierfirmen und die Bedingungen für die Ausübung ihrer Tätigkeit.

▶   Seit dem 03.01.2018 muss der Anlageberater nicht nur die umfangreichen Bestimmungen des neuen Wertpapierhandelsgesetzes im Rahmen seiner Tätigkeit **kundenorientiert** beachten. Viele WpHG-Vorschriften erschließen sich nur, wenn die Bestimmungen der Delegierten Verordnung (EU) 2017/565 berücksichtigt werden.

Ausgewählte WpHG-Aspekte mit hohem Praxisbezug
Nachfolgend werden **ausgewählte Bereiche** des neuen Wertpapierhandelsgesetzes **mit hohem Praxisbezug** für die Anlageberatung näher erläutert.

3.5.3 Kundenklassifizierung

3.5.3.1 Begriff des Kunden
An der Kundeneinteilung in professionelle Kunden, Privatkunden und geeignete Gegenparteien, die nach der Professionalität und dem Kenntnisstand des Anlegers differenziert, hat sich nichts geändert. Die Vorschriften sind jetzt im Hinblick auf die Neunummerierung des Gesetzes nicht mehr in § 31a WpHG a. F., sondern in § 67 WpHG enthalten.

Kunden im Sinne dieses Gesetzes sind alle natürlichen oder juristischen Personen, für die Wertpapierdienstleistungsunternehmen Wertpapierdienstleistungen oder Wertpapiernebendienstleistungen erbringen oder anbahnen (§ 67 Abs. 1 WpHG).

▶ Die Begriffe Wertpapierdienstleistung (zum Beispiel die Anlageberatung) und Wertpapiernebendienstleistung (zum Beispiel das Depotgeschäft) sind in § 2 Abs. 8 WpHG bzw. § 2 Abs. 9 WpHG geregelt.

3.5.3.2 Professionelle Kunden
Professionelle Kunden im Sinne dieses Gesetzes sind Kunden, die über ausreichende Erfahrungen, Kenntnisse und Sachverstand verfügen, um ihre Anlageentscheidungen zu treffen und die damit verbundenen Risiken angemessen beurteilen zu können (§ 67 Abs. 2 Satz 1 WpHG).

▶ Nach altem Recht konnte das Wertpapierdienstleistungsunternehmen davon ausgehen, dass professionelle Kunden über ausreichende Erfahrungen, Kenntnisse und Sachverstand verfügen. Diese Regelung wurde aufgegeben. Nunmehr muss das Wertpapierdienstleistungsunternehmen auch prüfen, ob die vom Gesetz verlangten Kriterien auch tatsächlich beim professionellen Kunden gegeben sind.

Professioneller Kunde informiert nicht über alle Änderungen
Informiert ein professioneller Kunde das Wertpapierdienstleistungsunternehmen nicht über alle Änderungen, die seine Einstufung als professioneller Kunde beeinflussen können, begründet eine darauf beruhende fehlerhafte Einstufung keinen Pflichtverstoß des Wertpapierdienstleistungsunternehmens (§ 67 Abs. 6 Satz 6 WpHG).

Wertpapierdienstleistungsunternehmen müssen organisatorische Vorkehrungen treffen
Wertpapierdienstleistungsunternehmen müssen die notwendigen organisatorischen Vorkehrungen treffen, insbesondere Grundsätze aufstellen, Verfahren einrichten und Maßnahmen ergreifen, um Kunden nach § 67 des Wertpapierhandelsgesetzes **einzustufen** und die Einstufung professioneller Kunden aus begründetem Anlass überprüfen zu können (§ 2 Abs. 1 WpDVerOV).

Wer zählt zu den professionellen Kunden?
Zu den professionellen Kunden zählen beispielsweise Wertpapierdienstleistungsunternehmen, Versicherungsunternehmen, Organismen für gemeinsame Anlagen

und ihre Verwaltungsgesellschaften sowie Börsenhändler und Warenderivatehändler (§ 67 Abs. 2 Satz 2 WpHG).

3.5.3.3 Privatkunden

Die Kategorie der Privatkunden, für die aus Gründen des Anlegerschutzes alle **aufsichtsrechtlichen Verhaltenspflichten** gelten, wird im WpHG negativ abgegrenzt. Privatkunden im Sinne dieses Gesetzes sind Kunden, die keine professionellen Kunden sind (§ 67 Abs. 3 WpHG).

Professioneller Kunde auf Antrag

Ein Privatkunde kann auf Antrag oder durch Festlegung des Wertpapierdienstleistungsunternehmens als **professioneller Kunde** eingestuft werden (§ 67 Abs. 6 Satz 1 WpHG).

Die **Änderung der Einstufung** hat eine Bewertung durch das Wertpapierdienstleistungsunternehmen vorauszugehen, ob der Kunde aufgrund seiner Erfahrungen, Kenntnisse und seines Sachverstandes in der Lage ist, generell oder für eine bestimmte Art von Geschäften eine Anlageentscheidung zu treffen und die damit verbundenen Risiken angemessen zu beurteilen (§ 67 Abs. 6 Satz 2 WpHG).

Eine Änderung der Einstufung **kommt nur in Betracht,** wenn der Privatkunde mindestens zwei der drei folgenden Kriterien erfüllt:

1. der Kunde hat an dem Markt, an dem die Finanzinstrumente gehandelt werden, für die er als professioneller Kunde eingestuft werden soll, während des letzten Jahres durchschnittlich zehn Geschäfte von erheblichem Umfang im Quartal getätigt;
2. der Kunde verfügt über Bankguthaben und Finanzinstrumente im Wert von mehr als 500.000 EUR;
3. der Kunde hat mindestens für ein Jahr einen Beruf am Kapitalmarkt ausgeübt, der Kenntnisse über die in Betracht kommenden Geschäfte, Wertpapierdienstleistungen und Wertpapiernebendienstleistungen voraussetzt (§ 67 Abs. 6 Satz 3 WpHG).

Das Wertpapierdienstleistungsunternehmen **muss den Privatkunden** schriftlich darauf hinweisen, dass mit der Änderung der Einstufung die Schutzvorschriften dieses Gesetzes für Privatkunden nicht mehr gelten (§ 67 Abs. 6 Satz 4 WpHG). Der Kunde muss schriftlich bestätigen, dass er diesen Hinweis zur Kenntnis genommen hat (§ 67 Abs. 6 Satz 5 WpHG).

3.5.3.4 Geeignete Gegenpartei

Geeignete Gegenparteien sind Unternehmen (zum Beispiel Wertpapierdienstleistungsunternehmen, Versicherungsunternehmen, Pensionsfonds) sowie Einrichtungen (zum Beispiel nationale und regionale Regierungen, Zentralbanken) (§ 67 Abs. 4 Satz 1 WpHG). Diese Unternehmen bedürfen aufgrund ihrer Erfahrungen am Kapitalmarkt eines geringeren Schutzes als andere Kunden. Der Begriff der geeigneten Gegenpartei deckt sich weitgehend mit dem Begriff des professionellen Kunden. In der Praxis wirkt sich die Einstufung als geeignete Gegenpartei in der **Nichtanwendung** bestimmter Verhaltenspflichten aus (§ 68 Abs. 1 WpHG).

3.5.4 Handeln im bestmöglichen Interesse des Kunden

Ein Wertpapierdienstleistungsunternehmen ist verpflichtet, Wertpapierdienstleistungen und Wertpapiernebendienstleistungen ehrlich, redlich und professionell im bestmöglichen Interesse seiner Kunden zu erbringen (§ 63 Abs. 1 WpHG).

Begründung des Gesetzgebers
Die Änderung in § 63 Abs. 1 WpHG dient der Klarstellung und orientiert sich näher am Wortlaut von Artikel 24 Abs. 1 der MiFID II (Bundestags-Drucksache 18/10936, S. 234).

▶ Bereits nach den Grundsätzen von Treu und Glauben (§ 242 BGB), die das deutsche Zivilrecht beherrschen, muss in **vertraglichen Beziehungen** ehrlich, redlich und professionell gehandelt werden (vgl. Bundestags-Drucksache 18/11627, S. 42). Eine nicht ehrliche, unredliche oder unprofessionelle Anlageberatung wäre mit dem WpHG nicht vereinbar; sie könnte zu zivilrechtlichen Schadensersatzansprüchen und aufsichtsrechtliche Konsequenzen führen.

Professionalisierung der Anlageberatung
Die in § 63 Abs. 1 WpHG enthaltene Bestimmung, die Anlageberatung unter anderem professionell zu erbringen, wird zu einer **„Professionalisierung der Anlageberatung"** am Finanzplatz Deutschland beitragen. Eine Professionalisierung ist beispielsweise durch folgende Eigenschaften gekennzeichnet:

- die gesetzlich vorgeschriebene Sachkunde und Zuverlässigkeit des Mitarbeiters in der Anlageberatung,
- eine Berufsethik (zum Beispiel Beratung im bestmöglichen Kundeninteresse),

- die Einhaltung von Qualitätsstandards (zum Beispiel sorgfältige Einholung der Kundenangaben, schriftliche Anfertigung einer Geeignetheitserklärung),
- durch eine klare Berufsbezeichnung im Vergleich zu anderen am Finanzdienstleistungsmarkt vorhandenen Berufen (zum Beispiel ein professionelles Auftreten als Anlageberater),
- der Beruf genießt ein (hohes) gesellschaftliches Ansehen, weil die Tätigkeit dem Kunden einen (spürbaren) Nutzen stiftet.

3.5.5 Neue Vorgaben zur Kostentransparenz

Wertpapierdienstleistungsunternehmen sind verpflichtet, ihren Kunden **rechtzeitig** und in **verständlicher Form** angemessene Informationen

- über das Wertpapierdienstleistungsunternehmen und seine Dienstleistungen,
- über die Finanzinstrumente und die vorgeschlagenen Anlagestrategien,
- über Ausführungsplätze und
- alle Kosten und Nebenkosten

zur Verfügung zu stellen, die erforderlich sind, damit die Kunden nach vernünftigem Ermessen die Art und die Risiken der ihnen angebotenen oder von ihnen nachgefragten Arten von Finanzinstrumenten oder Wertpapierdienstleistungen verstehen und auf dieser Grundlage **ihre Anlageentscheidung** treffen können (§ 63 Abs. 7 Satz 1 WpHG).

▶   Die Informationen können auch in standardisierter Form zur Verfügung gestellt werden (§ 63 Abs. 7 Satz 2 WpHG).

Was müssen die Informationen enthalten?
Die Informationen nach § 63 Abs. 7 Satz 1 WpHG müssen folgende Angaben enthalten:

1. hinsichtlich der Arten von Finanzinstrumenten und der vorgeschlagenen Anlagestrategie unter Berücksichtigung des Zielmarktes im Sinne des § 63 Abs. 3 WpHG oder § 63 Abs. 4 WpHG:
   a) geeignete Leitlinien zur Anlage in solche Arten von Finanzinstrumenten oder zu den einzelnen Anlagestrategien,
   b) geeignete Warnhinweise zu den Risiken, die mit dieser Art von Finanzinstrumenten oder den einzelnen Anlagestrategien verbunden sind, und

c) ob die Art des Finanzinstruments für Privatkunden oder professionelle Kunden bestimmt ist;
2. hinsichtlich aller Kosten und Nebenkosten:
   a) Informationen in Bezug auf Kosten und Nebenkosten sowohl der Wertpapierdienstleistungen als auch der Wertpapiernebendienstleistungen, einschließlich eventueller Beratungskosten,
   b) Kosten der Finanzinstrumente, die dem Kunden empfohlen oder an ihn vermarktet werden sowie
   c) Zahlungsmöglichkeiten des Kunden einschließlich etwaiger Zahlungen durch Dritte (§ 63 Abs. 7 Satz 3 WpHG).

Informationen zu Kosten und Nebenkosten
Informationen zu Kosten und Nebenkosten, einschließlich solchen Kosten und Nebenkosten im Zusammenhang mit der Wertpapierdienstleistung und dem Finanzinstrument, die nicht durch ein zugrunde liegendes Marktrisiko verursacht werden, muss das Wertpapierdienstleistungsunternehmen in zusammengefasster Weise darstellen, damit der Kunde sowohl die **Gesamtkosten** als auch die **kumulative Wirkung der Kosten** auf die Rendite der Anlage verstehen kann (§ 63 Abs. 7 Satz 4 WpHG).

▶ Die Offenlegung der Kosten muss grundsätzlich die tatsächlich vom Kunden zu tragenden Kosten und Gebühren beinhalten (vgl. Roth und Blessing 2016, S. 1158).
   Auf **Verlangen des Kunden** muss das Wertpapierdienstleistungsunternehmen eine **Aufstellung,** die nach den einzelnen Posten aufgegliedert ist, zur Verfügung stellen (§ 63 Abs. 7 Satz 5 WpHG).

3.5.6 Zuwendungen im Sinne des § 70 WpHG

3.5.6.1 Zuwendung muss der Qualitätsverbesserung dienen
Der Begriff der Zuwendungen, der im alten Recht in § 31d WpHG a. F. geregelt war, findet sich nun in § 70 WpHG. Ein Wertpapierdienstleistungsunternehmen darf im Zusammenhang mit der Erbringung von Wertpapierdienstleistungen oder Wertpapiernebendienstleistungen **keine Zuwendungen** von Dritten annehmen oder an Dritte gewähren, die nicht Kunden dieser Dienstleistung sind oder nicht im Auftrag des Kunden tätig werden, es sei denn,

1. die Zuwendung ist darauf ausgelegt, die Qualität der für den Kunden erbrachten Dienstleistung zu verbessern und steht der ordnungsgemäßen Erbringung der Dienstleistung im bestmöglichen Interesse des Kunden im Sinne des § 63 Abs. 1 WpHG nicht entgegen und

2. Existenz, Art und Umfang der Zuwendung oder, soweit sich der Umfang noch nicht bestimmen lässt, die Art und Weise seiner Berechnung, wird dem Kunden vor der Erbringung der Wertpapierdienstleistung oder Wertpapiernebendienstleistung in umfassender, zutreffender und verständlicher Weise unmissverständlich offen gelegt (§ 70 Abs. 1 Satz 1 WpHG).

Nachweis der Qualitätsverbesserung für den Kunden

Wertpapierdienstleistungsunternehmen müssen **nachweisen** können, dass jegliche von ihnen erhaltenen oder gewährten Zuwendungen dazu bestimmt sind, die Qualität der jeweiligen Dienstleistung für den Kunden zu verbessern (§ 70 Abs. 1 Satz 2 WpHG).

Eine Zuwendung ist darauf ausgelegt, die Qualität der Dienstleistung für den Kunden im Sinne des § 70 Abs. 1 Satz 1 Nr. 1 WpHG zu verbessern, wenn sie beispielsweise durch die Erbringung einer **zusätzlichen oder höherwertigen Dienstleistung** für den jeweiligen Kunden gerechtfertigt ist, die in angemessenem Verhältnis zum Umfang der erhaltenen Zuwendung steht (zum Beispiel durch die Erbringung der Anlageberatung auf Basis einer breiten Palette geeigneter Finanzinstrumente) (§ 6 Abs. 2 Satz 1 Nr. 1 Buchstabe a WpDVerOV).

Eine Zuwendung verbessert die Qualität der Dienstleistung für den Kunden **nicht,** wenn die Dienstleistung dadurch in voreingenommener Weise oder nicht im besten Kundeninteresse erbracht wird (§ 6 Abs. 2 Satz 2 WpDVerOV). Wertpapierdienstleistungsunternehmen müssen die Vorgaben nach Satz 1 und 2 fortlaufend **erfüllen,** solange sie die Zuwendung erhalten oder gewähren (§ 6 Abs. 2 Satz 3 WpDVerOV).

Erfüllung der Voraussetzungen des § 70 Abs. 1 Satz 2 WpHG

Zur Erfüllung der Voraussetzungen des § 70 Abs. 1 Satz 2 WpHG müssen Wertpapierdienstleistungsunternehmen

1. ein internes **Verzeichnis aller Zuwendungen** führen, die sie im Zusammenhang mit der Erbringung von Wertpapierdienstleistungen oder Wertpapierdienstleistungen von einem Dritten erhalten und

2. aufzeichnen

   a) wie die erhaltenen oder gewährten Zuwendungen, oder Zuwendungen, deren Erhalt oder Gewährung beabsichtigt ist, die Qualität der Dienstleistungen für die betreffenden Kunden verbessern und

b) welche Schritte unternommen wurden, um die Erfüllung der Pflicht des Wertpapierdienstleistungsunternehmens, ehrlich redlich und professionell im bestmöglichen Interesse ihrer Kunden zu handeln, **nicht zu beeinträchtigen** (§ 6 Abs. 3 WpDVerOV).

Umfang der Zuwendungen konnte noch nicht bestimmt werden
Konnte ein Wertpapierdienstleistungsunternehmen den Umfang der Zuwendung noch nicht bestimmen und hat es dem Kunden statt dessen die Art und Weise der Berechnung offengelegt, so muss es den Kunden nachträglich auch über den genauen Betrag der Zuwendung, die es erhalten oder gewährt hat, unterrichten (§ 70 Abs. 1 Satz 3 WpHG).

Kunden über tatsächliche Höhe unterrichten
Solange das Wertpapierdienstleistungsunternehmen im Zusammenhang mit den für sie betreffenden Kunden erbrachten Wertpapierdienstleistungen fortlaufend Zuwendungen erhält, muss es seine Kunden **mindestens einmal jährlich** individuell über die tatsächliche Höhe der angenommenen oder gewährten Zuwendung unterrichten (§ 70 Abs. 1 Satz 5 WpHG).

3.5.6.2 Begriff der Zuwendung
Zuwendungen im Sinne dieser Vorschrift sind Provisionen, Gebühren oder sonstige Geldleistungen sowie alle nichtmonetären Vorteile (§ 70 Abs. 2 Satz 1 WpHG).

▶   Nähere Bestimmungen betreffend die Annahme von Zuwendungen nach § 70 Abs. 1 WpHG ergeben sich aus Artikel 40 der Delegierten Verordnung (EU) 2017/565 (§ 70 Abs. 8 WpHG).

3.5.6.3 Grundsätze für die Zuweisung und Weiterleitung von Zuwendungen an Kunden
Ein Wertpapierdienstleistungsunternehmen, das Finanzportfolioverwaltung oder Unabhängige Honorar-Anlageberatung erbringt, muss durch entsprechende **Grundsätze** sicherstellen, dass alle monetären Zuwendungen, die im Zusammenhang mit der Finanzportfolioverwaltung oder Unabhängigen Honorar-Anlageberatung von Dritten oder von für Dritte handelnden Personen angenommen werden, dem jeweiligen Kunden zugewiesen und an diesen weitergegeben werden (§ 80 Abs. 8 WpHG).

3.5.7 Besondere Verhaltenspflichten bei der Erbringung von Anlageberatung

3.5.7.1 Besonderheiten der Anlageberatung

Der § 64 WpHG enthält besondere Verhaltensregeln, die bei der Erbringung von Anlageberatung und Finanzportfolioverwaltung gelten und insofern den § 63 WpHG ergänzen (Bundestags-Drucksache 18/10936, S. 236). Im Unterschied zu anderen Wertpapierdienstleistungen zeichnet sich die **Anlageberatung** (§ 2 Abs. 8 Satz 1 Nr. 10 WpHG) dadurch aus, dass das Wertpapierdienstleistungsunternehmen gegenüber dem einzelnen Kunden eine **persönliche Empfehlung** für ein bestimmtes Finanzinstrument oder strukturierte Einlage (siehe § 96 WpHG) abgibt (vgl. im Einzelnen die Ausführungen unter Abschn. 1.2.2.3). Diese Empfehlung muss inhaltlich sowohl auf die **individuellen Verhältnisse** des einzelnen Kunden als auch auf die Besonderheiten des konkreten Finanzinstruments oder strukturierten Einlage abgestimmt sein (vgl. Fuchs 2016, S. 1552 Rz. 260). Die Verhaltensregeln, die bei der Anlageberatung zu beachten sind, fasst Abb. 3.2 zusammen.

Artikel 9 Delegierte Verordnung (EU) 2017/565 zur Definition von „Anlageberatung".

Für die Zwecke der Definition von „Anlageberatung" gilt als persönliche Empfehlung eine Empfehlung, die an eine Person in ihrer Eigenschaft als Anleger oder potenzieller Anleger oder in ihrer Eigenschaft als Beauftragter eines Anlegers oder potenziellen Anlegers gerichtet ist (Artikel 9 Abs. 1 Delegierte Verordnung (EU) 2017/565).

Verhaltenspflichten im Rahmen der Anlageberatung	
Allgemeine Verhaltensregeln (§ 63 Abs. 1 bis 13 WpHG)	Besondere Verhaltensregeln bei der Erbringung von Anlageberatung und Finanzportfolioverwaltung (§ 64 Abs. 1 bis 10 WpHG)
Zu beachten ist die Delegierte Verordnung (EU) 2017/565 vom 25. April 2016	

Abb. 3.2 Verhaltensregeln im Blickpunkt der Anlageberatung. (Quelle: eigene Darstellung)

Diese Empfehlung muss als für die betreffende Person **geeignet** dargestellt werden oder auf eine Prüfung der Verhältnisse der betreffenden Person gestützt sein, und sie muss darauf abzielen, dass eine der folgenden Handlungen getätigt wird:

a) Kauf, Verkauf, Zeichnung, Tausch, Rückkauf, Halten oder Übernahme eines bestimmten Finanzinstruments;
b) Ausübung bzw. Nichtausübung eines mit einem bestimmten Finanzinstrument einhergehenden Rechts betreffend Kauf, Verkauf, Zeichnung, Tausch oder Rückkauf eines Finanzinstruments (Artikel 9 Abs. 2 Delegierte Verordnung (EU) 2017/565).

Eine Empfehlung wird nicht als persönliche Empfehlung betrachtet, wenn sie ausschließlich gegenüber der Öffentlichkeit abgegeben wird (Artikel 9 Abs. 3 Delegierte Verordnung (EU) 2017/565).

Am Finanzplatz Deutschland werden die in Abb. 3.3 dargestellten Formen der Anlageberatung angeboten, wobei die provisionsbasierte Anlageberatung eindeutig dominiert.

3.5.7.2 Informationspflichten bei der Anlageberatung
Erbringt ein Wertpapierdienstleistungsunternehmen **Anlageberatung,** muss es den Kunden zusätzlich zu den Informationen nach § 63 Absatz 7 WpHG (zum Beispiel Kosten und Nebenkosten) **rechtzeitig vor der Beratung** und in verständlicher Form darüber informieren.

1. ob die Anlageberatung **unabhängig** erbracht wird (Unabhängige Honorar-Anlageberatung) oder nicht;
2. ob sich die Anlageberatung auf eine **umfangreiche** oder eine eher **beschränkte** Analyse verschiedener Arten von Finanzinstrumenten stützt, insbesondere, ob die Palette an Finanzinstrumenten auf Finanzinstrumente beschränkt ist, die von Anbietern oder Emittenten stammen, die in einer engen Verbindung zum Wertpapierdienstleistungsunternehmen stehen oder zu denen

---

Anlageberatung im Finanzplatz Deutschland

Provisionsbasierte Anlageberatung   Honorarbasierte Anlageberatung

Unabhängige Honorar-Anlageberatung

Abb. 3.3 Formen der Anlageberatung. (Quelle: eigene Darstellung)

in sonstiger Weise rechtliche oder wirtschaftliche Verbindungen bestehen, die
so eng sind, dass das Risiko besteht, dass die Unabhängigkeit der Anlageberatung beeinträchtigt wird, und

3. ob das Wertpapierdienstleistungsunternehmen dem Kunden **regelmäßig** eine
   Beurteilung der Geeignetheit der empfohlenen Finanzinstrumente zur Verfügung stellt (§ 64 Abs. 1 Satz 1WpHG).

▶   Die Informationen nach § 64 Abs. 1 WpHG können auch in **standardi-
    sierter Form** zur Verfügung gestellt werden (Bundestags-Drucksache
    18/10936, S. 236).

3.5.7.3 Sonderform der unabhängigen Honorar- Anlageberatung

Die bestehenden nationalen Regelungen zur „Honorar-Anlageberatung" werden
unter Anpassung der Bezeichnung in „Unabhängige Honorar-Anlageberatung"
fortgeführt. Die Änderung der Bezeichnungsform erfolgt nach Auffassung des
Gesetzgebers, um stärker zum Ausdruck zu bringen, dass diese Form der Anlageberatung **unabhängig** von Provisionszahlungen der Emittenten der Finanzinstrumente erfolgt (vgl. Bundestags-Drucksache 18/10936, S. 236).

Besonderheiten der Unabhängigen Honorar-Anlageberatung

Ein Wertpapierdienstleistungsunternehmen darf die Anlageberatung nur dann
als **Unabhängige Honorar- Anlageberatung** erbringen, wenn es ausschließlich
Unabhängige Honorar-Anlageberatung erbringt oder wenn es die Unabhängige
Honorar-Anlageberatung organisatorisch, funktional und personell von der übrigen Anlageberatung trennt (§ 80 Abs. 7 Satz 1 WpHG).

Vertriebsvorgaben bei der Unabhängigen Honorar-Anlageberatung

Wertpapierdienstleistungsunternehmen müssen **Vertriebsvorgaben** im Sinne des
§ 80 Abs. 1 Nr. 3 WpHG für die Unabhängige Honorar-Anlageberatung so ausge-
stalten, dass in keinem Falle Interessenkonflikte mit Kundeninteressen entstehen
können (§ 80 Abs. 7 Satz 2 WpHG).

Ein Wertpapierdienstleistungsunternehmen, das Unabhängige Honorar-Anla-
geberatung erbringt, muss auf seiner Internetseite angeben, ob die Unabhängige
Honorar-Anlageberatung in der Hauptniederlassung und in welchen inländischen
Zweigniederlassungen angeboten wird (§ 80 Abs. 7 Satz 3 WpHG).

Weitere Bestimmungen zur Unabhängigen Honorar-Anlageberatung
Weitere Vorschriften zur Unabhängigen Honorar-Anlageberatung enthält Artikel
53 der Delegierten Verordnung (EU) 2017/565. Eine Wertpapierfirma, die sowohl
unabhängige als auch nicht unabhängige Anlageberatung erbringt, muss folgende **Verpflichtungen** erfüllen:

a) Die Wertpapierfirma hat ihre Kunden rechtseitig vor der Erbringung ihrer
   Dienstleistung auf einem dauerhaften Datenträger darüber informiert, ob die
   Beratung unabhängig oder nicht unabhängig vorgenommen wird;
b) die Wertpapierfirma hat sich hinsichtlich der Dienstleistungen, für die sie eine
   unabhängige Anlageberatung vornimmt, als unabhängig präsentiert;
c) in der Wertpapierfirma gelten angemessene Organisationsanforderungen und
   Kontrollen, um sicherzustellen, dass sowohl die Formen der einzelnen Beratungsleistungen als auch die Berater **deutlich voneinander getrennt werden,**
   dass den Kunden hinsichtlich der Art der ihnen gegenüber erbrachten Beratung keine Verwechselungen unterlaufen können und dass sie eine auf sie
   zugeschnittene Art von Beratung erhalten. Die Wertpapierfirma darf es keiner
   natürlichen Person gestatten, **sowohl unabhängige als auch nichtunabhängige Beratungsleistungen** zu erbringen (Artikel 53 Abs. 3 Delegierte Verordnung [EU] 2017/565).

3.5.8 Produktinformationsblatt in der Anlageberatung

3.5.8.1 Individuelles Produktinformationsblatt
3.5.8.1.1 Anwendungsbereich
Im Falle einer Anlageberatung ist einem **Privatkunden** rechtzeitig vor dem
Abschluss eines Geschäfts über Finanzinstrumente, für die kein Basisinformationsblatt nach der Verordnung (EU) Nr. 1286/2014 erstellt werden muss (gemeint
ist das PRIIP), ein kurzes und leicht verständliches Informationsblatt über jedes
Finanzinstrument zur Verfügung zu stellen, auf das sich eine **Kaufempfehlung**
bezieht (§ 64 Abs. 2 Satz 1 WpHG).

Die Angaben in den Informationsblättern nach Satz 1 dürfen weder unrichtig
noch irreführend sein und müssen mit den Angaben des Prospekts vereinbar sein
(§ 64 Abs. 2 Satz 2 WpHG).

Beim Produktinformationsblatt in der Anlageberatung wird zwischen einem
individuellen und einem standardisierten Informationsblatt unterschieden (vgl.
Tab. 3.1).

Tab. 3.1 Produktinformationsblatt in der Anlageberatung

Individuelles Informationsblatt	Standardisiertes Informationsblatt
§ 64 Abs. 2 Satz 1 WpHG	§ 64 Abs. 2 Satz 3 WpHG
Anlageberatung in Finanzinstrumenten	Anlageberatung in Aktien, die an einem organisierten Markt gehandelt werden

Wesentliche Anlegerinformationen bei Investmentfonds

An die Stelle des individualisierten **Informationsblatts** treten beispielsweise

1. bei Anteilen oder Aktien an OGAW oder an offenen Publikums-AIF die wesentlichen Anlegerinformationen nach den §§ 164 und 166 des Kapitalanlagegesetzbuchs,
2. bei Anteilen oder Aktien an geschlossenen Publikums-AIF die wesentlichen Anlegerinformationen nach den §§ 268 und 270 des Kapitalanlagegesetzbuchs (§ 64 Abs. 2 Satz 4 WpHG).

Die **wesentlichen Anlegerinformationen** sollen den Anleger in die Lage versetzen, Art und Risiken des angebotenen Anlageprodukts zu verstehen und auf dieser Grundlage eine **fundierte Anlageentscheidung** zu treffen (§ 166 Abs. 1 KAGB).

▶ Das individuelle Produktinformationsblatt kommt nach § 64 Abs. 2 Satz 1 WpHG) allein im Rahmen der Anlageberatung (§ 2 Abs. 8 Satz 1 Nr. 10 WpHG) zur Anwendung. An die Stelle des Produktinformationsblatts treten im Rahmen der Anlageberatung zu Fondsanteilen die wesentlichen Anlegerinformationen.

Umfang und Inhalt des Informationsblatts

Das nach § 64 Abs. 2 Satz 1 WpHG zur Verfügung zu stellende Informationsblatt darf bei **nicht komplexen Finanzinstrumenten** im Sinne des Artikels 57 der Delegierten Verordnung (EU) 2017/565 nicht mehr als zwei DIN-A4-Seiten, bei allen **übrigen Finanzinstrumenten** nicht mehr als drei DIN-A4-Seiten umfassen (§ 4 Abs. 1 Satz 1 WpDVerOV).

Es muss die wesentlichen Informationen über das jeweilige Finanzinstrument in übersichtlicher und leicht verständlicher Weise so enthalten, dass der Kunde insbesondere

1. die Art des Finanzinstruments,
2. seine Funktionsweise,
3. die damit verbundenen Risiken,
4. die Aussichten für die Kapitalrückzahlung und Erträge unter verschiedenen Marktbedingungen und
5. die mit der Anlage verbundenen Kosten

einschätzen und bestmöglich mit den Merkmalen anderer Finanzinstrumente vergleichen kann (§ 4 Abs. 1 Satz 2 WpDVerOV).

Das Informationsblatt darf sich jeweils nur auf ein Finanzinstrument beziehen und keine werbenden oder sonstigen, nicht dem vorgenannten Zweck dienenden Informationen enthalten (§ 4 Abs. 1 Satz 3 WpDVerOV).

▶ Das Informationsblatt kann auch als elektronisches Dokument zur Verfügung gestellt werden (§ 4 Abs. 2 WpDVerOV).

3.5.8.2 Standardisiertes Produktinformationsblatt

Im Rahmen der öffentlichen Anhörung zum Zweiten Finanzmarktnovellierungsgesetz am 08.03.2017 in Berlin wurde vorgeschlagen, für Aktien, die an einem organisierten Markt gehandelt werden, ein **standarisiertes Informationsblatt** einzusetzen (vgl. Deutscher Bundestag 2017, S. 15). Dem Wunsch der Praxis hat der Gesetzgeber entsprochen und folgenden neuen Satz in das WpHG aufgenommen:

„Für Aktien, die zum **Zeitpunkt der Anlageberatung** an einem organisierten Markt gehandelt werden, kann anstelle des Informationsblattes nach Satz 1 ein **standardisiertes Informationsblatt** verwendet werden" (§ 64 Abs. 2 Satz 3 WpHG).

Begründung des Gesetzgebers

Das standardisierte Informationsblatt soll über den Typus der Aktien, die an organisierten Märkten gehandelt werden, insgesamt informieren und nicht für jeden Einzelwert erstellt werden. Damit werden Wertpapierdienstleistungsunternehmen, die Anlageberatung in solchen Aktien betreiben, von den mit der Erstellung von produktspezifischen Informationsblättern einhergehenden Kosten entlastet (Bundestags-Drucksache 18/11775, S. 649). Bei Aktien, die an organisierten Märkten gehandelt werden, stehen nach Meinung des Gesetzgebers für Privatanleger viele Informationen öffentlich zur Verfügung, sodass auf ein individuelles Informationsblatt verzichtet werden kann (vgl. Bundestags-Drucksache 18/11775, S. 649).

▶ Grundsätzlich können Institute aber auch weiterhin ein **individuelles Informationsblatt für Aktien,** die an einem organisierten Markt gehandelt werden, verfassen und verwenden (Bundestags-Drucksache 18/11775, S. 649).

Was versteht man unter einem organisierten Markt?
Organisierter Markt im Sinne des WpHG ist ein im Inland, in einem anderen Mitgliedstaat der Europäischen Union oder einem anderen Vertragsstaat des Abkommens über den Europäischen Wirtschaftsraum betriebenes oder verwaltetes, durch staatliche Stellen genehmigtes, geregeltes und überwachtes multilaterales System, das die Interessen einer Vielzahl von Personen am Kauf und Verkauf von dort zum Handel zugelassenen Finanzinstrumenten innerhalb des Systems und nach nichtdiskretionären Bestimmungen in einer Weise zusammenbringt oder das Zusammenbringen fördert, die zu einem Vertrag über den Kauf dieser Finanzinstrumente führt (§ 2 Abs. 11 WpHG).

Für welche Aktien gilt das standardisierte Informationsblatt nicht?
Für alle anderen Aktien, das heißt insbesondere solche, die im Freiverkehr oder an anderen multilateralen oder organisierten Handelsplattformen gehandelt werden, müssen die Wertpapierdienstleistungsunternehmen weiterhin ein **individuelles Informationsblatt** zur Verfügung stellen. Der Grund hierfür sind die häufig nur in geringerem Umfang für den Privatanleger öffentlich zur Verfügung stehenden Informationen (Bundestags-Drucksache 18/11775, S. 649).

Rechtsverordnung wird erlassen
Wie bereits für die individuellen Informationsblätter wird auch für das standardisierte Informationsblatt eine Rechtsverordnung zu Inhalt, Aufbau sowie zu Art und Weise der Zurverfügungstellung erlassen (§ 64 Abs. 10 Satz 1 Nr. 1 WpHG).

Die Regelung zum standardisierten Produktinformationsblatt findet ausnahmsweise erst ab 01.07.2018 Anwendung (Art. 26 Abs. 4 i. V. m. Art. 3a des 2. FiMaNoG). Sie gilt jedoch nur für die an einem organisierten Markt gehandelten Aktien, nicht aber für solche, die im Freiverkehr oder an anderen multilateralen oder organisierten Handelssystemen gehandelt werden. Für letzter ist unverändert ein individuelles Produktinformationsblatt nach § 64 Abs. 2 Satz 1 WpHG zu erstellen (vgl. Buck-Heeb und Poelzig 2017, S. 490).

3.5.8.3 Gesetzgeber baut informationsbasieren Anlegerschutz weiter aus
Mit den neuen Informationsblättern (sowohl PIBs als auch PRIIPs) baut der anlegerschützende Gesetzgeber den **informationsbasierten Anlegerschutz** weiter

aus (vgl. Buck-Heeb 2017, S. 285). Die in den Informationsblättern enthaltenen Informationen sind standardisiert und sollen nach Meinung des Berliner Gesetzgebers leicht verständlich sein, sodass Privatanleger verschiedene Finanzinstrumente zum einen verstehen und zum anderen miteinander vergleichen können. Auf der Grundlage dieser Informationen soll der Privatanleger aber auch in den Stand versetzt werden, eine **eigenverantwortliche und fundierte Anlageentscheidung** zu treffen.

3.5.9 Einholung von Kundeninformationen

3.5.9.1 Erforderliche Kundeninformationen
Das Wertpapierdienstleistungsunternehmen **muss** von einem Kunden alle Informationen

1. über **Kenntnisse und Erfahrungen** des Kunden in Bezug auf Geschäfte mit bestimmten Arten von Finanzinstrumenten oder Wertpapierdienstleistungen,
2. über die **finanziellen Verhältnisse** des Kunden einschließlich seiner Fähigkeit, Verluste zu tragen und
3. über seine **Anlageziele**, einschließlich seiner Risikotoleranz

einholen, **die erforderlich sind,** um dem Kunden ein Finanzinstrument oder eine Wertpapierdienstleistung empfehlen zu können, das oder die für ihn **geeignet** ist und insbesondere seiner Risikotoleranz und seiner Fähigkeit, Verluste zu tragen, entspricht (§ 64 Abs. 3 Satz 1 WpHG).

3.5.9.2 Informationen über die Kenntnisse und Erfahrungen
Die Wertpapierfirmen sorgen dafür, dass sich die Informationen über die Kenntnisse und Erfahrungen eines Kunden oder potenziellen Kunden in Anlagefragen auf die nachfolgend genannten Punkte erstrecken, soweit dies nach Art des Kunden, Art und Umfang der zu erbringenden Dienstleistung und Art des in Betracht gezogenen Produkts oder Geschäfts unter Berücksichtigung der damit jeweils verbundenen Komplexität und Risiken angemessen ist:

a) Art der Dienstleistungen, Geschäft und Finanzinstrumente, mit denen der Kunde vertraut ist;
b) Art, Umfang und Häufigkeit der Geschäfte des Kunden mit Finanzinstrumenten und Zeitraum, in dem sie getätigt worden sind;

c) Bildungsstand und Beruf oder relevanter früherer Beruf des Kunden bzw. potenziellen Kunden (Artikel 55 Abs. 1 Delegierte Verordnung [EU] 2017/565).

3.5.9.3 Informationen über die finanziellen Verhältnisse

Die Informationen über die **finanziellen Verhältnisse** des Kunden bzw. potenziellen Kunden umfassen (soweit relevant) Informationen über Herkunft und Höhe seines regelmäßigen Einkommens, seine Vermögenswerte einschließlich der liquiden Vermögenswerte, Anlagen und Immobilienbesitz sowie seine regelmäßigen finanziellen Verpflichtungen (Artikel 54 Abs. 4 Delegierte Verordnung [EU] 2017/565).

3.5.9.4 Informationen über die Anlageziele

Die Informationen über die Anlageziele des Kunden bzw. potenziellen Kunden umfassen (so weit relevant) Informationen über den Zeitraum, in dem der Kunde die Anlage zu halten gedenkt, seine Präferenzen hinsichtlich des einzugehenden Risikos, sein Risikoprofil und den Zweck der Anlage (Artikel 54 Abs. 5 Delegierte Verordnung [EU] 2017/565).

3.5.9.5 Zuverlässige Informationen

Die Wertpapierfirmen unternehmen angemessene Schritte, um sicherzustellen, dass die über ihre Kunden oder potenziellen Kunden gesammelten Informationen **zuverlässig sind.** Hierzu gehört unter anderem Folgendes:

a) Sicherstellung, dass die Kunden sich der Bedeutung der Angabe wahrheitsgetreuer und aktueller Informationen bewusst sind;

b) Sicherstellung, dass alle bei Geeignetheitsbeurteilungsverfahren eingesetzten Hilfsmittel, wie z. B. solche zur Profilierung von Risikobewertungen oder zur Bewertung der Kenntnisse und Erfahrungen eines Kunden, zweckmäßig und für den Einsatz am Kunden ausgestaltet sind, wobei alle Beschränkungen eines solchen Hilfsmittels zu identifizieren und ihnen im Rahmen des Geeignetheitsbeurteilungsverfahrens aktiv entgegenzuwirken ist;

c) Sicherstellung, dass im Rahmen des Verfahrens gestellte Fragen für die Kunden **verständlich** sind, ein genaues Abbild der Ziele und Bedürfnisse des Kunden und die für die Durchführung der Geeignetheitsbeurteilung benötigten Informationen liefern;

d) Ergreifung entsprechender Maßnahmen, um die Kohärenz der Kundeninformationen sicherzustellen, indem beispielsweise erörtert wird, ob die vom Kunden zur Verfügung gestellten Informationen offensichtliche Ungenauigkeiten aufweisen (Artikel 54 Abs. 7 Abs. 1 Delegierte Verordnung [EU] 2017/565).

3.5.9.6 Anforderungen an die Geeignetheitsbeurteilung

Ein Wertpapierdienstleistungsunternehmen darf seinen Kunden nur Finanzinstrumente und Wertpapierdienstleistungen empfehlen oder Geschäfte im Rahmen der Finanzportfolioverwaltung tätigen, die nach den eingeholten Informationen für den Kunden **geeignet** sind (§ 64 Abs. 3 Satz 2 WpHG).

Näheres zur Geeignetheit ergibt sich aus der Delegierten Verordnung (EU) 2017/565
Näheres zur Geeignetheit und den im Zusammenhang mit der **Beurteilung der Geeignetheit geltenden Pflichten** regeln die Artikel 54 und 55 der Delegierten Verordnung (EU) 2017/565 (§ 64 Abs. 3 Satz 3 WpHG).

Verbundene Produkte oder Dienstleistungen
Erbringt ein Wertpapierdienstleistungsunternehmen eine Anlageberatung, bei der **verbundene Produkte oder Dienstleistungen** im Sinne des § 63 Absatz 9 WpHG empfohlen werden, gilt § 64 Abs. 3 Satz 2 WpHG für das gesamte verbundene Geschäft entsprechend (§ 64 Abs. 3 Satz 4 WpHG).

Im Zusammenhang mit der Geeignetheitsbeurteilung geltenden Pflichten
Bei der Durchführung der Geeignetheitsbeurteilung informiert die Wertpapierfirma Kunden und potenzielle Kunden in klarer und einfach verständlicher Weise darüber, dass die Geeignetheitsbeurteilung dazu dienen soll, es ihr zu ermöglichen, **im besten Interesse** des Kunden zu handeln (Artikel 54 Abs. 1 Satz 2 Delegierte Verordnung [EU] 2017/565).

Kriterien für die Geeignetheitsbeurteilung
Die Wertpapierfirmen holen bei ihren Kunden bzw. potenziellen Kunden die Informationen ein, die sie benötigen, um die wesentlichen Fakten in Bezug auf den Kunden zu erfassen und unter Berücksichtigung der Art und des Umfangs der betreffenden Dienstleistung nach vernünftigem Ermessen davon ausgehen zu können, dass das Geschäft, das dem Kunden empfohlen oder im Rahmen einer Portfolioverwaltungsdienstleistung getätigt werden soll, die **folgenden Anforderungen erfüllt:**

a) Es entspricht den **Anlagezielen** des betreffenden Kunden, auch hinsichtlich seiner Risikobereitschaft;

b) es ist so beschaffen, dass etwaige mit dem Geschäft einhergehende Anlagerisiken für den Kunden seinen Anlagezielen entsprechend **finanziell tragbar** sind;

c) es ist so beschaffen, dass der Kunde mit seinen Kenntnissen und Erfahrungen die mit dem Geschäft oder der Verwaltung seines Portfolios **einhergehenden Risiken verstehen kann** (Artikel 54 Abs. 2 Satz 2 Delegierte Verordnung [EU] 2017/565).

► In der Praxis der Anlageberatung stellen die **Anlageziele** Ausgangs- und Angelpunkt der Anlageberatung dar. Sie müssen vom Anlageberater sorgfältig ermittelt, auf ihre Aktualität überprüft und um Widersprüche bereinigt werden. Empfiehlt der Anlageberater eine Kapitalanlage (zum Beispiel eine Aktie oder einen Aktienfonds), die den Anlagezielen des Kunden nicht entspricht, so ist die Empfehlung unter zivilrechtlichen Aspekten **fehlerhaft** bzw. unter aufsichtsrechtlichen Gesichtspunkten **nicht geeignet** (vgl. Dietrich 2016, S. 204).

Wertpapierfirma erlangt nicht die erforderlichen Kundeninformationen
Erlangt eine Wertpapierfirma bei der Erbringung von Wertpapierdienstleistungen in Form der Anlageberatung oder Portfolioverwaltung die erforderlichen Informationen nicht, empfiehlt sie dem Kunden bzw. potenziellen Kunden **keine** Wertpapierdienstleistungen oder Finanzinstrumente (Artikel 54 Abs. 8 Delegierte Verordnung [EU] 2017/565).

Instrumente sind für Kunden nicht geeignet
Bei der Erbringung der Wertpapierdienstleistung im Rahmen der Anlageberatung bzw. Portfolioverwaltung darf eine Wertpapierfirma **keine Empfehlungen aussprechen oder Handelsgeschäfte treffen,** wenn keine der Dienstleistungen bzw. Instrumente für den Kunden geeignet sind (Artikel 54 Abs. 10 Delegierte Verordnung [EU] 2017/565).

3.5.10 Pflichten beim beratungsfreien Geschäft

3.5.10.1 Einholung der erforderlichen Kundenangaben
Als sogenanntes **beratungsfreies Geschäft** wird diejenige Wertpapierdienstleistung bezeichnet, die keine Anlageberatung oder Finanzportfolioverwaltung darstellt. Ferner ist damit auch nicht die reine Ausführung bestimmter Geschäfte über „nicht-komplexe" Finanzinstrumente gemeint. Kennzeichnend für das unter § 63 Abs. 10 WpHG fallende beratungsfreie Geschäft ist das **Fehlen einer konkreten Empfehlung** des Wertpapierdienstleistungsunternehmens (vgl. Fuchs 2016, S. 1572 Rz. 308).

Vor der Erbringung **anderer Wertpapierdienstleistungen** als der Anlageberatung oder der Finanzportfolioverwaltung hat ein Wertpapierdienstleistungsunternehmen von den Kunden Informationen einzuholen über **Kenntnisse und
Erfahrungen** der Kunden in Bezug auf Geschäfte mit bestimmten Arten von
Finanzinstrumenten oder Wertpapierdienstleistungen, soweit diese Informationen
erforderlich sind, um die **Angemessenheit** der Finanzinstrumente oder Wertpapierdienstleistungen für die Kunden beurteilen zu können (§ 63 Abs. 10 Satz 1 WpHG).

3.5.10.2 Verbundene Dienstleistungen oder Produkte

Sind verbundene Dienstleistungen oder Produkte im Sinne des § 63 Abs. 9
WpHG **Gegenstand des Kundenauftrags,** muss das Wertpapierdienstleistungsunternehmen beurteilen, ob das gesamte verbundene Geschäft für den Kunden
angemessen ist (§ 63 Abs. 10 Satz 2 WpHG).

Begründung des Gesetzgebers
Das beratungsfreie Geschäft wird um eine Regelung zur Angemessenheitsprüfung im Falle von **verbundenen Geschäften** erweitert, da diese auch Gegenstand
anderer Dienstleistungen als der in § 63 Abs. 10 WpHG genannten Anlageberatung oder Finanzportfolioverwaltung sein können und dies eine Vorgabe aus Artikel 25 Absatz 3 der MiFID II ist (Bundestags-Drucksache 18/10936, S. 235).

3.5.10.3 Hinweis an den Kunden

Gelangt ein Wertpapierdienstleistungsunternehmen aufgrund der nach § 63 Abs.
10 Satz 1 WpHG erhaltenen Informationen zu der Auffassung, dass das vom Kunden gewünschte Finanzinstrument oder die Wertpapierdienstleistung für den Kunden **nicht angemessen** ist, hat es den Kunden darauf hinzuweisen (§ 63 Abs. 10
Satz 3 WpHG).

3.5.10.4 Wertpapierdienstleistungsunternehmen erlangt
nicht die Informationen

Erlangt das Wertpapierdienstleistungsunternehmen nicht die erforderlichen Infor-
mationen, hat es den Kunden darüber zu informieren, dass eine **Beurteilung der
Angemessenheit** im Sinne des § 63 Abs. 10 Satz 1 WpHG nicht möglich ist (§ 63
Abs. 10 Satz 4 WpHG).

Standardisierte Form
Der Hinweis nach § 63 Abs. 10 Satz 3 WpHG und die Information nach § 63 Abs.
10 Satz 4 WpHG können in **standardisierter** Form erfolgen (§ 63 Abs. 10 Satz 6
WpHG).

Nähere Einzelheiten enthält die Delegierte Verordnung (EU) 2017/565
Näheres zur **Angemessenheit** und zu den **Pflichten,** die im Zusammenhang mit der Beurteilung der Angemessenheit geltenden Pflichten regeln die Artikel 55 und 56 der Delegierten Verordnung (EU) 2017/565 (§ 63 Abs. 10 Satz 5 WpHG).

3.5.10.5 Bestimmungen für Beurteilung der Angemessenheit

Die Wertpapierfirmen sorgen dafür, dass sich die Informationen über die **Kenntnisse und Erfahrungen** eines Kunden oder potenziellen Kunden in Anlagefragen auf die nachfolgend genannten Punkte erstrecken, soweit dies nach der Art des Kunden, Art und Umfang der zu erbringenden Dienstleistung und Art des in Betracht gezogenen Produkts oder Geschäfts unter Berücksichtigung der damit jeweils verbundenen Komplexität und Risiken **angemessen** ist:

a) Art der Dienstleistungen, Geschäfte und Finanzinstrumente, mit denen der Kunde vertraut ist;

b) Art, Umfang und Häufigkeit der Geschäfte des Kunden mit Finanzinstrumenten und Zeitraum, in dem sie getätigt worden sind;

c) Bildungsstand und Beruf oder relevanter früherer Beruf des Kunden bzw. potenziellen Kunden (Artikel 55 Abs. 1 Delegierte Verordnung [EU] 2017/565).

▶   Eine Wertpapierfirma darf einen Kunden oder potenziellen Kunden nicht davon abhalten, die erforderlichen Informationen zu übermitteln (Artikel 55 Abs. 2 Delegierte Verordnung [EU] 2017/565).

Plausibilitätskontrolle auf Basis der Kundenangaben
Eine Wertpapierfirma ist berechtigt, sich auf die von ihren Kunden oder potenziellen Kunden übermittelten Informationen zu verlassen, es sei denn, ihr ist bekannt oder müsste bekannt sein, dass die Informationen offensichtlich veraltet, unzutreffend oder unvollständig sind (Artikel 55 Abs. 3 Delegierte Verordnung [EU] 2017/565).

3.5.10.6 Beurteilung der Angemessenheit und damit verbundene Aufbewahrungspflichten

Wertpapierfirmen prüfen, ob ein Kunde über die erforderlichen Erfahrungen und Kenntnisse verfügt, um die Risiken im Zusammenhang mit dem angebotenen oder gewünschten Produkt bzw. der angebotenen oder gewünschten Wertpapierdienstleistung **zu verstehen** und **beurteilen zu können,** ob eine Wertpapierdienstleistung als beratungsfreies Geschäft für ihn geeignet ist (Artikel 56 Abs. 1 Satz 1 Delegierte Verordnung [EU] 2017/565).

Einstufung als professioneller Kunde
Eine Wertpapierfirma ist berechtigt, davon auszugehen, dass ein professioneller
Kunde über die erforderlichen Kenntnisse und Erfahrungen verfügt, um die Risi-
ken im Zusammenhang mit den betreffenden Wertpapierdienstleistungen oder
Geschäften bzw. der Art von Geschäften oder Produkten, für die er als profes-
sioneller Kunde eingestuft ist, zu erfassen (Artikel 56 Abs. 1 Satz 2 Delegierte
Verordnung [EU] 2017/565).

Aufzeichnungen über die durchgeführten Angemessenheitsbeurteilungen
Die Wertpapierfirmen führen Aufzeichnungen über die durchgeführten **Angemessenheitsbeurteilungen**, die Folgendes umfassen:

a) das Ergebnis der Angemessenheitsbeurteilung;
b) ggf. Hinweise für den Kunden, sofern die Wertpapierdienstleistung oder der
    Produktkauf als möglicherweise unangemessen für den Kunden beurteilt
    wurde, ob der Kunde den Wunsch geäußert hat, trotz des Hinweises mit der
    Transaktion fortzufahren, sowie ggf. ob die Wertpapierfirma dem Wunsch des
    Kunden auf Fortführung der Transaktion nachgekommen ist;
c) ggf. Hinweise für den Kunden, sofern der Kunde keine ausreichenden Anga-
    ben gemacht hat, sodass die Wertpapierfirma eine Angemessenheitsbeurteilung
    vornehmen kann, ob der Kunde den Wunsch geäußert hat, trotz dieses Hin-
    weises mit der Transaktion fortzufahren, sowie ggf. ob die Wertpapierfirma
    dem Wunsch des Kunden auf Fortführung der Transaktion nachgekommen ist
    (Artikel 56 Abs. 2 Delegierte Verordnung [EU] 2017/565).

3.5.11 Pflichten beim reinen Ausführungsgeschäft

3.5.11.1 Charakteristische Merkmale des Geschäfts
Die Tätigkeit des Wertpapierdienstleistungsunternehmens beschränkt sich
beim **reinen Ausführungsgeschäft** auf die bloße Ausführung des vom Kunden
gewünschten Geschäfts und ist nicht mit der Einholung von Kundenangaben,
Angemessenheits- oder Geeignetheitsbeurteilungen verbunden (vgl. Fuchs 2016,
S. 1581 Rz. 335). Ferner ist für das Ausführungsgeschäft kennzeichnend, dass
die **Initiative** zu diesem Geschäft **vom Kunden ausgeht** („auf Veranlassung des
Kunden"). Die Pflichten zum reinen Ausführungsgeschäft sind in § 63 Abs. 11
WpHG geregelt.

3.5.11.2 Voraussetzungen nach § 63 Abs. 11 WpHG im Einzelnen

Die Pflichten nach § 63 Abs. 10 WpHG (beratungsfreies Geschäft) gelten nicht, soweit das Wertpapierdienstleistungsunternehmen auf **Veranlassung des Kunden** Finanzkommissionsgeschäft, Eigenhandel, Abschlussvermittlung oder Anlagevermittlung in Bezug auf nicht-komplexe Finanzinstrumente und strukturierte Einlagen erbringt (§ 63 Abs. 11 Nr. 1 WpHG).

Nicht-komplexe Finanzinstrumente und strukturierte Einlagen
Die nicht-komplexen Finanzinstrumente und strukturierten Einlagen, die im reinen Ausführungsgeschäft auf Veranlassung des Kunden erworben werden dürfen, sind im Gesetz näher beschrieben. Dazu gehören (§ 63 Abs. 11 Nr. 1 Buchstabe a-f WpHG):

a) **Aktien,** die zum Handel an einem organisierten Markt, an einem gleichwertigen Markt eines Drittlandes oder an einem multilateralen Handelssystem zugelassen sind, mit Ausnahme von Aktien an AIF im Sinne von § 1 Absatz 3 des Kapitalanlagesetzbuchs und von Aktien, in die ein Derivat eingebettet ist.

b) **Schuldverschreibungen** und **andere verbriefte Schuldtitel,** die zum Handel an einem organisierten Markt, einem diesem gleichwertigen Markt eines Drittlandes oder einem multilateralen Handelssystem zugelassen sind, mit Ausnahme solcher, in die ein Derivat eingebettet ist und solcher, die eine Struktur aufweisen, die es dem Kunden erschwert, die mit ihnen einhergehenden Risiken zu verstehen.

c) **Geldmarktinstrumente,** mit Ausnahme solcher, in die ein Derivat eingebettet ist, und solcher, die eine Struktur aufweisen, die es dem Kunden erschwert, die mit ihnen einhergehenden Risiken zu verstehen.

d) **Anteile oder Aktien an OGAW** im Sinne von § 1 Absatz 2 des Kapitalanlagegesetzbuchs, mit Ausnahme der in Artikel 36 Absatz 1 Unterabsatz 2 der Verordnung (EU) Nr. 583/2010 genannten strukturierten OGAW.

e) **Strukturierte Einlagen,** mit Ausnahme solcher, die eine Struktur aufweisen, die es dem Kunden erschwert, das Ertragsrisiko oder die Kosten des Verkaufs des Produkts vor Fälligkeit zu verstehen.

f) **Andere nicht komplexe Finanzinstrumente** für Zwecke dieses Absatzes, die die in Artikel 57 der Delegierten Verordnung (EU) 2017/565 genannten Kriterien erfüllen.

Keine Darlehensgewährung
Die Wertpapierdienstleistung als reines Ausführungsgeschäft darf nicht gemeinsam mit der **Gewährung eines Darlehens** als Wertpapiernebendienstleistung erbracht werden, außer

a) sie besteht in der Ausnutzung einer Kreditobergrenze eines bereits bestehenden Darlehens oder

b) eines bereits bestehenden Darlehens, das in der Weise gewährt wurde, dass der Darlehensgeber in einem Vertragsverhältnis über ein laufendes Konto dem Darlehensnehmer das Recht einräumt, sein Konto in bestimmter Höhe zu überziehen (Überziehungsmöglichkeit) oder

c) darin, dass der Darlehensgeber im Rahmen eines Vertrages über ein laufendes Konto, ohne eingeräumte Überziehungsmöglichkeit die Überziehung des Kontos durch den Darlehensnehmer duldet und hierfür vereinbarungsgemäß ein Entgelt verlangt (§ 63 Abs. 11 Nr. 2 WpHG).

Keine Angemessenheitsprüfung

Das Wertpapierdienstleistungsunternehmen hat den Kunden **ausdrücklich darüber informiert,** dass im reinen Ausführungsgeschäft keine Angemessenheitsprüfung im Sinne des § 63 Abs. 10 WpHG vorgenommen wird, wobei diese Information in standardisierter Form erfolgen kann (§ 63 Abs. 11 Nr. 3 WpHG).

3.5.12 Verhaltenspflichten in Bezug auf die Konzeption und den Vertrieb von Finanzinstrumenten

3.5.12.1 Regelungen zum Produktfreigabeverfahren

Die Regelungen zum **Produktfreigabeverfahren** können als eines der Kernthemen der MiFiDI II-Bestimmungen angesehen werden. Sie betreffen den gesamten **Produktzyklus eines konzipierten Finanzinstruments** von der Produktschaffung, über dessen Vertrieb bis hin zu fortlaufenden Beobachtungspflichten während der Laufzeit des Finanzprodukts, verbunden mit erheblichen Auswirkungen auf den Organisationsprozess eines jeden Wertpapierdienstleistungsunternehmens (vgl. GSK Newsletter 2016, S. 6).

3.5.12.2 Wertpapierdienstleistungsunternehmen konzipiert Finanzinstrumente zum Verkauf an Kunden

Ein Wertpapierdienstleistungsunternehmen, das Finanzinstrumente zum Verkauf an Kunden **konzipiert,** muss sicherstellen, dass diese Finanzinstrumente so ausgestaltet sind, dass

1. sie den Bedürfnissen eines bestimmten **Zielmarktes** im Sinne des § 80 Abs. 9 WpHG entsprechen und

2. die **Strategie für den Vertrieb der Finanzinstrumente** mit diesem Zielmarkt vereinbar ist (§ 63 Abs. 4 Satz 1 WpHG).

Das Wertpapierdienstleistungsunternehmen muss zumutbare Schritte unternehmen, um zu gewährleisten, dass das Finanzinstrument an den **bestimmten Zielmarkt** vertrieben wird (§ 63 Abs. 4 Satz 2 WpHG).

Begründung des Gesetzgebers
Das Wertpapierdienstleistungsunternehmen muss die Vereinbarkeit der angebotenen oder empfohlenen Produkte mit den Bedürfnissen der Kunden beurteilen
und sicherstellen. Dabei muss es den Zielmarkt, wie er im Rahmen des Produkt-
freigabeverfahrens entwickelt wurde, berücksichtigen (Bundestags-Drucksache
18/10936, S. 234).

3.5.12.3 Vertriebsbezogene Berücksichtigung des Zielmarktes

Ein Wertpapierdienstleistungsunternehmen muss die von ihm angebotenen oder
empfohlenen Finanzinstrumente **verstehen** (§ 63 Abs. 5 Satz 1 WpHG). Es muss
deren Vereinbarkeit mit den Bedürfnissen der Kunden, denen gegenüber es Wertpapierdienstleistungsunternehmen erbringt, beurteilen, auch unter Berücksichtigung des in § 80 Abs. 9 WpHG genannten Zielmarktes, und sicherstellen, dass
es Finanzinstrumente nur anbietet oder empfiehlt, wenn dies im **Interesse des
Kunden** liegt (§ 63 Abs. 5 Satz 2 WpHG). Die Vorschriften zum Produktfreigabeverfahren betreffen sowohl die Konzepteure von Finanzinstrumenten als auch
Vertriebsunternehmen (vgl. Abb. 3.4).

3.5.12.4 Begriff des Produktfreigabeverfahrens

Ein Wertpapierdienstleistungsunternehmen, das Finanzinstrumente zum **Verkauf
konzipiert,** hat ein Verfahren für die Freigabe jedes einzelnen Finanzinstruments
und jeder wesentlichen Anpassung bestehender Finanzinstrumente zu unterhalten,

---

Anwendungsbereich der Product-Governance-Pflichten in Bezug auf Finanzinstrumente

Produktfreigabeverfahren für Konzepteure (§ 80 Abs. 9 ff. WpHG)	Produktfreigabeverfahren für Vertriebsunternehmen (§ 80 Abs. 12 WpHG)
Bezogen auf den Zielmarkt bzw. die Vertriebsstrategie	
Produktüberwachungspflichten in Bezug auf Angestellte (§ 63 Abs. 5 WpHG)	
Überwachungspflichten der Konzepteure bzw. Vertriebsunternehmen (§§ 11 und 12 WpDVerOV)	

Abb. 3.4 Vorschriften zum Product-Governance-Prozess. (Quelle: eigene Darstellung)

zu betreiben und zu überprüfen, bevor das Finanzinstrument an Kunden vermarktet oder vertrieben wird (§ 80 Abs. 9 Satz 1 WpHG).

Begründung des Gesetzgebers
Die Umsetzung der Vorschriften zum Produktfreigabeverfahren (Product Governance) orientiert sich eng am Wortlaut der MiFID II (Bundestags-Drucksache 18/10936, S. 243).

Was muss das Verfahren sicherstellen?
Das Verfahren muss sicherstellen, dass für jedes Finanzinstrument für **Endkunden** innerhalb der jeweiligen Kundengattung ein bestimmter Zielmarkt festgelegt wird (§ 80 Abs. 9 Satz 2 WpHG). Dabei sind alle einschlägigen Risiken für den Zielmarkt zu bewerten (§ 80 Abs. 9 Satz 3 WpHG). Darüber hinaus ist sicherzustellen, dass die beabsichtigte **Vertriebsstrategie** dem **bestimmten Zielmarkt entspricht** (§ 80 Abs. 9 Satz 4 WpHG).

Nähere Bestimmungen zum Produktfreigabeverfahren
Nähere Bestimmungen zum Produktfreigabeverfahren sind auch in der Wertpapierdienstleistungs- Verhaltens- und Organisationsverordnung – WpDVerOV) geregelt. Der § 11 WpDVerOV erläutert die für Konzepteure von Finanzinstrumenten einzuhaltenden Regeln für das Produktfreigabeverfahren, während in § 12 WpDVerOV die Vorschriften für Vertriebsunternehmen zum Produktfreigabeverfahren aufgeführt sind.

3.5.12.5 Wertpapierdienstleistungsunternehmen hat die Finanzinstrumente regelmäßig zu überprüfen

Ein Wertpapierdienstleistungsunternehmen hat von ihm angebotene oder vermarktete Finanzinstrumente regelmäßig zu überprüfen und dabei alle Ereignisse zu berücksichtigen, die wesentlichen Einfluss auf das potenzielle Risiko für den bestimmten Zielmarkt haben könnten (§ 80 Abs. 10 Satz 1 WpHG).

Was ist regelmäßig zu beurteilen?
Zumindest ist regelmäßig zu beurteilen, ob das Finanzinstrument den Bedürfnissen des bestimmten Zielmarkts weiterhin entspricht und ob die beabsichtigte Vertriebsstrategie zur Erreichung dieses Zielmarktes weiterhin geeignet ist (§ 80 Abs. 10 Satz 2 WpHG).

3.5.12.6 Wertpapierdienstleistungsunternehmen hat sämtliche Informationen zur Verfügung zu stellen

Ein Wertpapierdienstleistungsunternehmen, das Finanzinstrumente konzipiert, hat allen Vertriebsunternehmen sämtliche erforderlichen und sachdienlichen **Informationen zu dem Finanzinstrument und zum Produktfreigabeverfahren,** einschließlich des bestimmten Zielmarkts, zur Verfügung zu stellen (§ 80 Abs. 11 Satz 1 WpHG).

Vertriebsunternehmen muss Zielmarkt des Finanzinstruments verstehen
Vertreibt ein Wertpapierdienstleistungsunternehmen Finanzinstrumente oder empfiehlt es diese, ohne sie zu konzipieren, muss es **über angemessene Vorkehrungen verfügen,** um die sich in Satz 1 genannten Informationen vom konzipierenden Wertpapierdienstleistungsunternehmen oder vom Emittenten zu verschaffen und die Merkmale sowie den Zielmarkt des Finanzinstruments zu verstehen (§ 80 Abs. 11 Satz 2 WpHG).

3.5.12.7 Wertpapierdienstleistungsunternehmen muss Anforderungen nach dem WpHG einhalten

Ein Wertpapierdienstleistungsunternehmen, das Finanzinstrumente anzubieten oder zu empfehlen beabsichtigt und das von einem anderen Wertpapierdienstleistungsunternehmen konzipierte Finanzinstrumente vertreibt, hat **geeignete Verfahren** aufrechtzuerhalten und **Maßnahmen zu treffen,** um sicherzustellen, dass die Anforderungen nach diesem Gesetz eingehalten werden (§ 80 Abs. 12 Satz 1 WpHG).

Welche Anforderungen sind gemeint?
Dies umfasst auch solche Anforderungen, die für die Offenlegung, für die Bewertung der Eignung und der Angemessenheit, für Anreize und für den ordnungsgemäßen Umgang mit Interessenkonflikten gelten (§ 80 Abs. 12 Satz 2 WpHG).

Besondere Sorgfalt bei neuen Finanzprodukten
Das Wertpapierdienstleistungsunternehmen ist zu **besonderer Sorgfalt** verpflichtet, wenn es als **Vertriebsunternehmen** ein neues Finanzprodukt anzubieten oder zu empfehlen beabsichtigt oder wenn sich die Dienstleistungen ändern, die es als Vertriebsunternehmen anzubieten oder zu empfehlen beabsichtigt (§ 80 Abs. 12 Satz 3 WpHG).

3.5.12.8 Produktfreigabeverfahren regelmäßig überprüfen

Das Wertpapierdienstleistungsunternehmen hat seine Produktfreigabevorkehrungen regelmäßig zu überprüfen, um sicherzustellen, dass diese belastbar und zweckmäßig sind und zur Umsetzung erforderlicher Änderungen geeignete Maßnahmen zu treffen (§ 80 Abs. 13 Satz 1 WpHG).

3.5.12.9 Auswirkungen des Produktfreigabeverfahrens für Mitarbeiter in der Anlageberatung

Seit dem 03.01.2018 muss der Mitarbeiter in der Anlageberatung beim Vertrieb von Finanzinstrumenten berücksichtigen, für welchen Zielmarkt das Finanzprodukt konzipiert wurde. Darüber hinaus sind sie verpflichtet, sicherzustellen, dass sie ausreichende Informationen über die zu vertreibenden Produkte vom konzipierenden Unternehmen (zum Beispiel Emittenten) erhalten (vgl. Kurz 2014, S. 1187). Ferner muss der Anlageberater darauf achten, dass er seinem Kunden Finanzinstrumente nur anbietet oder empfiehlt, wenn dies auch im Interesse des Kunden liegt (§ 63 Abs. 5 Satz 2 WpHG). Diese Regeln bestehen losgelöst von den Pflichten zur Prüfung der Geeignetheit und der Angemessenheit eines Finanzinstruments.

3.5.13 Aufzeichnung von Telefongesprächen und elektronischer Kommunikation

3.5.13.1 Aufzeichnung von Kundenaufträgen

Mit der zum 03.01.2018 eingeführten Aufzeichnungspflicht für die Inhalte der Telefongespräche und der elektronischen Kommunikation hat der Gesetzgeber neue Pflichten für Wertpapierdienstleistungsunternehmen geschaffen.

Hinsichtlich der beim Handel für eigene Rechnung getätigten Geschäfte und der Erbringung von Dienstleistungen, die sich auf die Annahme, Übermittlung und Ausübung von Kundenaufträgen beziehen, hat das Wertpapierdienstleistungsunternehmen für **Zwecke der Beweissicherung** die Inhalte der Telefongespräche und der elektronischen Kommunikation aufzuzeichnen (§ 83 Abs. 3 Satz 1 WpHG).

Begründung des Gesetzgebers

Die Aufzeichnungspflicht dient, so der deutsche Gesetzgeber, der Stärkung des Anlegerschutzes, der Verbesserung der Marktüberwachung und der Schaffung von Rechtssicherheit im Interesse von Wertpapierfirmen und ihren Kunden. Insbesondere soll die Aufzeichnung gewährleisten, dass die Bedingungen aller von den Kunden erteilten Aufträge und deren Übereinstimmung mit den von den Wertpapierfirmen ausgeführten Geschäften nachgewiesen werden können (Bundestags-Drucksache 18/10936, S. 245).

Was hat die Aufzeichnung zu beinhalten?

Die Aufzeichnung hat insbesondere diejenigen Teile der Telefongespräche und der elektronischen Kommunikation zu beinhalten, in welchen die Risiken, die Ertragschancen oder die Ausgestaltung von Finanzinstrumenten oder Wertpapierdienstleistungen **erörtert** werden (§ 83 Abs. 3 Satz 2 WpHG). Hierzu darf das Wertpapierdienstleistungsunternehmen **personenbezogene Daten** erheben, verarbeiten und nutzen (§ 83 Abs. 3 Satz 3 WpHG). Dies gilt auch, wenn das Telefongespräch oder die elektronische Kommunikation nicht zum Abschluss eines solchen Geschäftes oder zur Erbringung einer solchen Dienstleistung führt (§ 83 Abs. 1 Satz 4 WpHG).

Order erfolgt ohne Beratung

Soweit der Kunde ausdrücklich **keine Beratung verlangt** und die Order für ein bestimmtes Finanzinstrument in eigener Verantwortung abgibt (beratungsfreies Geschäft), ist **spätestens** bei Erteilung der Order gegenüber dem Kunden die Zusammenfassung des Geschäftsabschlusses zu bestätigen und darauf hinzuweisen, dass die Ordner ohne Beratung erteilt wird. Dieser Teil des Gesprächs ist aufzuzeichnen (Bundestags-Drucksache 18/10936, S. 246).

3.5.13.2 Wertpapierdienstleistungsunternehmen hat angemessene Maßnahmen zu ergreifen

Das Wertpapierdienstleistungsunternehmen hat alle angemessenen Maßnahmen zu ergreifen, um einschlägige Telefongespräche und elektronische Kommunikation **aufzuzeichnen,** die über Geräte erstellt oder von Geräten gesendet oder empfangen werden, die das Wertpapierdienstleistungsunternehmen seinen Mitarbeitern oder beauftragten Personen zur Verfügung stellt oder deren Nutzung das Wertpapierdienstleistungsunternehmen billigt oder gestattet (§ 83 Abs. 4 Satz 1 WpHG).

3.5.13.3 Kunden und Mitarbeiter sind vorab über die Aufzeichnung von Telefongesprächen zu informieren

Das Wertpapierdienstleistungsunternehmen hat **Neu- und Altkunden** sowie seine **Mitarbeiter** und **beauftragten Personen** vorab in geeigneter Weise über die Aufzeichnung von Telefongesprächen nach § 83 Abs. 3 Satz 1 WpHG zu informieren (§ 83 Abs. 5 Satz 1 WpHG).

Hat ein Wertpapierdienstleistungsunternehmen seine Kunden nicht vorab über die **Aufzeichnung der Telefongespräche** oder der elektronischen Kommunikation informiert oder hat der Kunde einer **Aufzeichnung widersprochen,** darf das Wertpapierdienstleistungsunternehmen für den Kunden keine telefonisch oder mittels elektronischer Kommunikation veranlassten Wertpapierdienstleistungen erbringen, wenn sich diese auf die Annahme, Übermittlung und Ausführung von Kundenaufträgen beziehen (§ 83 Abs. 5 Satz 2 WpHG).

Was versteht man unter elektronischer Kommunikation?
Was unter „elektronischer Kommunikation" zu verstehen ist, erläutert die ESMA Q&A List in Kap. 3/Antwort 5, wonach beispielsweise Videokonferenzen, Fax, E-Mail, SMS oder auch Handy Apps in den Anwendungsbereich fallen (vgl. GSK Newsletter 2016, S. 11).

3.5.13.4 Wirksame Grundsätze festlegen

Näheres regelt Artikel 76 der Delegierten Verordnung (EU) 2017/565 (§ 83 Abs. 5 Satz 3 WpHG). In der EU-Verordnung sind nähere Bestimmungen über die Aufzeichnung von Telefongesprächen bzw. elektronischer Kommunikation enthalten.

Die Wertpapierfirmen müssen in schriftlicher Form wirksame **Grundsätze** für Aufzeichnungen über Telefongespräche und elektronische Kommunikation festlegen, umsetzen und aufrechterhalten, diese schriftlich festhalten und dabei der Größe und Organisation der jeweiligen Firma sowie der Art, des Umfangs und der Komplexität ihrer Geschäfte angemessen Rechnung zu tragen (Artikel 76 Abs. 1 Satz 1 Delegierte Verordnung [EU] 2017/565).

Welche Informationen müssen aufgezeichnet werden?
Die Wertpapierfirmen zeichnen auf einem dauerhaften Datenträger alle relevanten Informationen in Bezug auf **maßgebliche persönliche Kundengespräche** auf. Die aufgezeichneten Informationen müssen mindestens folgendes umfassen:

a) Datum und Uhrzeit der Besprechungen;
b) Ort der Besprechungen;
c) persönliche Angaben der Anwesenden;
d) Initiator der Besprechungen und
e) wichtige Informationen über den Kundenauftrag, wie unter anderem Preis, Umfang, Auftragsart und Zeitpunkt der vorzunehmenden Weiterleitung bzw. Ausführung (Artikel 76 Abs. 9 Delegierte Verordnung [EU] 2017/565).

3.5.13.5 Kunde erteilt Auftrag im Rahmen eines persönlichen Gesprächs

Erteilt der Kunde dem Wertpapierdienstleistungsunternehmen seinen Auftrag im Rahmen eines **persönlichen Gesprächs,** hat das Wertpapierdienstleistungsunternehmen die Erteilung des Auftrags mittels eines dauerhaften Datenträgers zu dokumentieren (§ 83 Abs. 6 Satz 1 WpHG). Zu diesem Zweck dürfen auch schriftliche Protokolle oder Vermerke über den Inhalt des persönlichen Gesprächs angefertigt werden (§ 83 Abs. 6 Satz 2 WpHG).

Was ist ein dauerhafter Datenträger?

Ein dauerhafter Datenträger ist jedes Medium, das

1. es dem Kunden gestattet, an ihn persönlich gerichtete Informationen derart zu speichern, dass er sie in der Folge für eine Dauer, die für die Zwecke der Informationen angemessen ist, einsehen kann und
2. die unveränderte Wiedergabe der gespeicherten Informationen ermöglicht (§ 2 Abs. 43 Satz 1 WpHG).

Nähere Bestimmungen enthält Artikel 3 der Delegierten Verordnung (EU) 2017/565 (§ 2 Abs. 43 Satz 2 WpHG). Der Artikel schreibt nähere Bedingungen für die Bereitstellung von Informationen beispielsweise auf einem dauerhaften Datenträger oder über eine Website vor.

3.5.13.6 Kunde kann Aufzeichnungen verlangen

Der Kunde kann von dem Wertpapierdienstleistungsunternehmen **bis** zur **Löschung oder Vernichtung** jederzeit verlangen, dass ihm die Aufzeichnungen nach § 83 Abs. 3 Satz 1 WpHG und der Dokumentation nach § 83 Abs. 6 Satz 1 WpHG oder eine Kopie zur Verfügung gestellt werden (§ 83 Abs. 7 WpHG).

3.5.13.7 Dauer der Aufzeichnung

Die Aufzeichnungen sind für **fünf Jahre** aufzubewahren, soweit sie für die dort genannten Zwecke erforderlich sind. Sie sind nach Ablauf der zuvor genannten Frist zu löschen oder zu vernichten. Die Löschung oder Vernichtung ist zu dokumentieren. Auf Verlangen kann die BaFin die genannte Höchstfrist zur Speicherung der Aufzeichnung um zwei Jahre verlängern (§ 83 Abs. 8 WpHG).

3.5.14 Geschäftsleiter eines Wertpapierdienstleistungsunternehmens

Die Geschäftsleiter eines Wertpapierdienstleistungsunternehmens haben im Rahmen der Pflichten aus § 25c Abs. 3 des Kreditwesengesetzes ihr Aufgaben in einer Art und Weise wahrzunehmen, die die Integrität des Marktes wahrt und durch die die **Interessen der Kunden** gefördert werden (§ 81 Abs. 1 Satz 1 WpHG).

Geschäftsleiter müssen Produktfreigabeprozess wirksam überwachen
Die Geschäftsleiter haben den Produktfreigabeprozess wirksam zu überwachen. Sie haben sicherzustellen, dass die Compliance-Berichte an die Geschäftsleiter systematisch Informationen über die von dem Wertpapierdienstleistungsunternehmen konzipierten und empfohlenen Finanzinstrumente enthalten, insbesondere über die jeweilige **Vertriebsstrategie.** Auf Verlangen sind die Compliance-Berichte der Bundesanstalt zur Verfügung zu stellen (§ 81 Abs. 4 WpHG).

3.6   Dokumentationspflichten in der Anlageberatung: Europäische Geeignetheitserklärung und die praktischen Besonderheiten

3.6.1 Ersetzung des deutschen Beratungsprotokolls durch die europäische Geeignetheitserklärung

Am 03.01.2018 wurde im Rahmen der Anlageberatung das **deutsche Beratungsprotokoll** durch die **europäische Geeignetheitserklärung** ersetzt, das nach Auffassung des deutschen Gesetzgebers aufgrund der europaweit harmonisierten Aufzeichnungs- und Protokollpflichten nicht mehr erforderlich ist und entfallen kann. Wertpapierdienstleistungsunternehmen sind dafür verantwortlich, die **Geeignetheitsprüfung** durchzuführen und die **schriftliche Erklärung zur Geeignetheit** zur Verfügung zu stellen (Bundestags-Drucksache 18/10936, S. 236) (Tab. 3.2).

Tab. 3.2 Geeignetheitserklärung in der Praxis

Anlageberatung für Privatkunden	
Anlageberatung unter Anwesenden	Anlageberatung unter Abwesenden
Präsenzgeschäft	Telefonische Anlageberatung

3.6.2 Praktische Bedeutung der europäischen Geeignetheitserklärung

3.6.2.1 Geeignetheitserklärung nach § 64 Abs. 4 WpHG

Ein Wertpapierdienstleistungsunternehmen, das Anlageberatung erbringt, muss dem **Privatkunden** auf einem dauerhaften Datenträger **vor Vertragsschluss** eine Erklärung über die **Geeignetheit der Erklärung** (Geeignetheitserklärung) zur Verfügung stellen (§ 64 Abs. 4 Satz 1 WpHG).

Begründung des Gesetzgebers
Die Pflicht zur Zurverfügungstellung der Geeignetheitserklärung besteht entsprechend der Vorgabe des Art. 26 Absatz 6 UA 2 der MiFID II nur gegenüber **Privatanlegern** (Bundestags-Drucksache 18/10936, S. 236). Mit der Formulierung „vor Vertragsschluss" wird unter Rückgriff auf bestehende nationale Rechtsbegriffe sichergestellt, dass die Geeignetheitserklärung dem Kunden zur Verfügung gestellt wird, bevor er sich vertraglich bindet (Bundestags-Drucksache 18/11290, S. 25). Die rechtlichen Grundlagen für die Anfertigung der Geeignetheitserklärung ergeben sich sowohl aus dem WpHG als auch aus der Delegierten Verordnung (EU) 2017/565 (vgl. Abb. 3.5).

3.6.2.2 Inhaltliche Anforderungen an die Geeignetheitserklärung

Die Geeignetheitserklärung muss die erbrachte Beratung nennen sowie erläutern, wie sie auf die Präferenzen, die Anlageziele und die sonstigen Merkmale des Kunden abgestimmt wurde (§ 64 Abs. 4 Satz 2 WpHG). Näheres regelt Artikel 54 Absatz 12 der Delegierten Verordnung (EU) 2017/565 (§ 64 Abs. 4 Satz 3 WpHG).

Artikel 54 Absatz 12 der Delegierte Verordnung (EU) 2017/565
Bei der Erbringung einer Anlageberatung lassen die Wertpapierfirmen (nach deutschem Recht: Wertpapierdienstleistungsunternehmen) dem Kleinanleger (nach deutschem Recht: Privatkunde) eine Erklärung mit einem Überblick über die

Geeignetheitserklärung für Privatkunden	
§ 64 Abs. 4 WpHG	Näheres regelt Art. 54 Abs. 12 der Delegierten Verordnung (EU) 2017/565

Abb. 3.5 Rechtsgrundlagen zur Geeignetheitserklärung. (Quelle: eigene Darstellung)

erteilte Beratung und Angaben dahin gehend zukommen, inwiefern die abgegebene Empfehlung für den betreffenden Kleinanleger geeignet ist, was auch Informationen darüber mit einschließt, inwieweit sie auf die Ziele und persönlichen Umstände des Kunden hinsichtlich

- der erforderlichen Anlagedauer,
- der Kenntnisse und Erfahrungen des Kunden sowie
- seiner Risikobereitschaft und
- Verlusttragfähigkeit

abgestimmt wurde (Artikel 54 Abs. 12 Satz 1 Delegierte Verordnung [EU] 2017/565).

Die Wertpapierfirmen **müssen** die Kunden darauf aufmerksam machen und in der Geeignetheitserklärung angeben, ob es die empfohlenen Dienstleistungen bzw. Finanzinstrumente wahrscheinlich erforderlich machen, dass der Kleinanleger deren Ausgestaltung regelmäßig überprüfen lässt (Artikel 54 Abs. 12 Satz 2 Delegierte Verordnung [EU] 2017/565).

Rechtsgrundlagen für die inhaltlichen Anforderungen an die Geeignetheitserklärung
Die inhaltlichen Anforderungen an die Geeignetheitserklärung ergeben sich aus den europäischen Vorgaben (vgl. Artikel 25 Absatz 6 UA 2 MiFID II sowie Artikel 54 Absatz 12 der Delegierten Verordnung [EU] 2017/565 vom 25.04.2016). Weitere Konkretisierungen werden durch die EU-Finanzmarktaufsichtsbehörde (ESMA) in Q&As vorgenommen (Bundestags-Drucksache 11337, S. 5).

3.6.3 Besonderheiten der telefonischen Anlageberatung

Wird die Vereinbarung über den Kauf oder Verkauf eines Finanzinstruments **mittels eines Fernkommunikationsmittels** geschlossen, das die vorherige Übermittlung der Geeignetheitserklärung nicht erlaubt, darf das Wertpapierdienstleistungsunternehmen die Geeignetheitserklärung **ausnahmsweise** unmittelbar nach dem Vertragsschluss zur Verfügung stellen, wenn

- der Kunde **zugestimmt** hat, dass ihm die Geeignetheitserklärung unverzüglich nach Vertragsschluss zur Verfügung gestellt wird und
- das Wertpapierdienstleistungsunternehmen dem Kunden **angeboten** hat, die Ausführung des Geschäfts zu verschieben, damit der Kunde die Möglichkeit hat, die Geeignetheitserklärung zuvor zu erhalten (§ 64 Abs. 4 Satz 4 WpHG).

Begründung des Gesetzgebers

Erfolgt ein Vertragsschluss im Falle der Anlageberatung im Wege von Fernkom-
munikationsmitteln und erlaubt das Kommunikationsmittel keine Übermittlung,
so ist unter den in § 64 Abs. 4 Satz 4 WpHG genannten Voraussetzungen ausnahmsweise auch eine Übermittlung der Geeignetheitserklärung unmittelbar nach
dem Vertragsschluss zulässig (Bundestags-Drucksache 18/10936, S. 236).

3.6.4 Wertpapierdienstleistungsunternehmen ist für die europäische Geeignetheitserklärung verantwortlich

Das Wertpapierdienstleistungsunternehmen ist dafür verantwortlich, die Geeignetheitsprüfung durchzuführen und die **schriftliche Geeignetheitserklärung** zur
Verfügung zu stellen. Darüber hinaus sollte es Schutzmechanismen geben um
sicherzustellen, dass dem Kunden keine Verluste daraus entstehen, dass in der
Erklärung die persönliche Empfehlung unzutreffend oder unfair dargestellt wird.
Außerdem ist die Frage zu beantworten, wie sich die abgegebene Empfehlung für
den Kunden eignet (Bundestags-Drucksache 18/10936, S. 236).

3.6.5 Bewertung der Dokumentationspflichten in der Anlageberatung

Die Vorschriften zur neuen (europäischen) Geeignetheitserklärung stellen für
Deutschland keine grundlegenden Neuerungen dar. Vielmehr handelt es sich um
sinnvolle Ergänzungen der Dokumentationspflichten im Rahmen der Anlageberatung. Die Mitarbeiter in der Anlageberatung müssen sich jedoch auf einige
Besonderheiten einstellen.

Besonderheiten der europäischen Geeignetheitserklärung

Das Beratungsprotokoll sollte den **Gesprächshergang** der Anlageberatung wie-
dergeben. Die europäische Geeignetheitserklärung dient weniger der Wiedergabe des Gesprächshergangs der Anlageberatung als vielmehr der **Darlegung
der Gründe für die Anlageempfehlung** (Bundestags-Drucksache 18/11337,
S. 5). Darüber hinaus besitzt der Privatkunde im Rahmen des neuen Rechts keinen **zivilrechtlichen Herausgabeanspruch** mehr. Nach § 34 Abs. 2b WpHG a.
F. konnte der Kunde von dem Wertpapierdienstleistungsunternehmen die Her-
ausgabe der Ausfertigung des Protokolls verlangen. Auch das Rücktrittsrecht von

einer Woche nach dem Zugang des Protokolls bei einer telefonischen Anlageberatung (§ 34 Abs. 2a Satz 4 WpHG a. F.) ist nicht Gegenstand der europäischen
Geeignetheitserklärung.

3.7 Sachkunde für Mitarbeiter in der Anlageberatung im Fokus des europäischen und deutschen Gesetzgebers sowie der Aufsichtspraxis

3.7.1 Beurteilung der Kenntnisse und Kompetenzen nach der MiFID II

Die Mitgliedstaaten verlangen von Wertpapierfirmen, dafür zu sorgen und der
zuständigen Behörde auf Anfrage nachzuweisen, dass natürliche Personen, die
gegenüber Kunden im Namen der Wertpapierfirma eine **Anlageberatung erbringen** oder Kunden **Informationen** über Anlageprodukte, Wertpapierdienstleistungen oder Nebendienstleistungen **erteilen,** über die Kenntnisse und Kompetenzen
verfügen, die für die Erfüllung der Verpflichtungen nach Artikel 24 und Artikel 25
notwendig sind (Artikel 25 Abs. 1 Satz 1 MiFID II).

Die Mitgliedstaaten veröffentlichen die Kriterien, die für die Beurteilung der
Kenntnisse und Kompetenzen angelegt werden (Artikel 25 Abs. 1 Satz 2 MiFID II).

3.7.2 ESMA-Leitlinien für die Beurteilung von Kenntnissen und Kompetenzen

Am 22.03.2016 veröffentlichte die ESMA in Paris ihre „Leitlinien für die Beur-
teilung von Kenntnissen und Kompetenzen" in deutscher Sprache. Zweck dieser
Leitlinien ist die Angabe der Kriterien für die Beurteilung der nach Artikel 25
Absatz 1 der MiFID II erforderlichen Kenntnisse und Kompetenzen (ESMA-Leit-
linien für die Beurteilung von Kenntnissen und Kompetenzen, S. 5 Rz. 5)
(Tab. 3.3).

Tab. 3.3 Mitarbeiter in Deutschland

Gesetzlich vorgeschriebene Sachkunde am Finanzplatz Deutschland	
Anlageberater	Finanzportfolioverwalter
Vertriebsmitarbeiter	Vertriebsbeauftragter

3.7.3 Einsatz von Mitarbeitern am Finanzplatz Deutschland

3.7.3.1 Allgemeine Hinweise

Seit dem 03.01.2018 ist die gesetzliche Sachkunde für Mitarbeiter in der Anlageberatung erhöht worden. Darüber hinaus müssen diese Mitarbeiter im Rahmen ihrer Tätigkeit zuverlässig sein. Zusätzlich müssen Vertriebsmitarbeiter, Mitarbeiter in der Finanzportfolioverwaltung und Vertriebsbeauftragte die gesetzlich vorgeschriebene Sachkunde und Zuverlässigkeit erfüllen. Die detaillierten Anforderungen an die Sachkunde und Zuverlässigkeit sind in der WpHG-Mitarbeiteranzeigeverordnung (WpHGMaAnzV) geregelt.

3.7.3.2 Einsatz von Mitarbeitern in der Anlageberatung

Ein Wertpapierdienstleistungsunternehmen darf einen Mitarbeiter nur dann mit der **Anlageberatung** betrauen, wenn dieser sachkundig ist und über die für die Tätigkeit erforderliche Zuverlässigkeit verfügt (§ 87 Abs. 1 Satz 1 WpHG).

Das Wertpapierdienstleistungsunternehmen **muss** der Bundesanstalt

1. den Mitarbeiter und,
2. sofern das Wertpapierdienstleistungsunternehmen über Vertriebsbeauftragte im Sinne des Absatzes 4 verfügt, den aufgrund der Organisation des Wertpapierdienstleistungsunternehmens für den Mitarbeiter unmittelbar zuständigen Vertriebsbeauftragten **anzeigen,** bevor der Mitarbeiter die Tätigkeit nach Satz 1 aufnimmt (§ 87 Abs. 1 Satz 2 WpHG).

Ändern sich die von dem Wertpapierdienstleistungsunternehmen nach Satz 2 angezeigten Verhältnisse, sind die neuen Verhältnisse unverzüglich der Bundesanstalt anzuzeigen (§ 87 Abs. 1 Satz 3 WpHG).

Ferner sind der Bundesanstalt, wenn aufgrund der Tätigkeit des Mitarbeiters eine oder mehrere Beschwerden im Sinne des Artikels 26 der Delegierten Verordnung (EU) 2017/565 durch Privatkunden gegenüber dem Wertpapierdienstleistungsunternehmen erhoben werden,

1. jede Beschwerde,
2. der Name des Mitarbeiters, aufgrund dessen Tätigkeit die Beschwerde erhoben wird, sowie,
3. sofern das Wertpapierdienstleistungsunternehmen mehrere Zweigstellen, Zweigniederlassungen oder sonstige Organisationseinheiten hat, die Zweigstelle,

Zweigniederlassung oder Organisationseinheit, welcher der Mitarbeiter zugeordnet ist oder für welche er überwiegend oder in der Regel die nach Satz 1
anzuzeigende Tätigkeit ausübt, **anzuzeigen** (§ 87 Abs. 1 Satz 4 WpHG).

3.7.3.3 Vertriebsmitarbeiter

Ein Wertpapierdienstleistungsunternehmen darf einen Mitarbeiter nur dann
damit betrauen, Kunden über Finanzinstrumente, strukturierte Einlagen, Wertpapierdienstleistungen oder Wertpapiernebendienstleistungen zu informieren
(Vertriebsmitarbeiter), wenn dieser sachkundig ist und über die für die Tätigkeit
erforderliche Zuverlässigkeit verfügt (§ 87 Abs. 2 WpHG).

3.7.3.4 Mitarbeiter in der Finanzportfolioverwaltung

Ein Wertpapierdienstleistungsunternehmen darf einen Mitarbeiter nur dann mit
der Finanzportfolioverwaltung betrauen, wenn dieser sachkundig ist und über die
für die Tätigkeit erforderliche Zuverlässigkeit verfügt (§ 87 Abs. 3 WpHG).

3.7.3.5 Vertriebsbeauftragter

Ein Wertpapierdienstleistungsunternehmen darf einen Mitarbeiter mit der Ausgestaltung, Umsetzung oder Überwachung von Vertriebsvorgaben im Sinne des § 80
Absatz 1 Satz 2 Nummer 3 WpHG nur dann betrauen (Vertriebsbeauftragter),
wenn dieser sachkundig ist und über die für die Tätigkeit erforderliche Zuverlässigkeit verfügt. Das Wertpapierdienstleistungsunternehmen muss der Bundesanstalt den Mitarbeiter anzeigen, bevor dieser die Tätigkeit nach Satz 1 aufnimmt.
Ändern sich die von dem Wertpapierdienstleistungsunternehmen nach Satz 2
angezeigten Verhältnisse, sind die neuen Verhältnisse unverzüglich der Bundesanstalt anzuzeigen (§ 87 Abs. 4 WpHG).

3.7.4 Sachkunde des Mitarbeiters in der Anlageberatung im Einzelnen

3.7.4.1 Sachkunde ist kontinuierlich aufrechtzuerhalten

Mitarbeiter in der Anlageberatung im Sinne des § 87 Abs. 1 WpHG **müssen** die für
die Erbringung der Anlageberatung erforderliche Sachkunde haben. Sie ist **kontinuierlich zu wahren** und **regelmäßig auf den neuesten Stand** zu bringen. Das
Wertpapierdienstleistungsunternehmen überprüft die Sachkunde jedes Mitarbeiters
mindestens einmal jährlich unter Berücksichtigung von Veränderungen der gesetzlichen Anforderungen und seines Angebots an Wertpapierdienstleistungen, Wertpapiernebendienstleistungen und Finanzinstrumenten (§ 1 Abs. 1 WpHGMaAnzV).

▶ Wertvolle Beratung ist nur dann möglich, wenn der Anlageberater
    dazu auch die nötige Expertise hat.

3.7.4.2 Sachkunde umfasst Kenntnisse in Sachgebieten und ihre praktische Anwendung

Die Sachkunde umfasst insbesondere Kenntnisse in folgenden Sachgebieten und
ihre **praktische Anwendung:**

1. Kundenberatung:
   a) Bedarfsermittlung,
   b) Lösungsmöglichkeiten,
   c) Produktdarstellung und -information und
   d) Serviceerwartungen des Kunden, Besuchsvorbereitung, Kundenkontakte,
      Kundengespräch, Kundenbetreuung;
2. rechtliche Grundlagen:
   a) Vertragsrecht,
   b) Vorschriften des Wertpapierhandelsgesetzes und des Kapitalanlagegesetz-
      buchs, die bei der Anlageberatung oder der Anbahnung einer Anlagebera-
      tung zu beachten sind, und
   c) Verwaltungsvorschriften, die von der Bundesanstalt für Finanzdienstleis-
      tungsaufsicht (Bundesanstalt) zur Konkretisierung von 64 Abs. 3 WpHG
      (gemeint sind die Bestimmungen zur Einholung der Kundenangaben) und
      § 64 Abs. 4 WpHG (gemeint sind die Vorschriften zur Geeignetheitserklä-
      rung) erlassen worden sind;
3. fachliche Grundlagen:
   a) Funktionsweise des Finanzmarktes einschließlich der Auswirkungen des
      Finanzmarktes auf den Wert und die Preisbildung von Finanzinstrumenten
      sowie des Einflusses von wirtschaftlichen Kennzahlen oder von regionalen,
      nationalen oder globalen Ereignissen auf die Märkte und auf den Wert von
      Finanzinstrumenten,
   b) Merkmale, Risiken und Funktionsweise der Finanzinstrumente einschließ-
      lich allgemeiner steuerlicher Auswirkungen für Kunden im Zusammenhang
      mit den Geschäften, der Bewertung von für die Finanzinstrumente relevan-
      ten Daten sowie der spezifischen Marktstrukturen, Handelsplätze und der
      Existenz von Sekundärmärkten,
   c) Wertentwicklung von Finanzinstrumenten einschließlich der Unterschiede
      zwischen vergangenen und zukünftigen Wertentwicklungsszenarien und die
      Grenzen vorausschauender Prognosen,
   d) Grundzüge der Bewertungsgrundsätze für Finanzinstrumente,

e) Kosten und Gebühren, die für den Kunden im Zusammenhang mit den Finanzinstrumenten insgesamt anfallen und die in Bezug auf die Anlageberatung und andere damit zusammenhängende Dienstleistungen entstehen,

f) Grundzüge des Portfoliomanagements einschließlich der Auswirkungen der Diversifikation bezogen auf individuelle Anlagealternativen und

g) Aspekte des Marktmissbrauchs und der Bekämpfung der Geldwäsche (§ 1 Abs. 2 WpHGMaAnzV).

3.7.4.3 Hinweise zu ausgewählten Qualitätsanforderungen der fachlichen Sachkunde

Zu den **fachlichen Qualitätsanforderungen** gehören auch die Wertentwicklung von Finanzinstrumenten einschließlich der Unterschiede zwischen vergangenen und zukünftigen Wertentwicklungsszenarien und die **Grenzen vorausschauender Prognosen** (§ 1 Abs. 2 Nr. 3 Buchstabe c WpHGMaAnzV).

Was sind Prognosen?
Bei Prognosen handelt es sich um **zukunftsbezogene Informationen** (BGH-Urteil vom 23.04.2012 – II ZR 75/10, in: Zeitschrift für Wirtschaftsrecht, 33. Jg., 2012, S. 1342–1347, hier S. 1344). Grundsätzlich übernimmt der Anlageberater keine Gewähr dafür, dass die von ihm prognostizierte Entwicklung auch tatsächlich eintritt. Das Prognosen immer mit dem Risiko einer abweichenden negativen Entwicklung behaftet sind, gehört zum Allgemeinwissen des Anlegers und bedarf keiner besonderen Erwähnung durch den Anlageberater (vgl. Nobbe 2013, S. 195).

Risiko einer Anlageentscheidung
Die Bewertung und Empfehlung eins Anlageobjekts durch ein Kreditinstitut muss ex ante betrachtet vertretbar sein. Das **Risiko,** das sich eine aufgrund anleger- und anlagegerechte Beratung getroffene Anlageentscheidung im Nachhinein als falsch erweist, trägt der Kunde (BGH-Urteil vom 21.03.2006 – XI ZR 63/05, in: Der Betrieb, 59. Jg., 2006, S. 1052–1053, hier S. 1052).

Aspekte des Marktmissbrauchs und der Bekämpfung der Geldwäsche
Bei der Ausübung seiner Tätigkeit hat der Mitarbeiter in der Anlageberatung auch die **Aspekte des Marktmissbrauchs** zu beachten. Das **Marktmissbrauchsrecht** findet sich seit dem 03.07.2016 fast ausschließlich in der unmittelbar geltenden Marktmissbrauchsverordnung (MAR). Die zentralen Marktmissbrauchsverbote sind in Art. 14 MAR (Insiderverbot) und Art. 15 MAR (Marktmanipulationsverbot) enthalten

(vgl. Szesny 2016, S. 1420). Lediglich flankierende Bestimmungen sind im WpHG geregelt. Nach § 1 Abs. 1 Nr. 3 WpHG enthält das für die Anlageberatung wichtige Kapitalmarktgesetz auch Regelungen in Bezug auf das **marktmissbräuchliche Verhalten** im börslichen und außerbörslichen Handel mit **Finanzinstrumenten.**

Aspekte der Bekämpfung der Geldwäsche
Die Beachtung des Geldwäschegesetzes (GwG) spielt angesichts der geschätzten 15.000 bis 28.000 jährlichen Verdachtsfälle in der Nichtfinanzindustrie im Rahmen der Anlageberatung eine große Rolle (vgl. Henke und von Busekist 2017, S. 1567). Von daher sind für die Mitarbeiter in der Anlageberatung Kenntnisse in diesem Themenbereich von elementarer Bedeutung, zumal bei Nichtbeachtung der GwG-Vorschriften nicht unerhebliche Sanktionen durch den Gesetzgeber drohen.

Am 24.06.2017 ist das „**Gesetz zur Umsetzung der Vierten EU-Geldwäscherichtlinie zur Ausführung der EU-Geldtransferverordnung und zur Neuorganisation der Zentralstelle für Finanztransaktionsuntersuchungen**" (Bundesgesetzblatt Teil I, S. 1822 ff.) veröffentlicht worden und am 26.06.2017 in Kraft getreten. Im Zuge der Umsetzung der Vierten Geldwäscherichtlinie in das nationale Recht wurde das GwG umfassend geändert. Aus 17 Paragrafen wurden 59.

Sorgfaltspflichten in Bezug auf den Kunden
Für den Anlageberater spielen die kundenbezogenen Sorgfaltspflichten bei der Eröffnung einer Kundenbeziehung eine große Rolle. Nach dem Gesetz sind allgemeine (§ 10 GwG), verringerte (§ 14 GwG) oder verstärkte Sorgfaltspflichten (§ 15 GwG) zu erfüllen. Die verstärkten Sorgfaltspflichten in Bezug auf Geldwäsche oder Terrorismusfinanzierung sind immer dann anzuwenden, wenn beispielsweise der Kunde eine politisch exponierte Person ist (vgl. Henke und von Busekist 2017, S. 1567).

3.7.4.4 Kenntnis der internen Anweisungen

Die Sachkunde umfasst darüber hinaus die **Kenntnis der internen Anweisungen** des Wertpapierdienstleistungsunternehmens, die der Einhaltung der in Absatz 2 Nummer 2 Buchstabe b (Vorschriften des WpHG und des KAGB) und c (Verwaltungsvorschriften der BaFin zur Einholung der Kundenangaben und zur Geeignetheitserklärung) genannten Vorschriften dienen (§ 1 Abs. 3 WpHGMaAnzV).

3.7.4.5 Kenntnisse zu Arten von Finanzinstrumenten

Die nach Absatz 2 Nummer 3 erforderlichen Kenntnisse müssen sich auf die Arten von Finanzinstrumenten beziehen, die das Wertpapierdienstleistungsunternehmen anbietet oder die Gegenstand der Anlageberatung durch den Mitarbeiter sein können (§ 1 Abs. 4 WpHGMaAnzV).

3.7.4.6 Nachweis der praktischen Anwendung

Die nach Absatz 2 erforderliche **praktische Anwendung** bedeutet, dass der Mitarbeiter **durch seine vorherige Tätigkeit erfolgreich nachgewiesen hat,** dass er in der Lage ist, die Anlageberatung zu erbringen. Der Mitarbeiter muss diese vorherige Tätigkeit **mindestens über einen Zeitraum von sechs Monaten,** gerechnet auf der Basis von Vollzeitäquivalenten, ausgeübt haben.

Tätigkeit unter Aufsicht

Die vorherige Tätigkeit kann auch in der **Tätigkeit in der Anlageberatung unter der Aufsicht eines anderen Mitarbeiters bestehen,** wenn Intensität und Reichweite der Aufsicht im angemessenen Verhältnis zu den Kenntnissen und praktischen Anwendungen des beaufsichtigten Mitarbeiters stehen und der beaufsichtigte Mitarbeiter

1. mit der Anlageberatung betraut ist,
2. die dafür und für seine Aufsicht notwendige Sachkunde hat,
3. die notwendigen Mittel für eine Aufsicht zur Verfügung hat und
4. die Anlageberatung gegenüber dem Kunden verantwortlich erbringt.

Die Tätigkeit unter Aufsicht nach Satz 3 darf nicht länger als über einen Zeitraum von vier Jahren ausgeübt werden (§ 1 Abs. 5 WpHGMaAnzV).

Begründung des Gesetzgebers

Ein Mitarbeiter, der nicht über die angemessene Qualifikation oder die angemessene Erfahrung verfügt, darf nicht länger als über einen Zeitraum von vier Jahren unter Aufsicht arbeiten (WpHG-Mitarbeiteranzeigeverordnung in der Fassung des Diskussionsentwurfs der Bundesanstalt für Finanzdienstleistungsaufsicht vom 29.05.2017, S. 14).

3.7.4.7 Nachweis der Sachkunde

Die nach Absatz 1 bis 5 erforderliche Sachkunde **muss** durch Abschluss- oder Arbeitszeugnisse gegebenenfalls in Verbindung mit Stellenbeschreibungen durch Schulungs- und Weiterbildungsnachweise oder in anderer geeigneter Weise nachgewiesen sein (§ 1 Abs. 6 WpHGMaAnzV).

▶ Nach § 34d Abs. 9 Satz 2 Gewerbeordnung (GewO) müssen sich **Ver**
   sicherungsvermittler und **Versicherungsberater** sowie die unmittelbar bei der Vermittlung oder Beratung mitwirkenden Beschäftigten
   in einem Umfang von **15 h** (gemeint sind Zeitstunden) je Kalenderjahr
   weiterbilden. Eine darüber hinausgehende Weiterbildung ist dadurch
   selbstverständlich   nicht   ausgeschlossen   (Bundestags-Drucksache
   18/11627, S. 36).

3.7.4.8 Mitarbeiter beraten zu strukturierten Einlagen

Die Absätze 1 bis 6 gelten für die Sachkunde von Mitarbeitern von Wertpapierdienstleistungsunternehmen entsprechend, wenn diese Mitarbeiter strukturierte
Einlagen an Kunden verkaufen oder Kunden über solche beraten (§ 1 Abs. 7
WpHGMaAnzV).

Begründung des Gesetzgebers

Der neue § 1 Abs. 7 WpHGMaAnzV ordnet die entsprechende Anwendung der
Anforderungen an die Sachkunde für Anlageberater auf diejenigen Mitarbeiter
an, die **strukturierte Einlagen** im Sinne des § 2 Abs. 19 WpHG verkaufen oder
dazu Beratungen durchführen (WpHG-Mitarbeiteranzeigeverordnung in der Fassung des Diskussionsentwurfs der Bundesanstalt für Finanzdienstleistungsaufsicht vom 29.05.2017, S. 14).

Ständige Fortbildung ist ein Muss für jeden Anlageberater

Es entspricht der Erwartung des Anlegers, der eine Anlageberatung nachfragt,
dass der Berater seine spezifischen Kenntnisse und Kompetenzen auf dem neuesten Stand hält. Nur durch ständige fortlaufende Weiterbildungen ist gewährleistet,
dass Änderungen der Gesetzeslage und Rechtsprechung sowie neuere Literatur
Einzug in eine qualifizierte Anlageberatung finden.

3.7.5 Zuverlässigkeit des Mitarbeiters in der Anlageberatung

Die erforderliche Zuverlässigkeit hat der Mitarbeiter in der Anlageberatung nicht,
wenn er in den letzten fünf Jahren vor Beginn der Tätigkeit wegen eines Verbrechens oder wegen Diebstahls, Unterschlagung, Erpressung, Betruges, Untreue,
Geldwäsche, Urkundenfälschung, Hehlerei, Wuchers, einer Insolvenzstraftat,
einer Steuerhinterziehung oder aufgrund des § 119 des Wertpapierhandelsgesetzes oder des § 38 des Wertpapierhandelsgesetzes in der bis zum 02.01.2018 geltenden Fassung **rechtskräftig verurteilt** worden ist (§ 6 WpHGMaAnzV).

▶   Insbesondere zur Vermeidung von Geldwäsche ist ein Kreditinstitut
bereits bei der Begründung des Arbeitsverhältnisses gehalten, die
Zuverlässigkeit des Anlageberaters eingehend zu überprüfen. In der
Praxis wird die Prüfung der Zuverlässigkeit in der Regel durch die Vor-
lage eines polizeilichen Führungszeugnisses erfolgen. Ergeben sich
aus dem polizeilichen Führungszeugnis einschlägige Vorstrafen (z. B.
wirtschaftsstrafrechtliche Delikte), so dürfte grundsätzlich von dessen
mangelnder Zuverlässigkeit ausgegangen werden (vgl. Eufinger 2017,
S. 1583).

3.7.6   Übergangsregelung bei der Einführung veränderter Sachkundeanforderungen an Anlageberater

Für Personen, die am 03.01.2018 als Mitarbeiter in der Anlageberatung, als Vertriebsmitarbeiter, als Mitarbeiter in der Finanzportfolioverwaltung oder als Vertriebsbeauftragter eines Wertpapierdienstleistungsunternehmens tätig sind, wird
im Zeitraum **vom 03.01.2018 bis längstens zum 03.07.2018 vermutet**, dass sie
jeweils die notwendige Sachkunde haben. Für Mitarbeiter in der Anlageberatung und Vertriebsbeauftragte gilt Satz 1 nur, wenn für sie vor dem 03.01.2018
Anzeigen eingereicht worden sind, wonach sie zumindest am 03.01.2018 mit der
jeweils angezeigten Tätigkeit betraut sind (§ 12 Abs. 1 WpHGMaAnzV).

Begründung des Gesetzgebers
Die Übergangsregelung trägt dem **Vertrauensschutz** bei der Einführung verän-
derter Sachkundeanforderungen an Anlageberater sowie bei der Einführung neuer
Anforderungen an die Sachkunde von Vertriebsmitarbeitern und Finanzportfoli-
overwaltern Rechnung. Die Dauer der Übergangsregelung ist nach Auffassung
des Gesetzgebers ausreichend. Insbesondere für Anlageberater und Vertriebsmitarbeiter sind die Anforderungen an ihre Sachkunde spätestens mit den Leitlinien
ESMA/2105/1886 seit dem 22.03.2016 konkretisiert und absehbar.
    Im Interesse des Schutzes der Kunden von Wertpapierdienstleistungsunterneh-
men kann die Ausübung der erfassten Tätigkeiten als Teil des Berufsbildes nicht
länger denjenigen Personen erhalten werden, denen die Qualifikation dafür fehlt
(WpHG-Mitarbeiteranzeigeverordnung in der Fassung des Diskussionsentwurfs
der Bundesanstalt für Finanzdienstleistungsaufsicht vom 29.05.2017, S. 16).

3.7.7 Mitarbeiter- und Beschwerderegister

3.7.7.1 Mitarbeiter in der Anlageberatung und Beschwerden sind zu melden

Die Wertpapierdienstleistungsunternehmen müssen nach § 87 WpHG ihre Anlageberater und Vertriebsbeauftragten an das Mitarbeiter- und Beschwerderegister der BaFin melden. Bei Anlageberatern besteht zusätzlich die Besonderheit, dass der Aufsichtsbehörde auch zu melden ist, wenn sich **Privatkunden im Zusammenhang mit deren Tätigkeit in der Anlageberatung beschweren** (vgl. BaFin-Jahresbericht 2016, S. 45).

Welche Beschwerden sind anzuzeigen?

Anzuzeigen sind Beschwerden, die im Rahmen der **Anlageberatung** bei dem Wertpapierdienstleistungsunternehmen eingehen. Die Unmutsäußerung des Privatkunden muss immer einen Bezug zur Anlageberatung aufweisen (vgl. Schäfer 2014, S. 2836 Rz. 37).

Die Unternehmen dürfen Anlageberater und Vertriebsbeauftragte nur bei der Aufsichtsbehörde anzeigen, wenn sie deren Sachkunde für die jeweilige Tätigkeit und die Zuverlässigkeit positiv festgestellt und dokumentiert haben (vgl. Schäfer 2014, S. 45) (Tab. 3.4).

3.7.7.2 Registrierung stärkt den Anlegerschutz

Das Mitarbeiter- und Beschwerderegister wurde im Zuge des Anlegerschutz- und Funktionsverbesserungsgesetzes vom 05.04.2011 in das WpHG aufgenommen, in dem Anlageberater und Vertriebsbeauftragte zu erfassen sind. Nach Auffassung des Gesetzgebers stellt das nicht öffentliche Register einen wichtigen Schritt zur Stärkung des Anlegerschutzes dar (vgl. Bundestags-Drucksache 17/4739, S. 11).

Tab. 3.4 Im Mitarbeiter- und Beschwerderegister eingetragene Anlageberaterinnen und Anlageberater

	Zum 31.12.2015	Zum 31.12.2016
Privatbanken	44.789	42.576
Sparkassen/Landesbanken	58.854	55.545
Genossenschaftsbanken	40.361	38.333
Finanzdienstleistungsinstitute	5036	5754
Summe	149.040	142.208

(Quelle: BaFin-Jahresbericht 2016, S. 45)

Bei gewichtigen Verstößen gegen die anlegerschützende WpHG-Vorschriften kann es zum Schutz der Anleger notwendig sein, dem Wertpapierdienstleistungsunternehmen vorübergehend zu untersagen, den Mitarbeiter in der Anlageberatung oder als Vertriebsbeauftragter einzusetzen (vgl. Bundestags-Drucksache 17/3628, S. 31).

3.7.8 BaFin-Aufsicht vor Ort

3.7.8.1 Aufgaben der BaFin
Die BaFin mit Sitz in Bonn und Frankfurt am Main ist eine Anstalt des öffentlichen Rechts und untersteht der Rechts- und Fachaufsicht des Bundesministeriums der Finanzen (§ 2 FinDAG). Sie ist im öffentlichen Interesse tätig. Ihr Hauptziel ist es, ein funktionsfähiges und stabiles deutsches Finanzsystem zu gewährleisten (vgl. BaFin 2014, S. 1).

Aufgaben der BaFin am Finanzplatz Deutschland:

- Marktaufsicht,
- Verhaltensaufsicht,
- Vertriebsaufsicht,
- Berufsaufsicht,
- Sanktionsaufsicht.

3.7.8.2 Markt- und Vertriebsaufsicht
Die **Marktaufsicht** der BaFin ist darauf angewiesen, verlässliche Informationen über das Geschehen am deutschen Kapitalmarkt zu erhalten. Bei ihrer **Vertriebsaufsicht** rund um die Anlageberatung besuchen Teams der Aufsichtsbehörde verstärkt Wertpapierdienstleistungsunternehmen. Die Gespräche mit den Mitarbeitern in der Anlageberatung vor Ort (sogenannte Vor-Ort-Besuche) sind eine wichtige Erkenntnisquelle in Bezug auf die pflichtgemäße Einhaltung der Verhaltens- und Organisationspflichten von Wertpapierdienstleistungsunternehmen (vgl. Weiterer 2015, S. 28).

3.8 Europäisches Finanzdienstleistungsrecht für Anlageberater

3.8.1 Auf dem Weg zu einem einheitlichen Europäischen Finanzbinnenmarkt

Finanzdienstleistungen innerhalb der Europäischen Union haben großen Einfluss auf das tägliche Leben der Bevölkerung in den 27 europäischen Mitgliedstaaten. Trotz erheblicher Fortschritte seit Ausbruch der globalen Finanzkrise der Jahre 2008/2009 bestehen immer noch deutliche Hindernisse bei der grenzüberschreitenden Erbringung von Finanzdienstleistungen innerhalb der EU. Aus diesem Grund halten die Europäischen Institutionen (wie zum Beispiel die Europäische Kommission) an dem Hauptziel eines gemeinsamen Binnenmarktes für Finanzdienstleistungen fest (vgl. Nickel 2013, S. 119).

3.8.2 Europäisches Finanzdienstleistungsrecht

Entscheidend für die Verwirklichung des Ziels ist die Entwicklung, Umsetzung und Anwendung von europäischen Rechtsvorschriften. Denn erst das europäische Finanzdienstleistungsrecht schafft durch Rechtssetzungsmaßnahmen der EU in Form der Angleichung innerstaatlicher Rechtsvorschriften (zum Beispiel durch Harmonisierung und Koordinierung von Verwaltungsvorschriften) die Voraussetzung zur Schaffung des gemeinsamen europäischen Finanzbinnenmarktes (vgl. Nickel 2013, S. 119).

In den vergangenen Jahren hat die EU mit zahlreichen EU-Richtlinien und Verordnungen (zum Beispiel EU-Richtlinie über strafrechtliche Sanktionen bei Marktmanipulation, EU-Verordnung über Basisinformationsblätter für verpackte Anlageprodukte, MiFID II) erheblichen Einfluss auf das nationale Bank-, Börsen- und Kapitalmarktrecht und damit auf die Anlageberatung genommen (vgl. Nickel 2013, S. 120).

▶   Die hohe Dynamik des europäischen Kapitalmarktrechts wird schon an der Zunahme der Zahl und dies Umfangs der Richtlinien und Verordnungen deutlich. Damit einher geht aber nicht nur eine immer höhere Regelungsintensität, sondern auch eine ständige Ausweitung der Regelungsgegenstände des europäischen Kapitalmarktrechts (vgl. Wilhelmi 2014, S. 701). Vor diesem Hintergrund sind für Mitarbeiter in der Anlageberatung solide Kenntnisse der unmittelbaren europäischen Rechtsnormen zwingend erforderlich, um die zunehmenden regulatorischen Änderungen chancenorientiert im Beratungsgespräch einzusetzen.

Welche Bedeutung haben EU-Richtlinien und EU-Verordnungen?
Eine EU-Richtlinie („directive") ist ein wichtiges Mittel der Rechtsetzung im Unionsrecht. Sie ist für jeden Mitgliedstaat, an den sie gerichtet wird, hinsichtlich des zu erreichenden Ziels verbindlich, überlässt jedoch den innerstaatlichen Stellen die Wahl der Form und der Mittel (Art. 288 AEUV). Die Umsetzung in das nationale Recht erfolgt beispielsweise durch ein Spezialgesetz oder durch Änderungen vorhandener Gesetze (vgl. Kilian 2010, S. 48 Rz. 110).

Demgegenüber hat eine EU-Verordnung allgemeine Geltung. Sie ist in allen ihren Teilen verbindlich und gilt unmittelbar in jedem Mitgliedstaat (Art. 288 AEUV).

3.8.3 Europäische Wertpapier- und Marktaufsichtsbehörde

Seit der globalen Finanzkrise im September 2008/2009 hat die Stabilisierung der europäischen Finanzmärkte für die EU höchste Priorität. Die Arbeit der EU-Kommission in Brüssel konzentriert sich vor allem darauf, bestehende Lücken in der Finanzmarktregulierung zu schließen und die europäische Finanzmarktaufsicht (zum Beispiel die ESMA) zu stärken (vgl. Nickel 2013, S. 123).

Was ist die ESMA?
Die Europäische Wertpapier- und Marktaufsichtsbehörde ESMA (European Securities and Markets Authority) mit Sitz in Paris ist am 01.01.2011 aus dem Ausschuss der Europäischen Wertpapierregulierungsbehörden entstanden. Sie ist eine unabhängige Behörde und (neben der Europäischen Aufsichtsbehörde der Banken und der der Versicherungen und betrieblichen Altersversorgung) der dritte Pfeiler des Europäischen Finanzaufsichtssystems (European System of Financial Supervision) (vgl. Krimphove 2013, S. 25 Rz. 43).

Aufgaben der ESMA
Die ESMA soll unter anderem das öffentliche europäische Interesse schützen, indem sie für die Wirtschaft der EU, ihre Bürger und Unternehmen zur kurz-, mittel -und langfristigen Stabilität und Effektivität des EU-Finanzsystems beiträgt. Im Rahmen des europäischen Verbraucherschutzes soll die Marktaufsichtsbehörde

eine Führungsrolle bei der Förderung von Transparenz, Einfachheit und Fairness auf dem europäischen Markt der Finanzprodukte bzw. -dienstleistungen für Verbraucher beitragen (vgl. Nickel 2013, S. 127).

ESMA-Leitlinien für die Anlageberatung relevant
Für die Mitarbeiter in der Anlageberatung sind **ESMA-Leitlinien** (sogenannte Guidelines) relevant, die zu bestimmten europarechtlichen Aspekten detailliert Stellung beziehen. Beispielsweise haben die ESMA-Leitlinien für die Beurteilung von Kenntnissen und Kompetenzen vom 22.03.2016 Eingang in die Qualitätsanforderungen für Mitarbeiter in der Anlageberatung nach der WpHGMaAnzV gefunden. Die ESMA erhofft sich von diesen Leitlinien eine stärkere Angleichung der Kenntnisse und Kompetenzen der Mitarbeiter, die Anlageberatung gegenüber Kunden erbringen oder Kunden Informationen über Finanzinstrumente, strukturierte Einlagen, Wertpapierdienstleistungen oder Nebendienstleistungen erteilen (vgl. ESMA 2016, S. 5 Rz. 6).

▶   Die ESMA gibt Leitlinien für die nationalen Aufsichtsbehörden heraus. So legen beispielsweise die ESMA-Leitlinien für die Beurteilung von Kenntnissen und Kompetenzen vom 22.03.2016 wichtige Standards fest, um die zuständigen Behörden bei ihrer Beurteilung zu unterstützen, inwiefern Wertpapierfirmen ihrer diesbezüglichen Verpflichtung, im bestmöglichen Interesse ihrer Kunden zu handeln, nachgekommen sind (vgl. ESMA 2016, S. 6 Rz. 6).

3.8.4 Auf dem Weg zu einer Europäischen Kapitalmarktunion

In seinen „politischen Leitlinien für die nächste Europäische Kommission" sprach sich der Präsident der Europäischen Kommission, Jean-Claude Juncker, für die Bildung einer **„Europäischen Kapitalmarktunion"** aus. Die Kapitalmarktunion soll als Gegenstück zur Bankenunion die Entwicklung und Integration der Kapitalmärkte in der EU vorantreiben, dadurch die Kapitalbeschaffung insbesondere für kleinere und mittlere Unternehmen verbilligen und die Abhängigkeit von der Bankenfinanzierung verringern helfen, so Jean-Claude Juncker am 15.07.2014 vor dem Europäischen Parlament in Straßburg (vgl. Juncker 2014, S. 7). Die beabsichtigte Kapitalmarktunion ist ein Teil der Investitionsoffensive, durch die bis 2019 Investitionen in Höhe von 315 Mrd. EUR für die europäische Realwirtschaft mobilisiert werden sollen (vgl. Heuer und Schütt 2016, S. 45).

Am 30.09.2015 legte die EU-Kommission einen **Aktionsplan zur Schaffung einer Kapitalmarktunion** mit einer Liste von 33 Maßnahmen und einen vorläufigen Zeitplan vor, um bis 2019 die Eckpfeiler der Kapitalmarktunion aufzustellen (vgl. Europäische Kommission 2015, S. 1).

Liste der vorgesehenen Maßnahmen
Die im Aktionsplan enthaltene Liste schlägt beispielsweise eine Prüfung der regulatorischen Hemmnisse für die Zulassung kleinerer und mittlerer Unternehmen zum Handel an öffentlichen Märkten und KMU-Wachstumsmärkten vor (vgl. Bundesrats-Drucksache 453/15, S. 33). Darüber hinaus regt die EU-Kommission an, für eine Verbesserung der Angebote auf den Kleinanlegermärkten zu sorgen und die Förderung der privaten Altersvorsorgeprodukte (zum Beispiel durch Bildung eines europäischen Marktes für Altersvorsorgeprodukte) zielstrebig umzusetzen (vgl. Bundesrats-Drucksache 453/15, S. 34).

Europäischer Rat einigt sich im Juli 2017 auf Anpassungen des Aktionsplans
Der Rat der Europäischen Union hatte am 11.07.2017 die Schlussfolgerungen zur der von der Kommission vorgelegten Halbzeitbilanz des EU-Aktionsplans zur Kapitalmarktunion gebilligt. Von den 33 beim Start des Aktionsplans zur Kapitalmarktunion angekündigten Maßnahmen wurden 20 Initiativen auf den Weg gebracht (vgl. Europäischer Rat/Rat der Europäischen Union: Pressemitteilung vom 11.07.2017, S. 587).

Ursprünglicher Plan ist um neue Aufgaben erweitert worden
Seit der Einleitung des Plans im September 2015 sind jedoch neue Herausforderungen in der EU aufgetreten (zum Beispiel der gewünschte Austritt Großbritanniens aus der EU). Deshalb müssen, so der Rat der Europäischen Union, die Initiativen zur Kapitalmarktunion verstärkt werden. Nach den Vorstellungen der Europäischen Kommission ist der ursprüngliche Aktionsplan um neue Themenfelder (zum Beispiel Harmonisierung und Angleichung der Regulierung, neuer EU-Rahmen für neue Finanztechnologien) erweitert worden (vgl. Europäische Kommission 2017, S. 3).

Zweite Halbzeit bis 2019
Die zweite Halbzeit der Europäischen Kapitalmarktunion ist bis zum Jahr 2019 angelegt. Wenn dann die Wahlen zum Europaparlament stattfinden, soll das Fundament für eine Kapitalmarktunion in den Mitgliedstaaten der Europäischen Union gelegt sein (vgl. Eisen und Weinandy 2017, S. 32).

Bewertung der EU-Kapitalmarktunion

Angesichts der dynamischen Entwicklung der großen Volkswirtschaften wie beispielsweise USA, China, Indien oder Japan ist es nur folgerichtig, nach der EU-Bankenunion die EU-Kapitalmarktunion anzustreben. Denn im Vergleich zu anderen Ländern (wie zum Beispiel die USA) sind die **europäischen Kapitalmärkte** eher zersplittert und „unterentwickelt". So haben die Märkte für öffentliche Kapitalbeteiligungen der Vereinigten Staaten von Amerika fast das doppelte Volumen wie der in der Europäischen Union (vgl. EU-Kommission 2015, S. 3).

Stärker integrierte europäische Kapitalmärkte (zum Beispiel für Beteiligungskapital) werden mehr Investitions- und Anlagemöglichkeiten für private Anleger schaffen und die Kapitalallokation in der europäischen Wirtschaft verbessern. Zur Weiterentwicklung des Europäischen Binnenmarktes und der EU-Währungsunion gehört auch eine funktionierende Europäische Kapitalmarktunion, um Wachstum und Beschäftigung in der Europäischen Union nachhaltig zu sichern und zu unterstützen. Für die Mitarbeiter in der Anlageberatung eröffnen sich in naher Zukunft neue Beratungsmöglichkeiten (zum Beispiel im Bereich der europaweiten privaten Altersvorsorgeprodukte).

Europäisches privates Altersvorsorgeprodukt

Am 01.08.2017 veröffentlichte die Europäische Kommission den Vorschlag für eine Verordnung des Europäischen Parlaments und des Rates über ein **europaweites privates Altersvorsorgeprodukt** (pan-European Personal Pension Product – PEPP) (Bundesrats-Drucksache 588/17 vom 01.08.2017). Mit der Empfehlung möchte die Brüsseler Kommission ein Gütesiegel für private Altersvorsorgeprodukte in der EU schaffen. Darüber hinaus könnte nach Meinung der Kommission das Angebot zur Schaffung eines EU-Binnenmarkts für die private Altersvorsorge dazu beitragen, den Wettbewerb zwischen den Anbietern solcher Produkte zugunsten der Verbraucher zu erhöhen (vgl. Bundesrats-Drucksache 588/17, S. 2).

Was ist ein privates Altersvorsorgeprodukt?

Ein „privates Altersvorsorgeprodukt" ist ein Produkt, das

a) auf einem freiwilligen Vertrag zwischen einem einzelnen Sparer und einem Unternehmen beruht;
b) ausdrücklich der Altersvorsorge dient;
c) eine bis zum Renteneintritt reichende Kapitalansparung bei nur begrenzten Möglichkeiten für einen vorzeitigen Kapitalabzug vor dem Renteneintritt vorsieht;
d) mit dem Renteneintritt ein Einkommen generiert (Artikel 2 Absatz 1 PEPP-Vorschlag).

Literatur

BaFin: Aufgaben & Geschichte der BaFin, geändert am 31.3.2014, abrufbar unter: www. bafin.de.

BaFin-Jahresbericht 2016, abrufbar unter: www.bafin.de.

BaFin-Pressemitteilung: Bonitätsabhängige Schuldverschreibungen: BaFin sieht von Retailvertriebsverbot ab vom 5.12.2017, abrufbar unter: www.bafin.de

BaFin-Pressemitteilung: Whistleblower – Knapp 400 Hinweise im ersten Jahr vom 17.7.2017, abrufbar unter: www.bafin.de.

BaFin-Pressemitteilung: Bonitätsabhängige Schuldverschreibungen – BaFin setzt Überwachung bis Ende September fort vom 12.7.2017.

BaFin-Pressemitteilung: Bonitätsanleihen – Zertifikatebranche reagiert auf angekündigtes Vertriebsverbot vom 16.12.2016, abrufbar unter: www.bafin.de.

Buck-Heeb, P.: Entwicklung und Perspektive des Anlegerschutzes, in: Juristen Zeitung, 72. Jg., 2017, S. 279–288.

Buck-Heeb, P./Poelzig, D.: Die Verhaltenspflichten (§§ 63 ff. WpHG n. F.) nach dem 2. FiMaNoG – Inhalt und Durchsetzung, in: Zeitschrift für Bank- und Kapitalmarktrecht, 15. Jg., 2017, S. 485–495.

Bundesrats-Drucksache 588/17: Unterrichtung durch die Europäische Kommission: Vorschlag für eine Verordnung des Europäischen Parlaments und des Rates über ein europaweites privates Altersvorsorgeprodukt (PEPP), COM (2017) 343 final vom 1.8.2017.

Bundesrats-Drucksache 453/15: Unterrichtung durch die Europäische Kommission: Mitteilung der Kommission an das Europäische Parlament, den Rat, den Europäischen Wirtschafts- und Sozialausschuss und den Ausschuss der Regionen: Aktionsplan zur Schaffung einer Kapitalmarktunion vom 30.9.2015.

Bundestags-Drucksache 18/11775: Beschlussempfehlung und Bericht des Finanzausschusses (7. Ausschuss) zum Entwurf eines Zweiten Gesetzes zur Novellierung von Finanzmarktvorschriften auf Grund europäischer Rechtsakte (Zweites Finanzmarktnovellierungsgesetz – 2. FiMaNoG) vom 29.3.2017.

Bundestags-Drucksache 18/11627: Entwurf eines Gesetzes zur Umsetzung der Richtlinie (EU) 2016/97 des Europäischen Parlaments und des Rates vom 20.1.2016 über Versicherungsvertrieb und zur Änderung des Außenwirtschaftsgesetzes vom 22.3.2017.

Bundestags-Drucksache 18/11337: Bedarfsgerechte Anlageberatung: Antwort der Bundesregierung auf die Kleine Anfrage der Abgeordneten N. Maisch u. a. und der Fraktion BÜNDNIS 90/DIE GRÜNEN vom 28.2.2017.

Bundestags-Drucksache 18/11290: Entwurf eines Zweiten Gesetzes zur Novellierung von Finanzmarktvorschriften auf Grund europäischer Rechtsakte (Zweites Finanzmarktnovellierungsgesetz – 2. FiMaNoG), Stellungnahme des Bundesrates und Gegenäußerung der Bundesregierung vom 22.2.2017.

Bundestags-Drucksache 18/10936: Entwurf eines Zweiten Gesetzes zur Novellierung von Finanzmarktvorschriften auf Grund europäischer Rechtsakte (Zweites Finanzmarktnovellierungsgesetz – 2. FiMaNoG) vom 23.1.2017.

Bundestags-Drucksache 18/9495: Verbraucherpolitischer Bericht der Bundesregierung vom 25.8.2016.

Bundestags-Drucksache 18/7482: Entwurf eines Ersten Gesetzes zur Novellierung von Finanzmarktvorschriften auf Grund europäischer Rechtsakte (Erstes Finanzmarktnovellierungsgesetz – 1. FiMaNoG) vom 8.2.2016.

Bundestags-Drucksache 17/4739: Bericht des Finanzausschusses (7. Ausschuss) zum Entwurf eines Gesetzes zur Stärkung des Anlegerschutzes und Verbesserung der Funktionsfähigkeit des Kapitalmarkts (Anlegerschutz- und Funktionsverbesserungsgesetz) vom 10.2.2011.

Bundestags-Drucksache 17/3628: Entwurf eines Gesetzes zur Stärkung des Anlegerschutzes und Verbesserung der Funktionsfähigkeit des Kapitalmarkts (Anlegerschutz- und Funktionsverbesserungsgesetz) vom 9.11.2010.

Delegierte Verordnung (EU) 2017/565 der Kommission vom 25.4.2016 zur Ergänzung der Richtlinie 2014/65/EU des Europäischen Parlaments und des Rates in Bezug auf die organisatorischen Anforderungen an Wertpapierfirmen und die Bedingungen für die Ausübung ihrer Tätigkeit sowie in Bezug auf die Definition bestimmter Begriffe für die Zwecke der genannten Richtlinie, in: Amtsblatt der Europäischen Union vom 31.3.2017, L 87/1-L87/83.

Delegierte Verordnung (EU) 2017/653 der Kommission vom 8.3.2017 zur Ergänzung der Verordnung (EU) 1286/2014 des Europäischen Parlaments und des Rates über Basisinformationsblätter für verpackte Anlageprodukte für Kleinanleger und Versicherungsanlageprodukte (PRIIP) durch technische Regulierungsstandards in Bezug auf die Darstellung, den Inhalt, die Überprüfung und die Überarbeitung dieser Basisinformationsblätter sowie die Bedingungen für die Erfüllung der Verpflichtung zu ihrer Bereitstellung, in: Amtsblatt der Europäischen Union vom 12.4.2017, L 100/1-L 100/2.

Deutscher Bundestag (Finanzausschuss): Wortprotokoll der 102. Sitzung zur öffentlichen Anhörung zum Entwurf eines Zweiten Gesetzes zur Novellierung von Finanzmarktvorschriften auf Grund europäischer Rechtsakte (Zweites Finanzmarktnovellierungsgesetz – 2. FiMaNoG) vom 8.3.2017.

Dietrich, B.: Anlageziele in der Empfehlungshaftung des Anlageberaters, in: Zeitschrift für Wirtschafts- und Bankrecht, 70. Jg., 2016, S. 199–204.

Diskussionsentwurf der Bundesanstalt für Finanzdienstleistungsaufsicht: Verordnung zur Änderung der WpHG-Mitarbeiteranzeigeverordnung, Stand: 29.5.2017.

Dötsch, C.-A./Kellner, M.: Aufklärungs- und Beratungspflichten der Kreditinstitute beim Vertrieb von Aktienanleihen, in: Zeitschrift für Wirtschafts- und Bankrecht, 55. Jg., 2001, S. 1994–1999.

Eisen, J. R./Weinandy, S.: Kapitalmarktunion, in: BaFin Journal Februar 2017, S. 28–32.

ESMA: ESMA-Leitlinien für die Beurteilung von Kenntnissen und Kompetenzen vom 22.3.2016.

Eufinger, A.: Aufsichtsrechtliche Bestimmungen des Finanzmarkts zur Zuverlässigkeit von Personen und ihre arbeitsrechtliche Umsetzung, in: Zeitschrift für Wirtschafts- und Bankrecht, 71. Jg., 2017, S. 1581–1588.

Europäische Kommission: Bank- und Finanzwesen (Newsletter): Halbzeitbilanz der Kapitalmarktunion vom 28.6.2017.

Europäische Kommission: Factsheet: Fragen und Antworten zum Aktionsplan für den Aufbau einer Kapitalmarktunion vom 30.9.2015.

Europäische Kommission: Grünbuch zur Schaffung der Kapitalmarktunion (COM, 2015, 63 final) vom 18.2.2015.

Europäischer Rat/Rat der Europäischen Union: Kapitalmarktunion: Rat einigt sich auf Anpassungen des Aktionsplans, Pressemitteilung vom 11.7.2017 – 453/17, in: Europäische Zeitschrift für Wirtschaftsrecht, 28. Jg., 2017, S. 587.

Fuchs, A.: Verhaltenspflichten, Organisationspflichten, Transparenzpflichten, in: Fuchs, A. (Hrsg.): Kommentar zum Wertpapierhandelsgesetz (WpHG), 2. Aufl., München 2016, S. 1391–1592.

GSK (Stockmann + Kollegen) Newsletter: MiFID II – Jetzt wird es ernst! vom 24.11.2016, S. 1–14.

Henke, M./von Busekist, K.: Das neue Geldwäscherecht in der Nichtfinanzindustrie, in: Der Betrieb, 70. Jg., 2017, S. 1567–1575.

Heuer, D./Schütt, J.: Auf dem Weg zu einer europäischen Kapitalmarktunion, in: Zeitschrift für Bank- und Kapitalmarktrecht, 16. Jg., 2016, S. 45–50.

Juncker, J.-C.: Politische Leitlinien für die nächste Europäische Kommission, Straßburg am 15.7.2014.

Kilian, W.: Europäisches Wirtschaftsrecht, 4. Aufl., München 2010.

Kohleick, D./Gerold, U./Werner, G./Gierse, H.: Versicherungsanlageprodukte: Neue Regeln ab 2018: Anwendungsbereich im deutschen Markt, in: BaFin Journal August 2017, S. 34–38.

Krimphove, D.: AT 2 Quellen, in: Kommentar zur MaComp, hrsg. von D. Krimphove und O. Krause, München 2013, S. 11–29.

Kurz, A.-I.: MiFID II – Auswirkungen auf den Vertrieb von Finanzinstrumenten, in: Der Betrieb, 67. Jg., 2014, S. 1882–1887.

Mitteilung der Kommission: Leitlinien zur Anwendung der Verordnung (EU) Nr. 1286/2014 des Europäischen Parlaments und des Rates über Basisinformationsblätter für verpackte Anlageprodukte für Kleinanleger und Versicherungsanlageprodukte (PRIIP), in: Amtsblatt der Europäischen Union vom 7.7.2017, C 218/11-C 218/14.

Mülbert, P./Sajnovits, A.: Konzerninterne (Upstream-)Darlehen als unternehmerische Risikoentscheidung, in: Zeitschrift für Wirtschafts- und Bankrecht, 69. Jg., 2015, S. 2345–2359.

Nickel, H.: Anlageberatung im Fokus des europäischen Finanzdienstleistungsrechts, in: Tilmes, R./Jakob, R./Nickel, H. (Hrsg.): Praxis der modernen Anlageberatung, Köln 2013, S. 119–152.

Nobbe, G.: Prospekthaftung bei geschlossenen Fonds, in: Zeitschrift für Wirtschafts- und Bankrecht, 67. Jg., 2013, S. 193–204.

O. V.: Whistleblower: BaFin richtet Hinweisstelle ein, in: BaFin Journal Juni 2016, S. 4–5.

Richtlinie 2014/65/EU des Europäischen Parlaments und des Rates über Märkte für Finanzinstrumente sowie zur Änderung der Richtlinien 2002/92/EG und 2011/61/EU vom 15.5.2014, in: Amtsblatt der Europäischen Union vom 12.6.2011, L 173/349-L 173/496.

Roth, B./Blessing, D.: Die neuen Vorgaben zur Kostentransparenz nach MiFID II, in: Zeitschrift für Wirtschafts- und Bankrecht, 70. Jg., 2016, S. 1157–1163.

Ruland, Y. M./Wetzig, M. S.: Aufklärungs- und Beratungspflichten bei Cross-Currency-Swaps, in: Zeitschrift für Bank- und Kapitalmarktrecht, 13. Jg., 2013, S. 56–68.

Schäfer, H.: Abschnitt 6: Verhaltenspflichten, Organisationspflichten, Transparenzpflichten, in: Heidel, T. (Hrsg.): Aktien- und Kapitalmarktrecht, 4. Aufl., Baden-Baden 2014, S. 2661–2855.

Stackmann, N.: Aktuelle Rechtsprechung zum Kapitalanlagerecht, in: Neue Juristische Wochenschrift, 69. Jg., 2016, S. 213–218.

Szesny, A.-M.: Das Sanktionsregime im neuen Marktmissbrauchsrecht, in: Der Betrieb, 69. Jg., 2016, S. 1420–1425.

Verordnung (EU) Nr. 1286/2014 des Europäischen Parlaments und des Rates vom 26.11.2014 über Basisinformationsblätter für verpackte Anlageprodukte für Kleinanleger und Versicherungsanlageprodukte (PRIIP), in: Amtsblatt der Europäischen Union vom 9.12.2014, L 352/1-L 352/23.

Weiterer, F.: Aufsicht vor Ort, in: BaFin Journal Dezember 2015, S. 28–30.

Wilhelmi, R.: Entwicklungslinien des europäischen Kapitalmarktrechts, in: Juristen Zeitung, 69. Jg., 2014, S. 693–703.

Wilkens, M./Scholz, H./Völker, J.: Analyse und Bewertung von Aktienanleihen und Diskontzertifikaten, in: Die Bank, o. Jg., Heft 5, 1999, S. 322–327.

Zweites Gesetz zur Novellierung von Finanzmarktvorschriften auf Grund europäischer Rechtsakte (Zweites Finanzmarktnovellierungsgesetz – 2. FiMaNoG), in: Bundesgesetzblatt Teil I vom 24.6.2017, S. 1693–1821.

Perspektiven und Trends in der Anlageberatung

4

4.1 Themen der Zukunft für die Anlageberatung erkennen: Blick auf die Trends von morgen

Ob anhaltende Niedrigzinsen, die zunehmende Digitalisierung der Geschäftsprozesse, der weiter voranschreitende demografische Wandel oder die zunehmende Mobilität der vermögenden Privatkunden – Kreditinstitute und damit auch die Anlageberatung stehen vor enormen Herausforderungen. Gleichzeitig erhöhen sich die Kosten. Grund dafür sind vor allem die steigenden regulatorischen Kosten, aber auch verkrustete Strukturen und vor allem Überkapazitäten in der kreditwirtschaftlichen Branche.

In diesem anspruchsvollen Umfeld müssen die Kreditinstitute und vor allem die in der Anlageberatung tätigen Mitarbeiter aber auch auf die Trends von morgen schauen, um zukunftsfähig zu sein. Welche Entwicklungslinien werden die Anlageberatung in den nächsten fünf Jahren beeinflussen? Die nachfolgenden Ausführungen zeigen interessante zukunftsfähige Themen aus Sicht der Anlageberatung auf.

4.2 Bedarf an themenübergreifender Anlageberatung wird zunehmen

Aufgrund der veränderten Bedürfnisse und vor allem der gestiegenen Ansprüche der vermögenden Privatkunden wird ein Anlageberater im intensiven Wettbewerb nur bestehen können, wenn er seinen Kunden eine bedarfsgerechte, kontinuierliche und insbesondere **themenübergreifende ganzheitliche Anlageberatung** anbietet (vgl. Faust 2014, S. 10).

© Springer Fachmedien Wiesbaden GmbH, ein Teil von Springer Nature 2018
H. Nickel, *Anlageberatung am Finanzplatz Deutschland,*
Edition Bankmagazin, https://doi.org/10.1007/978-3-658-18794-1_4

155

Und der Trend

Eine Vielzahl von wissenschaftlichen Untersuchungen belegt eindrucksvoll, dass das Vermögen in privater Hand in den nächsten Jahren in Deutschland weiter steigen wird. Vor dem Hintergrund der demografischen Herausforderungen, denen die sozialen Sicherungssysteme hierzulande ausgesetzt sind, gewinnt die private Altersvorsorge im Rahmen der Anlageberatung zunehmend an Bedeutung. Um den Lebensstandard auch im Alter aufrechtzuerhalten, ist der individuelle Aufbau eines Kapitalstocks zwingend erforderlich (vgl. Faust 2014, S. 3). Durch das Aufzeigen von neuen Wegen für ein „besseres Investieren" (zum Beispiel dividendenstarke Aktien, interessante Dividendenfonds) kann der Anlageberater dem Kunden zielführende Denkanstöße vermitteln.

4.3   Anlageberater wird zum Differenzierungsfaktor

Das Geschäftsfeld der Anlageberatung ist im Wettbewerb erfolgreich, wenn sich die Wertschöpfungskette durch eine **erstklassige Professionalität** auszeichnet. Anlageberater werden zum entscheidenden Differenzierungsfaktor und ihre beispielsweise durch Zertifikate unterlegte Sachkunde zum Wettbewerbsfaktor. Die Aus- und vor allem Weiterbildung spielt in diesem Zusammenhang eine wichtige Rolle.

Und der Trend

Die Anforderungen an den Anlageberater werden vor dem Hintergrund einer komplexer werdenden Welt weiter steigen – sowohl fachlich, vertrieblich als auch menschlich. Für eine erfolgreiche Gestaltung einer Kundenbeziehung benötigt der Mitarbeiter in der Anlageberatung eine **positive Grundeinstellung** und vor allem ein **hohes Maß an Selbstmotivation** (vgl. Schmoll 2013, S. 27).

▶ Eine kompetente und rechtssichere Anlageberatung auf **hohem Qualitätsniveau** steuert wesentlich zur Zufriedenheit des Kunden bei.

4.4   Anlageberatung zur Marke entwickeln

Für die Kundenbindung und vor allem für die Gewinnung von Neukunden ist aber ein „**Leistungs(Marken)versprechen**" im Rahmen der Anlageberatung unerlässlich. Vor allem in schwierigen Zeiten zeigt sich, dass „**Marken**" Krisen besser überstehen als „normale" Finanzprodukte und Dienstleistungen.

Der Kunde sollte im Rahmen der Anlageberatung spüren, dass die Beratung auf **seine persönlichen Anliegen** abgestellt ist und ihm einen **„spürbaren Nutzen"** (zum Beispiel Erzielung einer höheren Rendite, besser fundierte Anlageentscheidungen in finanziellen Fragen zu treffen) stiftet.

4.5 Lebensqualität als Betreuungsziel im Rahmen der Anlageberatung

Das Motto „Kompetente und rechtssichere Anlageberatung trägt zur Verbesserung der Lebensqualität bei" wird die Beziehung zum Kunden festigen. Professionelle Leistungsversprechen mit Inhalten wie beispielsweise themenübergreifende Anlageberatung, Sicherheit und Nachhaltigkeit der ausgesprochenen Empfehlungen dürften zur Überzeugung des Kunden beitragen. Die Beratung und Betreuung vermögender Privatkunden hat aber auch unmittelbar Auswirkungen auf **die Lebensqualität des Kunden.** Das sollte stärker als bisher in qualifizierten Anlageberatungsgesprächen zum Ausdruck gebracht werden (vgl. Carl 2008, S. 34).

4.6 Gesellschaftliche Trends als Antriebskräfte für eine Veränderung der Anlageberatung

Weit mehr als bisher ist bis zum Jahr 2020 in der Anlageberatung mit Veränderungen zu rechnen, die von den erkennbaren **gesellschaftlichen Trends** herrühren. Unter den Stichwörtern wie beispielsweise demografischer Wandel, Individualisierung, veränderte Rolle der Frau und nicht zuletzt die weiter voranschreitende Digitalisierung beginnt sich in der deutschen Gesellschaft ein vielfältiger Wandel zu vollziehen, der auch Auswirkungen auf das Verhältnis der Bank zu ihren Kunden und damit auch auf das Geschäftsfeld der Anlageberatung haben wird (vgl. Carl und Brößel 2011, S. 9).

4.7 Professionelles Preismanagement in der Anlageberatung

Das „Preismanagement" wird von vielen Kreditinstituten am Finanzplatz Deutschland im Rahmen der Anlageberatung noch nicht professionell umgesetzt. Insbesondere bei der **Preisfestsetzung und -durchsetzung** hat die Finanzbranche starken Nachholbedarf (vgl. Baumgarten et al. 2015, S. 30). Um den Kunden an das „Bezahlen einer Anlageberatung zu gewöhnen", sollte im Rahmen des Gesprächs der **Kundennutzen der Anlageberatung** stärker als bisher herausgestellt werden. Der Nutzen des Kunden bei der Anlageberatung kann in zwei Bereiche aufgeteilt werden, und zwar in eine **qualitative** und **quantitative Komponente** (vgl. Kruschev 1999, S. 59).

Qualitativer Nutzen der Anlageberatung
Der **qualitative Nutzen** der Anlageberatung liegt für den anspruchsvollen Kunden in vier Kernbereichen:

- Wissen (zum Beispiel Kenntnis seines finanziellen Vermögens, Transparenz über die vorhandenen Kapitalanlageformen),
- Koordination (zum Beispiel Abstimmung der persönlichen Anlageziele mit den zu treffenden Anlageentscheidungen),
- Sicherheit (zum Beispiel die richtigen oder zumindest besser fundierten eigenverantwortlichen Anlageentscheidungen in finanziellen Fragen zu treffen),
- Zeitersparnis (zum Beispiel konsolidierte Vermögens- und Gewinnübersicht) (vgl. Heinneccuis 2003, S. 115).

Quantitativer Nutzen für den Kunden
Der **quantitative Mehrwert** der Anlageberatung wird für den Kunden durch den **finanziellen Nutzen** erbracht (vgl. Kruschev 1999, S. 60). Dazu gehören beispielsweise:

- Einnahmeerhöhung (zum Beispiel höhere Dividendenerträge) durch Aufnahme sogenannter dividendenstarker Aktien in das Depot des Anlegers,
- Erzielung einer höheren Rendite des Gesamtvermögens,
- der Anlageberater weist den Kunden auf neue steuerliche Möglichkeiten hin, die dem Kunden einen finanziellen Vorteil bringen (zum Beispiel Verrechnung von Aktienverlusten gegen Aktiengewinne).

▶   Je höher der vom Kunden **wahrgenommene** Nutzen der Anlageberatung ist, desto höher kann das Preisniveau sein (vgl. Gutsche und Wübker 2012, S. 62).

Einführung neuer Preismodelle
Im Zuge der Einführung neuer Preismodelle sollte zudem die umfassende Schulung der Mitarbeiter in der Anlageberatung beachtet werden. Hierzu gehört aber

auch die Erstellung von Argumentationsleitfäden zur Preisdurchsetzung (vgl. Gutsche und Wübker 2012, S. 65).

4.8 Schlüsselfaktor „professionelle Vertriebsunterstützung"

Angesichts der komplexen Bedingungen im Umfeld der Anlageberatung benötigen Mitarbeiter in diesem Geschäftsfeld im Alltag aber auch eine spürbare professionelle Unterstützung bei ihren anspruchsvollen Aufgaben. Eine wichtige Funktion der Vertriebsunterstützung besteht darin, die Mitarbeiter bei der Erreichung ihrer **Vertriebsziele** aktuell, kompetent und rechtssicher zu unterstützen.

Es sind also professionelle Voraussetzungen zu schaffen, die es dem Mitarbeiter in der Anlageberatung ermöglichen, sich auf seine Beratungs-, Betreuungs- und Vertriebsaufgaben zu konzentrieren (vgl. Schmoll 2013, S. 26).

4.9 FinTechs und neue Technologien: Auswirkungen der Digitalisierung auf die Anlageberatung

Die Digitalisierung (also die technologiegestützte Entwicklung neuer Geschäftsmodelle und Dienstleistungen) verändert das Kundenverhalten nachhaltig. Die Bedeutung des technologischen Angebotes (zum Beispiel Video-Banking) muss in der Anlageberatung erkannt und chancenorientiert umgesetzt werden. Die Zukunft (unabhängig von den demografischen Faktoren) sollte dem Kunden die Wahlmöglichkeiten bieten, wie und wann er mit seinem Anlageberater kommunizieren möchte (vgl. Faust und Reittinger 2015, S. 120).

▶ Wenn die Kunden immer mehr die neuen Technologien in Anspruch nehmen, muss ein Besuch bei „seinem Anlageberater" attraktiv sein (vgl. Faust und Reittinger 2015, S. 120).

Robo-Advice in der Aufsichtspraxis

Vor dem Hintergrund der zunehmenden Digitalisierung bieten immer mehr Unternehmen Finanzinstrumente und Dienstleistungen **online an.** Der automatisierte Vertrieb von Finanzinstrumenten und sonstigen digitalen Angebote für Privatkunden (auch Robo-Advice genannt) erfüllen nach Auffassung der BaFin in der Regel den **Tatbestand der Anlageberatung** und bedürfen daher einer Erlaubnis nach dem Kreditwesengesetz oder der Gewerbeordnung. Liegt keine Erlaubnis vor und werden die damit verbundenen Anlageberatungspflichten beispielsweise nach dem WpHG nicht erfüllt, setzt sich der Anbieter einem erheblichen Risiko aus (vgl. Grischuk 2017, S. 19).

Literatur

Baumgarten, J./Wellstein, B./Wübker, G.: Banken mangelt es an Preis(durch)setzung, in: Die Bank, o. Jg., Heft 4, 2015, S. 30–33.

Carl, R.: Kein Share of Wallet ohne Share of Heart: Die emotionalen Faktoren im Private Banking, in: Die Bank, o. Jg., Heft 4, 2008, S. 34–39.

Carl, R./Brößel, M.: Das Profil schärfen, in: Die Bank, o. Jg. Heft 10, 2011, S. 9–11.

Faust, M.: Private Banking und Wealth Management – Ein Überblick über Marktsegmente und Leistungsangebote, in: Brost, H./Faust, M./Reittinger, W. (Hrsg.): Private Banking und Wealth Management: Strategien und Erfolgsfaktoren, 3. Aufl., Frankfurt a. M., S. 1–21.

Faust, M./Reittinger, W.: Potenzial für Private Wealth Management in Deutschland, in: Zeitschrift für das gesamte Kreditwesen, 68. Jg., 2015, S. 1204–1209.

Grieschuk, P: Robo-Advice: Automatisierte Anlageberatung in der Aufsichtspraxis, in: BaFin Journal August 2017, S. 18–22.

Gutsche, J./Wübker, G.: Gewinnimpulse durch stringentes Preismanagement, in: Die Bank, o. Jg., Heft 9, 2012, S. 60–65.

Heinneccius, J.: Financial Planning im Private Banking, in: Krauss, P. (Hrsg.): Neue Kunden mit Financial Planning, Wiesbaden 2003, S. 95–130.

Kruschev, W.: Private Finanzplanung, Wiesbaden 1999.

Schmoll, A.: Ertragsimpulse durch effiziente Vertriebsunterstützung (1), in: Die Bank, o. Jg., Heft 3, 2013, S. 24–30.

Zusammenfassende Ergebnisse und Denkanstöße für die Anlageberatungspraxis

5

5.1 Auf Kernkompetenzen konzentrieren

Die Ausführungen zur Anlageberatung am Finanzplatz Deutschland haben gezeigt, vor welchen neuen Herausforderungen die Kreditinstitute im Allgemeinen und die Mitarbeiter in der Anlageberatung im Besonderen stehen. Die Banken und Sparkassen sind im Rahmen der Anlageberatung gefordert, sich eindeutig auf ihre Kernkompetenzen zu konzentrieren und die sich durch die weiter zunehmende Regulierung ergebenden Chancen zu nutzen.

So ist einerseits eine Neuausrichtung der Kundensegmente erforderlich, um den höheren Anforderungen an die Anlageberatung auch unter ökonomischen Aspekten Rechnung zu tragen. Andererseits sollte ein strukturierter Beratungsprozess, eine Professionalisierung und Steigerung der Beratungsqualität und nicht zuletzt innovative Preismodelle Eingang in die moderne Anlageberatung finden (vgl. Jakob und Nickel 2013, S. 59).

Ein zentraler Maßstab vertrieblichen Handels ist der Kunde. Noch stärker als bisher muss daher der Privatkunde in den Mittelpunkt des betrieblichen Geschehens stehen. In der Praxis der Anlageberatung bedeutet dies, die Erwartungen des Kunden zu erfüllen und insbesondere eine langfristige und erfolgreiche Kundenbeziehung aufzubauen (vgl. Schmoll 2008, S. 37).

5.2 Weiter steigende Anforderungen

Die Anlageberater werden sich angesichts der komplexen Bedingungen im Umfeld der Anlageberatung auf weiter steigende Anforderungen einstellen müssen. Die Erwartungen der vermögenden Privatkunden an die Qualität der Anlageberatung

© Springer Fachmedien Wiesbaden GmbH, ein Teil von Springer Nature 2018
H. Nickel, *Anlageberatung am Finanzplatz Deutschland,*
Edition Bankmagazin, https://doi.org/10.1007/978-3-658-18794-1_5

dürften zunehmen. Um den Aufgaben und Erwartungen der Kunden gerecht werden zu können, ist eine professionelle Weiterbildung (mit dem Nachweis einer Zertifizierung) unabdingbar bzw. wichtiger denn je. Damit kann die vom Kunden bisher (kaum wahrgenommene) Professionalisierung erreicht bzw. gesteigert werden. Eine vom Kunden empfundene Professionalisierung führt auch zu einem „Imagegewinn" bzw. zu einer „Kompetenzvermutung" und letztendlich zum geschäftlichen Erfolg.

Die Banken und Sparkassen werden vor allem im gehobenen Kundensegment den gestiegenen Ansprüchen der wohlhabenden Privatkunden durch einen immer höheren Spezialisierungsgrad (zum Beispiel Anlageexperte für die internationale Kapitalanlage) in der Anlageberatung gerecht werden müssen (vgl. Jakob und Nickel 2013, S. 22).

5.3 Moderne Anlageberatung in der Praxis

Vor dem Hintergrund der aufgezeigten Entwicklungen sollte eine moderne Anlageberatung wie folgt ausgerichtet sein:

- ganzheitlich,
- kundenorientiert,
- nutzenorientiert,
- qualitätsorientiert,
- kommunikationsorientiert,
- Wertorientiert,
- preisorientiert,
- zukunftsorientiert.

Gerade das Thema „zukunftsorientierte Anlageberatung" wird angesichts des schnellen Wandels in diesem Geschäftssegment immer bedeutender. Mithilfe von „sich abzeichnenden Trends und bereits erkennbaren Entwicklungslinien" sollte der Mitarbeiter in der Anlageberatung versuchen, **„zukünftige Entwicklungen"** wie zum Beispiel im Steuerrecht zu erfassen und schon **frühzeitig** in qualifizierte Beratungsgespräche aufzunehmen, um für den zu beratenden Kunden einen spürbaren „Mehrnutzen" zu schaffen.

5.4 Anlageberater von morgen

5.4.1 Wettbewerb in der Anlageberatung nimmt zu

Der Wettbewerb in der Anlageberatung am Finanzplatz Deutschland nimmt aufgrund geänderter Marktbedingungen und Kundenanforderungen weiter zu. Die Kreditinstitute müssen sich diesen Herausforderungen stellen. Eine zentrale Bedeutung in diesem attraktiven Geschäftsfeld kommt vor allem den Mitarbeitern in der Anlageberatung zu. Sie sind es letztlich, die den Wettbewerb um den (vermögenden) Privatkunden mit entscheiden. Denn trotz der beherrschenden Technik bleibt Kern des Beratungsgeschäfts der persönliche Kontakt des Beraters zu seinen Kunden. Für die Banken und Sparkassen in Deutschland wird die Qualität der Anlageberatung zukünftig noch mehr als bisher zum zentralen differenzierenden Wettbewerbsfaktor. Denn eine kompetente und rechtssichere Anlageberatung schützt den Kunden vor Irrtümern. Doch welche Qualitätsanforderungen muss heute und vor allem in den nächsten zwei Jahren ein Anlageberater erfüllen?

Der Anlageberater von morgen muss Problemlösungskompetenz, hohes fachliches Know-how, methodische Kompetenz, Zuverlässigkeit und Teamfähigkeit, Einsatzbereitschaft sowie unternehmerisches Denken und Handeln mitbringen. Fundiertes Wissen über Finanzmärkte und Finanzprodukte sind weiterhin notwendige Voraussetzungen, um die Tätigkeit als Mitarbeiter in der Anlageberatung erfolgreich auszuüben (vgl. Benelli 2016, S. 20). Nachfolgend sollen die neuen Anforderungen skizziert werden.

5.4.2 Grundlage des Erfolgs: Problemlösungskompetenz und hohes Fachwissen

Die Vielfalt und Komplexität der am Kapitalmarkt vorhandenen Finanzprodukte erfordert von Anlageberatern eine ausgeprägte Problemlösungskompetenz und ein hohes Fachwissen. Der Berater muss komplexe Sachverhalte und Zusammenhänge durchschauen und sie dem Kunden erklären und verdeutlichen. Vor allem müssen theoretische Inhalte in praktische Anwendungen übertragen werden, um so ein konkretes Kundenproblem zufriedenstellend zu lösen. Gefragt im zukünftigen Wettbewerb sind vor allem Anlageberater, die eine umfassende und themenübergreifende Beratung für den Kunden durchführen können.

▶ Zu einer guten Anlageberatung zählt auch die aktive Ansprache des Kunden bei Veränderungen der persönlichen und marktbezogenen Rahmenbedingungen und daraus ableitend die Entwicklung neuer Vermögensstrategien.

5.4.3 Qualitätssicherung durch laufende Fort- und Weiterbildung

Durch den schnellen Wissensumschlag, der vor allem im Beratungsgeschäft aufgrund der Veränderungen an den internationalen Finanzmärkten oder durch regulatorische Vorgaben stattfindet, lässt sich der Beruf des Anlageberaters ohne permanente Fort- und Weiterbildung nicht mehr ausüben. Der Anlageberater sollte ein vitales Interesse daran haben, sich während des gesamten Berufslebens kontinuierlich fortzubilden, um seine Tätigkeit gewissenhaft, sorgfältig und qualifiziert ausüben zu können. Kommt es jedoch zu einem Qualitätsverlust, kann dies u. a. zu einer fehlerhaften Anlageberatung und damit zu zivilrechtlichen Schadensersatzansprüchen des Kunden führen. Vor allem vermögende Privatkunden werden Banken und Sparkassen meiden, bei denen sie sich schlecht beraten fühlen.

▶ Aktualität und schnelle Verfügbarkeit praxisrelevanter Informationen beispielsweise über die Kapitalmärkte, Gesetzgebung, Rechtsprechung sowie die Kenntnis des einschlägigen Fachschrifttums sind wesentliche Wettbewerbsfaktoren einer qualifizierten Anlageberatung (vgl. Sommer 2015, S. 1467).

5.4.4 Spezialisten versus Generalisten

Die ständig steigenden Anforderungen an die fachliche Qualität in der Anlageberatung dürften zu einer Spezialisierung führen. Gerade im wohlhabenden Privatkundensegment (dem sogenannten Private Banking) verlangen die Kunden nach einer individuellen „Beratung und Betreuung". Denn Zeit ist das kostbarste Gut vermögender Privatkunden, entsprechend wünschen sie einen kompetenten und vertrauensvollen Ansprechpartner, der sie langfristig und auf Augenhöhe berät und ihnen die finanzielle Arbeit abnimmt.

Auf der anderen Seite besteht ein Trend zum Einsatz von Generalisten. Zumindest für den „normalen Beratungsbedarf" erwartet der Privatkunde die Anlageberatung aus einer Hand und an einem Ort, nämlich in der Bankfiliale. Die Rolle des Generalisten

kann mit der eines Hausarztes verglichen werden, dessen örtliche Nähe, stete Einsatzbereitschaft und vor allem ein breites fachliches Allgemeinwissen für eine langfristige
Patientenbindung sorgt. Beide Beraterausrichtungen, nämlich die des Spezialisten und
des Generalisten, wird es weiter geben, wobei sich aufgrund der demografischen Entwicklungen auch in naher Zukunft der „Senioren-Berater" etablieren dürfte.

5.4.5 Methodische Kompetenz wird zunehmend wichtiger

Der Anlageberater sieht sich heute einer kaum mehr zu bewältigenden Informati-
onsflut gegenüber. Er muss lernen, diese Datenflut systematisch und kundengerecht
einzusetzen. Vor allem die Fähigkeit, aus dem bestehenden Wissen mehr zu machen
als andere, wird zunehmend wichtiger. Systematisches und zielgerichtetes Arbeiten
sowie die Beherrschung „des Wissensmanagements" werden zu Schlüsselfaktoren
im Anlageberatungsgeschäft.

Darüber hinaus ist ein systematisches Vorgehen in der Kundenbetreuung
unerlässlich. Das setzt das Verständnis des Mitarbeiters in der Anlageberatung
voraus, dass das Beratungsgeschäft aus sehr unterschiedlichen Zielgruppen
besteht. Verlangt wird somit ein Zielgruppenverständnis (z. B. Konzentration auf
bestimmte Berufsgruppen) und die Abkehr von dem in den vergangenen Jahren
praktizierten Produktdenken. Gefordert ist vielmehr ein Denken in Bedarfssituati-
onen des Kunden, die erkannt und ermittelt werden müssen.

▶ Die strategische Vorausschau der Kundenpotenziale und die genaue
   Kenntnis von Verhalten und Wünschen einer Zielgruppe tragen maßgeblich zur Kundenbindung und damit zum ökonomischen Erfolg des Anlageberaters bei. Denn Stammkunden sprechen über „ihr Kreditinstitut".
   Sie betreiben damit eine kostenlose Werbung für den Anlageberater.

5.4.6 Kundenbeziehung ist eine persönliche Vertrauenssache

Hohes fachliches Wissen und Können sowie methodische Kompetenz sind die
Basis einer erfolgreichen Anlageberatung. Der Charakter der Kundenbeziehung als
eine sehr persönliche Vertrauenssache zwischen Kunden und Anlageberater stellt
aber genauso hohe Anforderungen an die soziale und kommunikative Kompetenz
des Anlageberaters.

Die finanziellen Angelegenheiten des Kunden sind spezifische Gegebenheiten, die für seine Lebenssituation von großer Bedeutung sind. Mit der Beantwortung von sensiblen Informationen (zum Beispiel zum Einkommen oder Vermögen) erläutert der Kunde dem Anlageberater seine persönliche Finanzsituation. Anlageberater sehen sich deshalb häufig nicht nur in der Rolle eines Hausarztes, sondern auch häufig in der Position eines „Beichtvaters" für sehr persönliche Themenbereiche. Dies gilt vor allem für ältere Kunden, die eine immer größere Zielgruppe für den Anlageberater geworden sind. Mit diesem Kundenvertrauen verantwortungsbewusst umzugehen, setzt großes soziales Einführungsvermögen voraus, das heißt die Fähigkeit, sich auf die Erwartungen, Bedürfnisse und auch auf die Ängste des Kunden einzustellen.

Zudem muss sich der Anlageberater aus dem Blickwinkel des Kunden so ausdrücken, dass dieser seine Aussagen klar versteht und nachvollziehen kann. Zum Anforderungsprofil eines guten Anlageberaters gehören aber auch Freundlichkeit und Hilfsbereitschaft, die gerade ältere Kunden sehr schätzen.

▶   Der zentrale Maßstab für den Anlageberater muss der Kunde sein. Konkret bedeutet das, die Erwartungen des Kunden ernst zu nehmen, um eine langfristige und erfolgreiche Kundenbeziehung aufzubauen.

5.4.7 Teamfähigkeit und die nächste Generation zu gewinnen sind weitere Eigenschaften

Teamfähigkeit ist eine weitere Eigenschaft, die ein erfolgreicher Anlageberater mitbringen muss. Bei der Komplexität der Anlageberatung und steigendem Technologieeinsatz ist er allein nicht in der Lage, alles selbst zu erledigen. In der Praxis ist der Mitarbeiter in der Anlageberatung abhängig von der Zusammenarbeit mit anderen Personen (zum Beispiel Financial oder Estate Planner, Mitarbeiter in der Finanzportfolioverwaltung). Von daher gewinnt die Fähigkeit, mit anderen Mitarbeitern im Unternehmen erfolgreich zusammenzuarbeiten, gerade bei komplexen Vermögensverhältnissen des wohlhabenden Kunden zunehmend an Bedeutung.

Vermögen und insbesondere Geldvermögen in Form von Wertpapieren und Bankguthaben wird in Deutschland vor allem von älteren Menschen gehalten. Dem Anlageberater muss es gelingen, die möglichen Erben seiner wohlhabenden Klientel als Kunden zu gewinnen und erfolgreich an die Bank oder Sparkasse zu binden. Durch eine frühzeitige und vor allem systematische Ansprache dieser Zielgruppe lässt sich das zu betreuende Kundenvermögen erhöhen. Anlageberater, die gezielt in die Akquisition der nächsten Generation investieren, können langfristig erhebliche Vorteile gegenüber der Konkurrenz erzielen (vgl. Stettler 2008, S. 40).

5.4.8 Anlageberater muss sich als Unternehmer verstehen

Die beschriebenen Anforderungen, die ein Anlageberater heute und erst recht in naher Zukunft zu erfüllen hat, verlangen eine weit überdurchschnittliche Einsatzbereitschaft und Einsatzfreude, ohne die diese Aufgabe nicht erfolgreich bewältigt werden kann. Dies setzt eine hohe Identifikation mit „seinem Beruf" und mit „seinem Kreditinstitut" voraus.

Ein Anlageberater, der seine Aufgaben in dem bisher beschriebenen Sinne versteht, hat sich endgültig von reinen „Produktverkäufer" verabschiedet. Der moderne Anlageberater muss sich vielmehr als „Unternehmer im Unternehmen" fühlen, der die langfristige Pflege der Kundenbeziehung als unternehmerische Aufgabe sieht mit dem Ziel, den Bedarf des Kunden so zu erfüllen, dass er und sein Kreditinstitut auf Dauer einen angemessenen ökonomischen Erfolg erzielen.

5.4.9 Freiheit der Berufsausübung

Die Freiheit als Anlageberater in einem Kreditinstitut tätig zu sein umfasst auch das Recht, die Öffentlichkeit über erworbene Qualifikationen wahrheitsgemäß und in angemessener Form zu informieren. Zu den in Artikel 12 Abs. 1 GG geschützten berufsbezogenen Handlungen gehört in der beruflichen Außendarstellung der Hinweis auf erworbene Kenntnisse und Fähigkeiten, die einerseits in rechtmäßig erlangten Titeln ihren Niederschlag gefunden haben können, andererseits aber auch in anderer Weise dokumentiert werden können (in Anlehnung an: AnwG Köln, Beschluss vom 20.1.2016 – 3 AnwG 14/15 R, rkr., in: Deutsches Steuerrecht (Entscheidungsdienst), 21. Jg., 2017, S. 639–640, hier S. 640).

Literatur

Benelli, G.: Finanzbranche im Umbruch, in: Finanz und Wirtschaft Nr. 94 vom 26.11.2016, S. 20.

Jakob, R./Nickel, H:: Anlageberatung im Privatkundengeschäft von Kreditinstituten, in: Tilmes, R./Jakob, R/Nickel, H.: (Hrsg.): Praxis der modernen Anlageberatung, Köln 2013, S. 19–67.

Schmoll, A.: Feinschliff für die Vertriebskultur, in: Die Bank, o. Jg., Heft 7, 2008, S. 36–40.

Sommer, U.: Steuerberatung 2020 – Die zukünftige Kanzlei, in: Deutsches Steuerrecht, 53. Jg., 2015, S. 1467–1472.

Stettler, R.: Die nächste Generation gewinnen, in: Die Bank, o. Jg., Heft 3, 2008, S. 38–40.

Fallstudien zur Anlageberatung mit lösungsorientierten Hinweisen

6

6.1 Allgemeine Hinweise zur Bearbeitung der Fallstudien

Die nachfolgenden Praxisfälle sind jeweils in der Reihenfolge nach Sachverhalt, Aufgabenstellung und Lösungshinweisen gegliedert. Mit diesem Kapitel soll das neue Fachwissen an konkreten Fällen trainiert werden. Sie können damit ganz einfach feststellen, wo Sie Ihr Wissen noch vertiefen müssen und in welchen Bereichen der Anlageberatung Sie bereits über profunde Kenntnisse verfügen. Die in der Fallsammlung und in den Fachfragen zitierten Paragrafen sollten nachgeschlagen und vor allem gelesen werden. Eine rechtssichere Sachkunde erschließt sich nur mit sorgfältiger Lektüre des Gesetzes. Lernen mit System heißt lernen mit Erfolg auch mithilfe gesetzlicher Grundlagen, um Ihre Aussagen in der Anlageberatung rechtssicher und kompetent begründen zu können.

6.2 Fallstudie 1: Geeignetheitsprüfung, Investmentsteuergesetz 2018, Auswirkungen des Zweiten Finanzmarktnovellierungsgesetzes auf die Anlageberatung

Beispiel

Die Eheleute Barbara und Werner Steiner, 55 und 64 Jahre alt, wollen im heutigen Beratungsgespräch 50.000 EUR „mit sehr guten Zinsen" und einer Laufzeit von bis zu vier Jahren an den internationalen Kapitalmärkten anlegen. Bei Ihrem Institut unterhalten die Eheleute ein gemischtes Wertpapierdepot in Höhe von 300.000 EUR (30 % deutsche Bundesanleihen, 20 % Unternehmensanleihen, 30 % inländische Aktienfonds, 20 % inländische Aktien wie BASF und Daimler).

© Springer Fachmedien Wiesbaden GmbH, ein Teil von Springer Nature 2018
H. Nickel, *Anlageberatung am Finanzplatz Deutschland*,
Edition Bankmagazin, https://doi.org/10.1007/978-3-658-18794-1_6

Die Anlageberaterin Katja Berger, 27 Jahre alt, empfiehlt für 30.000 EUR einen ausschüttenden deutschen Aktienfonds und für 20.000 EUR die Bayer-Aktie zum Kauf. „Mit diesen beiden Empfehlungen kann man nichts falsch machen", so Frau Berger im Gespräch mit den Kunden.

Die bei der Anlageberatung zur Verfügung gestellten zwei Produktinformationsblätter lehnen die Eheleute dankend ab. Nach erfolgter Anlageberatung teilt Herr Steiner der Anlageberaterin Frau Berger mit, dass er am 01.12.2018 in den vorzeitigen Ruhestand gehen möchte.

Aufgabenstellung

Was fällt Ihnen zu diesem Fall unter WpHG-Aspekten auf? Können Sie den Eheleuten Steiner die Eckpunkte des neuen Investmentsteuergesetzes 2018 erläutern? Skizzieren Sie das aktuelle Stichwort „Zweites Finanzmarktnovellierungsgesetz und die Auswirkungen auf die Anlageberatung."

Lösungshinweise

Zur Frage 1: Was fällt Ihnen zu diesem Fall unter WpHG-Aspekten auf?

Aufgrund der vorhandenen Ausgangssituation stellt sich die Frage, ob die beiden von Frau Berger empfohlenen Finanzinstrumente für die Eheleute Steiner geeignet sind. Ferner ist zu hinterfragen, ob sowohl der ausschüttende deutsche Aktienfonds als auch die Bayer-Aktie empfohlen werden dürfen. Sie dürfen nur dann von der Beraterin empfohlen werden, wenn sie (wie bei vielen Banken und Sparkassen üblich) auf der „Empfehlungsliste des Hauses" enthalten sind. Darüber hinaus muss das Anliegen „mit sehr guten Zinsen" näher konkretisiert werden. Auch sind die Kundenangaben im Sinne des § 64 Abs. 3 Satz 1 WpHG einzuholen. In Artikel 54 Abs. 4 und 5 der Delegierten Verordnung (EU) 2017/565 wird genau angegeben, welche Informationen von den Kunden eingeholt werden müssen.

Vor einer Empfehlung müssen den Eheleuten Steiner die wesentlichen Anlegerinformationen (für den ausschüttenden deutschen Aktienfonds) und ein standardisiertes Produktinformationsblatt (für die Bayer-Aktie) rechtzeitig vor Vertragsschluss zur Verfügung gestellt werden. Darüber hinaus ist zu prüfen, ob die empfohlenen zwei Finanzinstrumente für die Eheleute Steiner geeignet sind. Nach Artikel 54 Abs. 2 der Delegierten Verordnung (EU) 2017/565 sind folgende Kriterien für die Geeignetheitsprüfung relevant:

a) Es entspricht den Anlagezielen des betreffenden Kunden, auch hinsichtlich seiner Risikobereitschaft.
b) Es ist so beschaffen, dass etwaige mit dem Geschäft einhergehende Anlagerisiken für den Kunden seinen Anlagezielen entsprechend finanziell tragbar sind.

c) Es ist so beschaffen, dass der Kunde mit seinen Kenntnissen und Erfahrungen die mit dem Geschäft oder der Verwahrung seines Portfolios einhergehenden Risiken verstehen kann.

Darüber hinaus sind die Eheleute Steiner zu einem neuen Gespräch einzuladen, um die neue Lebenssituation (geplanter Ruhestand zum 01.12.2018) unter finanziellen Aspekten zu besprechen.

Zur Frage 2: Können Sie den Eheleuten Steiner die Eckpunkte des neuen Investmentsteuergesetzes 2018 erläutern?
Zum 01.01.2018 sind die Vorschriften zum neuen Investmentsteuergesetz in Kraft getreten. Mit der Investmentsteuerreform möchte der deutsche Gesetzgeber die Komplexität und den administrativen Aufwand bei Investmentfonds reduzieren, europarechtliche Risiken ausräumen sowie Steuergestaltungsmöglichkeiten aufheben (vgl. Stadler und Bindl 2016, S. 1953).

Die Investmentfonds sind seit dem 01.01.2018 nicht mehr vollständig steuerbefreit, sondern unterliegen mit bestimmten inländischen Einkünften (zum Beispiel inländische Dividendeneinkünfte) der partiellen Körperschaftsteuerpflicht von 15 %. Die Anleger müssen die Ausschüttungen, Veräußerungsgewinne aus den Fondsanteilen und eine sogenannte Vorabpauschale (als Ausgleich für den Wegfall der ausschüttungsgleichen Erträge) versteuern. Zum Ausgleich der steuerlichen Vorbelastung für bestimmte Einkünfte auf Fondsebene sind auf Anlegerebene pauschale Teilfreistellungen vorgesehen (vgl. Stadler und Bindl 2016, S. 1953; vgl. auch die Ausführungen in Abschn. 2.9).

Zur Frage 3: Skizzieren Sie das aktuelle Stichwort „Zweites Finanzmarktnovellierungsgesetz und die Auswirkungen auf die Anlageberatung."
Mit dem Zweiten Gesetz zur Novellierung von Finanzmarktvorschriften aufgrund europäischer Rechtsakte (2. FiMaNoG) vom 23.06.2017 hat der deutsche Gesetzgeber unter anderem die MiFID II in das nationale Recht umgesetzt. Das 2. FiMaNoG ist am 24.06.2017 im Bundesgesetzblatt (Teil I, S. 1693 ff.) veröffentlicht worden. Es gilt seit dem 03.01.2018. Für die Anlageberatung ergeben sich beispielsweise die folgenden Änderungen:

1. Seit dem 03.01.2018 ist ein Wertpapierdienstleistungsunternehmen verpflichtet, Wertpapierdienstleistungen und Wertpapiernebendienstleistungen ehrlich, redlich und professionell im **bestmöglichen Interesse seiner Kunden** zu erbringen (§ 63 Abs. 1 WpHG).

2. Neben den Erfahrungen und Kenntnissen sowie den finanziellen Verhältnissen und den Anlagezielen müssen die Wertpapierdienstleistungsunternehmen auch die Verlusttragfähigkeit und die Risikotoleranz als neue Kundenangaben einholen (§ 64 Abs. 3 Satz 1 WpHG).

3. Kernelement der Pflichten nach dem Wertpapierhandelsgesetz ist unverändert die geeignete Empfehlung, da dem Kunden nur geeignete Finanzinstrumente bzw. Wertpapierdienstleistungen empfohlen werden dürfen (vgl. Buck-Heeb und Poelzig 2017, S. 491).

4. Ein Wertpapierdienstleistungsunternehmen, das Anlageberatung erbringt, muss dem **Privatkunden** auf einem dauerhaften Datenträger **vor Vertragsschluss** eine Erklärung über die Geeignetheit der Empfehlung (Geeignetheitserklärung) zur Verfügung stellen (§ 64 Abs. 4 Satz 1 WpHG).

5. Die gesetzlich vorgeschriebene Sachkunde für Mitarbeiter in der Anlageberatung ist erhöht worden. So sind beispielsweise bei der Empfehlung von Finanzinstrumenten dem Kunden die allgemeinen steuerlichen Auswirkungen im Zusammenhang mit den Geschäften zu erläutern (§ 1 Abs. 2 Nr. 3 Buchstabe b WpHGMaAnzV; zu den weiteren Ausführungen vgl. Abschn. 3.5).

6.3 Fallstudie 2: Anliegen der Kundin, Basisinformationen über Wertpapiere und weitere Kapitalanlagen, Steuern in der Anlageberatung

Beispiel

Die in Köln wohnende Unternehmensberaterin Dr. Doris Berger, 58 Jahre alt, geschieden, unterhält bei Ihrem Institut ein gemischtes Wertpapierdepot in Höhe von 300.000 EUR (unter anderem deutsche Aktienfonds, eine Aktienanleihe auf Daimler sowie inländische Aktien wie BASF und SAP). Nächste Woche sollen aus einer fälligen Lebensversicherung 70.000 EUR „sicher" und vor allem „chancenorientiert" angelegt werden. Frau Dr. Berger denkt in erster Linie an Standard-Aktienfonds. Darüber hinaus sind, so die Kundin, auch offene Immobilienfonds sehr interessant. Die ihr zur Verfügung gestellte neue „Basisinformationsbroschüre über Wertpapiere und weitere Kapitalanlagen" lehnt sie dankend ab. Sie habe, so Frau Dr. Berger, schon sehr viele Informationen von den Kreditinstituten erhalten.

Aufgabenstellung

Welche Lösungsmöglichkeiten können Sie unter WpHG-Aspekten aufzeigen? Skizzieren Sie den Stellenwert der „Basisinformationen über Wertpapiere und weitere Kapitalanlagen" im Rahmen der Anlageberatung. Erläutern Sie das Thema „Steuern in der Anlageberatung".

Lösungshinweise

Zur Frage 1: Welche Lösungsmöglichkeiten können Sie unter WpHG-Aspekten aufzeigen?

Bei den im Depot von Frau Dr. Berger enthaltenen Werten handelt es sich um deutsche Aktienfonds (OGAW), einer Aktienanleihe auf Daimler (komplexes Finanzinstrument bzw. verpacktes Anlageprodukt) und Qualitätsaktien BASF und SAP. Die Qualitätsaktien sind nicht komplexe Finanzinstrumente. Darüber hinaus ist mit Frau Dr. Berger zu klären, was sie unter den unbestimmten Rechtsbegriffen „sicher" und „chanenorientiert" versteht.

Vollständige risikofreie und damit absolut sichere Anlageformen gibt es nicht. Es obliegt den Beteiligten im Einzelfall, zu präzisieren, welches konkrete Risiko sie in welchem Umfang ausschließen wollen. Die Verwendung des Begriffs „sicher" allein ist damit eine bloß unverbindliche werblich anpreisende Beschreibung des Produkts, an das konkrete Erwartungen nicht geknüpft werden können (OLG Frankfurt a. M., Urteil vom 16.07.2015, in: Zeitschrift für Wirtschafts- und Bankrecht, 69. Jg., 2015, S. 1852 ff.). Bei dem Begriff „chancenorientiert" ist zu erfragen, ob beispielsweise Dividendenerträge oder Kursgewinne im Fokus stehen sollen.

Da Frau Dr. Berger Interesse an einem Standard-Aktienfonds und an einem offenen Immobilienfonds hat, ist sie mithilfe der Basisinformationen über Wertpapiere und weitere Kapitalanlagen aufzuklären. Typisch für Standard-Aktienfonds ist die Anlage in Aktien, die wegen allgemein anerkannter Qualität als Standardwerte gelten (Basisinformationen über Wertpapiere und weitere Kapitalanlagen 2017, S. 78). Zu den offenen Immobilienfonds sind die Ausführungen auf Seite 81 der Basisinformationsbroschüre zu erläutern. Für die Rückgabe der Anteilscheine an die Kapitalverwaltungsgesellschaft gelten besondere gesetzliche Bestimmungen. Anleger müssen offene Immobilienfonds mindestens 24 Monate halten; Rückgaben müssen sie mit einer Frist von zwölf Monaten ankündigen (Basisinformationen über Wertpapiere und weitere Kapitalanlagen 2017, S. 81).

Es sind die wesentlichen Anlegerinformationen für einen OGAW (Standard-Aktienfonds) und einen offenen Immobilienfonds (AIF) zur Verfügung zu stellen.

Anhand der Kundenangaben (zum Beispiel Kenntnisse und Erfahrungen) ist zu prüfen, ob die empfohlenen Anlageformen (Standard-Aktienfonds und offener Immobilienfonds) für die Kundin geeignet sind. Die Prüfung der Geeignetheit

eines Finanzinstruments erfolgt nach Artikel 54 Abs. 2 Satz 2 Delegierte Verordnung (EU) 2017/565 (vgl. auch die Ausführungen in Abschn. 3.5.9.6).

Ein Wertpapierdienstleistungsunternehmen, das Anlageberatung erbringt,
muss dem Privatkunden auf einem dauerhaften Datenträger vor Vertragsschluss
eine Erklärung über die Geeignetheit der Empfehlung (Geeignetheitserklärung)
zur Verfügung stellen (§ 64 Abs. 4 Satz 1 WpHG). Die Geeignetheitserklärung
muss die erbrachte Beratung nennen sowie erläutern, wie sie auf die Präferenzen,
Anlageziele und sonstigen Merkmale des Kunden abgestimmt wurde (§ 64 Abs. 4
Satz 2 WpHG).

**Zur Frage 2: Skizzieren Sie den Stellenwert der „Basisinformationen über
Wertpapiere und weitere Kapitalanlagen im Rahmen der Anlageberatung."**
Frau Dr. Berger lehnt die Basisinformationen über Wertpapiere und weitere Kapitalanlagen dankend ab. Im Beratungsgespräch sind die Chancen der Basisinformationsbroschüre zu erläutern (zum Beispiel Sinn und Zweck). Die Broschüre
eröffnet die Möglichkeit, die Wirkungsweise der einzelnen Gattungen von Finanzinstrumenten in methodisch-didaktisch aufbereiteter Form kennenzulernen. Frau
Dr. Berger kann hier die Grundlagen zur Funktionsweise sowie Chancen und
Risiken bestimmter Finanzinstrumente nachlesen (vgl. Arora 2010, S. 18). Konzipiert als Basisinformation soll die Broschüre zugleich den interessierten Anleger
dazu veranlassen. offene Fragen zur Vermögensanlage mit seinem Anlageberater
zu besprechen (Basisinformationen über Wertpapiere und weitere Kapitalanlagen
2017, S. 3).

Durch die in der Regel bei der Depoteröffnung erfolgte Übergabe von schrift-
lichem Informationsmaterial (wie zum Beispiel die Basisinformationsbroschüre)
ist für einen Anleger hinreichend deutlich, dass die Basisinformationsbroschüre
der ergänzenden Aufklärung und Beratung für nachfolgende konkrete Anlagegeschäfte dienen soll (BGH-Urteil vom 24.02.2015 – XI ZR 202/13, in: Zeitschrift
für Wirtschafts- und Bankrecht, 69. Jg., 2015, S. 1055 ff., hier S. 1057).

Zur Frage 3: Erläutern Sie das Thema „Steuern in der Anlageberatung".
Im Rahmen der Empfehlung eines Finanzinstruments müssen die steuerlichen
Konsequenzen einer Anlageform in die Vorteilhaftigkeitsanalyse einbezogen
werden, weil die Besteuerung beispielsweise die Rentabilität einer Kapitalanlage
entscheidend beeinflusst. Für den Anleger ist vor allem die Rendite nach Steuern maßgebend, da Kapitaleinkünfte steuerpflichtig sind (vgl. Basisinformationen
über Wertpapiere und weitere Kapitalanlagen 2017, S. 16).

Warum muss das Thema „Steuern in der Anlageberatung" angesprochen werden?
Unternehmen, die ein Handelsgewerbe betreiben, sind zur beschränkten Hilfeleistung in Steuersachen befugt. Sie dürfen ihre Kunden insoweit steuerlich

beraten, als diese Beratung in unmittelbarem Zusammenhang mit einem Geschäft steht, das zum Handelsgewerbe des Unternehmens gehört (§ 4 Nr. 5 StBerG). Zum Beispiel dürfen steuerliche Hinweise im Zusammenhang mit der Abgeltungsteuer (unter anderem Wirkungsweise der Verlusttöpfe) gegeben werden.

Seit dem 03.01.2018 müssen Anlageberater im Zusammenhang mit der Empfehlung von Finanzinstrumenten Kunden allgemeine steuerliche Auswirkungen im Zusammenhang mit den Geschäften erläutern (§ 1 Abs. 2 Nr. 3 Buchstabe b WpHGMaAnzV).

6.4   Fallstudie 3: Beratungsfreies Geschäft, Aktienumschichtung, Geeignetheitserklärung

Beispiel

Im heutigen Gespräch kommt Ihr Kunde Herbert Steinberg, 58 Jahre alt, den Sie schon seit zehn Jahren betreuen, auf das Thema „Umschichtung" von Aktienpositionen zu sprechen. Die in seinem Depot vorhandenen 300 Daimler Aktien sollen in BASF-Aktien umgeschichtet werden. Da der Kunde sich aber nicht schlüssig ist, will er Ihren Rat einholen und bittet um eine Anlageberatung. Gleichzeitig möchte der Kunde 400 Anteile am DWS Top Dividende erwerben. Er gibt Ihnen sogar die WKN 984 811 vor. Bisher hat der Kunde keine Kenntnisse und Erfahrungen zu Aktienfonds (auch nicht bei anderen Kreditinstituten) gesammelt.

Aufgabenstellung

Skizzieren Sie die charakteristischen Merkmale dieses Falls unter rechtlichen Aspekten. Welche Aspekte haben Sie seit dem 3.1.2018 bei einer Aktienumschichtung zu beachten? Gehen Sie auch auf die Besonderheiten der Geeignetheitserklärung nach § 64 Abs. 4 WpHG ein.

Lösungshinweise

Zur Frage 1: Skizzieren sie die charakteristischen Merkmale dieses Falls unter rechtlichen Aspekten.

In der Fallstudie 3 sind verschiedene rechtliche Gesichtspunkte zu erläutern. Einerseits sind die zivilrechtlichen Gesichtspunkte bei der Aktienumschichtung zu beachten. Andererseits sind die Pflichten der Wertpapierdienstleistungsunternehmen seit dem 03.01.2018 im Rahmen des Zweiten Finanzmarktnovellierungsgesetzes zu berücksichtigen.

Bei dem Erwerb des DWS Top Dividende handelt es sich um ein beratungsfreies Geschäft. Die charakteristischen Merkmale des beratungsfreien Geschäfts sind dazustellen. Die Ausführungen zum beratungsfreien Geschäft sind in § 63 Abs. 10 WpHG enthalten (vgl. auch die Ausführungen zum beratungsfreien Geschäft in Abschn. 3.5.10).

Zur Frage 2: Welche Aspekte haben Sie seit dem 03.01.2018 bei einer Aktienumschichtung zu beachten?
Bei einer Aktienumschichtung besteht keine generell gesteigerte Aufklärungspflicht, auch nicht vor dem Hintergrund des Provisionsinteresses der Bank sowie der mit der Neuanlage für den Kunden verbundenen Kosten. Da bei einer Umschichtung zeitgleich sowohl eine Verkaufs- als auch eine Kaufempfehlung ausgesprochen werden, müssen beide Empfehlungen anleger- und anlagegerecht sein (Schleswig-Holsteinisches OLG, Urteil vom 24.07.2014, in: Zeitschrift für Bank- und Kapitalmarktrecht, 15. Jg., 2015, S. 76 ff.).

Aufsichtsrechtliche Pflichten seit dem 03.01.2018
Bei der Erbringung von Anlageberatungs- bzw. Portfolioverwaltungsdienstleistungen, bei denen Anlagen umgeschichtet werden, indem entweder ein Instrument verkauft und ein anderes gekauft oder ein Recht ausgeübt wird, um ein bestehendes Instrument zu ändern, holen die Wertpapierfirmen die erforderlichen Informationen über die bestehenden Investitionen des Kunden sowie die empfohlenen Neuinvestitionen ein und führen eine Kosten-Nutzen-Analyse der Umschichtung durch, sodass sie entsprechend demonstrieren können, dass die Vorteile der Umschichtung deren Kosten überwiegen (Artikel 54 Abs. 11 Delegierte Verordnung (EU) 2017/565).

Zur Frage 3: Gehen Sie auch auf die Besonderheiten der Geeignetheitserklärung nach § 64 Abs. 4 WpHG ein.
Seit dem 03.01.2018 ist das deutsche Beratungsprotokoll durch die europäische Geeignetheitserklärung ersetzt worden, das aufgrund der nunmehr europaweit harmonisierten Aufzeichnungs- und Protokollpflichten nicht mehr erforderlich ist und entfallen kann (Bundestags-Drucksache 18/10936 2017, S. 236). Die Anforderungen an die Erstellung einer Geeignetheitserklärung ergeben sich aus § 64 Abs. 4 WpHG und Artikel 54 Abs. 12 Delegierte Verordnung (EU) 2017/565. Eine Geeignetheitserklärung ist demnach bei jeder Anlageberatung gemäß § 2 Abs. 8 Satz 1 Nr. 10 WpHG gegenüber einem Privatkunden zu erstellen. Nach § 64 Abs. 4 Satz 1 ist die Geeignetheitserklärung dem Kunden vor Vertragsschluss auf einem dauerhaften Datenträger zur Verfügung zu stellen (vgl. auch die Ausführungen zur Geeignetheitserklärung in Abschn. 3.6).

6.5 Fallstudie 4: Kauf- und Verkaufsempfehlungen, organisatorische Struktur im Rahmen der Anlageberatung, Begriffe Zielmarkt und Vertriebsstrategie

Beispiel

Im heutigen Aufsichtsgespräch kommt ein Mitarbeiter der BaFin auf das Thema „Kauf- und Verkaufsempfehlungen" sowie „organisatorische Struktur der Anlageberatung in Ihrem Institut" zu sprechen. In diesem Zusammenhang werden Sie unter anderem zur Qualifikation im Rahmen der Anlageberatung nach § 87 WpHG gefragt. Außerdem interessiert sich die BaFin-Mitarbeiter für die Begriffe „Zielmarkt" und „Vertriebsstrategie".

Aufgabenstellung

Was können Sie im Aufsichtsgespräch dem BaFin-Mitarbeiter zum Thema „Kauf- und Verkaufsempfehlungen" mitteilen? Welche organisatorische Struktur verfolgt Ihr Institut im Rahmen der Anlageberatung? Erläutern Sie die neuen Regelungen zum Vertrieb seit dem 03.01.2018 (u. a. Zielmarkt und Vertriebsstrategie).

Lösungshinweise

Zur Frage 1: Was können Sie im Aufsichtsgespräch dem BaFin-Mitarbeiter zum Thema „Kauf- und Verkaufsempfehlungen" mitteilen?

Bei ihrer Vertriebsaufsicht rund um die Anlageberatung besuchen Mitarbeiter der BaFin seit Ende 2012 verstärkt Banken und Sparkassen. Die Gespräche mit den Mitarbeitern in der Anlageberatung und Vertriebsbeauftragte sind wichtige Erkenntnisquellen in Bezug auf die Einhaltung der Verhaltens- und Organisationspflichten durch Wertpapierdienstleistungsunternehmen (vgl. Weiterer 2015, S. 28). In diesem Zusammenhang überprüft die Aufsichtsbehörde die Kauf-, Verkaufs- und Halteempfehlungen vor dem Hintergrund des Gesamtdepotbestands bestimmter Kunden, um zu erfahren, ob die jeweilige ausgesprochene Produktempfehlung für den Kunden geeignet ist (vgl. Weiterer 2015, S. 30). Seit dem 03.01.2018 sind die Kriterien zur Geeignetheit nicht mehr im WpHG, sondern in § 54 Abs. 2 Satz 2 der Delegierten Verordnung (EU) 2017/565 enthalten.

Zur Frage 2: Welche organisatorische Struktur verfolgt Ihr Institut im Rahmen der Anlageberatung?

Aus den Aufsichtsgesprächen mit den Mitarbeitern in der Anlageberatung gewinnt die BaFin nicht nur Erkenntnisse über den Einzelfall, sondern auch zur allgemeinen organisatorischen Struktur des Wertpapierdienstleistungsunternehmens bei der Anlageberatung und im Vertrieb. Die Tätigkeit des einzelnen Mitarbeiters ist für die Aufsichtsbehörde ein wichtiges Indiz. Besuche vor Ort geben nach Meinung der BaFin somit Aufschluss über die gelebte Vertriebsstruktur eines Instituts (vgl. Weiterer 2015, S. 30).

Seit dem 03.01.2018 sind die Qualitätsanforderungen für Mitarbeiter in der Anlageberatung erhöht worden. Die Sachkunde ist kontinuierlich zu wahren und regelmäßig auf den neuesten Stand zu bringen. Das Wertpapierdienstleistungsunternehmen überprüft die Sachkunde jedes Mitarbeiters mindestens einmal jährlich unter Berücksichtigung von Veränderungen der gesetzlichen Anforderungen und seines Angebots an Wertpapierdienstleistungen, Wertpapiernebendienstleistungen und Finanzinstrumenten (§ 1 Abs. 1 WpHGMaAnzV; zu den detaillierten Anforderungen an die Sachkunde für Mitarbeiter in der Anlageberatung vgl. Abschn. 3.7).

Zur Frage 3: Erläutern Sie die neuen Regelungen zum Vertrieb seit dem 03.01.2018 (unter anderem Zielmarkt und Vertriebsstrategie)

Im Aufsichtsgespräch sind auch die Sachverhalte „Zielmarkt" und die „Vertriebsstrategie" des Herstellers und des Vertriebsunternehmens darzustellen. Ein Wertpapierdienstleistungsunternehmen, das Finanzinstrumente zum Verkauf an Kunden konzipiert, muss sicherstellen, dass die Finanzinstrumente so ausgestaltet sind, dass

1. sie den Bedürfnissen eines bestimmten Zielmarktes des § 80 Abs. 9 WpHG entsprechen und
2. die Strategie für den Vertrieb der Finanzinstrumente mit dem Zielmarkt vereinbar ist (§ 63 Abs. 4 Satz 1 WpHG).

Ein Wertpapierdienstleistungsunternehmen, das Finanzinstrumente vertreibt, die von einem anderen Unternehmen konzipiert worden sind, muss über angemessene Produktfreigabevorkehrungen verfügen, um sicherzustellen, dass

1. die Produkte und Dienstleistungen, die das Wertpapierdienstleistungsunternehmen anzubieten oder zu empfehlen beabsichtigt, mit den Bedürfnissen, Merkmalen und Zielen des bestimmten Zielmarkts vereinbar sind und
2. die beabsichtigte Vertriebsstrategie dem bestimmten Zielmarkt entspricht (§ 12 Abs. 4 Satz 1 WpDVerOV).

Die MiFID II unterscheidet zwischen Wertpapierfirmen, die das Produkt herstellen (Hersteller) und jenen, die das Produkt vertreiben (Vertriebsunternehmen). In der Praxis kann eine Wertpapierfirma sowohl Hersteller als auch Vertriebsunternehmen sein. In diesem Fall müssen beide Pflichtenkreise der Produktüberwachungspflichten eingehalten werden (vgl. Busch 2017, S. 410; zu den Verhaltenspflichten in Bezug auf die Konzeption und den Vertrieb von Finanzprodukten vgl. die Ausführungen in Abschn. 3.5.12).

6.6   Fallstudie 5: Kenntnisse zu ausländischen Aktien, Produktinformationsblatt und PRIIP, Aufzeichnung von Telefongesprächen und elektronischer Kommunikation

Beispiel

Die Eheleute Monika und Werner Seifert, 54 und 59 Jahre alt, die bei Ihrem Institut ein Wertpapierdepot in Höhe von 300.000 EUR unterhalten (unter anderem deutsche Aktienfonds, offene Immobilienfonds und deutsche Aktien wie zum Beispiel BASF und Daimler) interessieren sich im heutigen Beratungsgespräch unter anderem für ausländische Aktien (unter anderem Coca Cola sowie Nestlé) und Zertifikate. Als Anlagebetrag stehen 50.000 EUR aus einem gestern fällig gewordenen Festgeld zur Verfügung. Die Eheleute möchten neue Wege in der Vermögensanlage gehen. Angesichts der weiterhin kaum vorhandenen Zinsen ist diese Vorgehensweise, so Herr Seifert, dringend erforderlich.

Aufgabenstellung

Was fällt Ihnen zu diesem Fall unter WpHG-Gesichtspunkten auf? Skizzieren Sie die Informationen, die den Eheleuten seit dem 03.01.2018 zur Verfügung zu stellen sind. Welche Besonderheiten sind bei der „Aufzeichnung von Telefongesprächen und elektronischer Kommunikation" in der Praxis zu berücksichtigen?

Lösungshinweise

Zur Frage 1: Was fällt Ihnen zu diesem Fall unter WpHG-Gesichtspunkten auf?

Die Absicht der Eheleute Seifert, neue Wege für ein besseres Investieren vor dem Hintergrund der nicht vorhandenen Zinsen einzugehen, ist zu begrüßen. Allerdings müssen unter WpHG-Gesichtspunkten die Kenntnisse zu ausländischen Aktien und zu Zertifikaten mithilfe der Basisinformationen über Wertpapiere und weitere Kapitalanlagen vermittelt werden. Bei den Aktienanlagen (Coca Cola und Nestlé) ist unter anderem auch auf das Thema der ausländischen Quellensteuer einzugehen. Bei den Zertifikaten, bei denen es sich um Inhaberschuldverschreibungen handelt, sind die speziellen Risiken (zum Beispiel Emittentenrisiko, Kursänderungsrisiko) zu erläutern.

Die Geeignetheitsprüfung ist durchzuführen. Ebenfalls ist eine Geeignetheitserklärung nach § 64 Abs. 4 Satz 1 WpHG anzufertigen und den Kunden vor Vertragsschluss zur Verfügung zu stellen. Die Geeignetheitserklärung muss die erbrachte Beratung nennen sowie erläutern, wie sie auf die Präferenzen, Anlageziele und sonstigen Merkmale der Eheleute Seifert abgestimmt wurde (§ 64 Abs. 4 Satz 2 WpHG).

Zur Frage 2: Skizzieren Sie die Informationen, die den Eheleuten seit dem 03.01.2018 zur Verfügung zu stellen sind.
Zu den ausländischen Aktien ist den Eheleuten vor dem Abschluss eines Geschäfts jeweils ein Produktinformationsblatt (für nicht komplexe Finanzinstrumente) zur Verfügung zu stellen. Bei den Zertifikaten handelt es sich seit dem 03.01.2018 um verpackte Anlageprodukte. Die Eheleute Seifert erhalten vor Vertragsschluss ein Basisinformationsblatt nach den Vorschriften der PRIIPs-Verordnung (vgl. auch im Einzelnen die Ausführungen in Abschn. 3.4). Ferner sind dem Kunden auch die Informationen über die Kosten im Zusammenhang mit dem Erwerb der Finanzinstrumente zur Verfügung zu stellen.

Zur Frage 3: Welche Besonderheiten sind bei der „Aufzeichnung von Telefongesprächen und elektronischer Kommunikation" in der Praxis zu berücksichtigen?
Hinsichtlich der beim Handel für eigene Rechnung getätigten Geschäfte und der Erbringung von Dienstleistungen, die sich auf die Annahme, Übermittlung und Ausführung von Kundenaufträgen beziehen, hat das Wertpapierdienstleistungsunternehmen für Zwecke der Beweissicherung die Inhalte der Telefongespräche und der elektronischen Kommunikation aufzuzeichnen (§ 83 Abs. 3 Satz 1 WpHG). Die Aufzeichnung hat insbesondere diejenigen Teile der Telefongespräche und der elektronischen Kommunikation zu beinhalten, in welchen die Risiken, die Ertragschancen oder die Ausgestaltung von Finanzinstrumenten oder Wertpapierdienstleistungen erörtert werden (§ 83 Abs. 3 Satz 2 WpHG; vgl. auch die Ausführungen in Abschn. 3.5.13).

Literatur

Basisinformationen über Wertpapiere und weitere Kapitalanlagen: Grundlagen, wirtschaftliche Zusammenhänge, Möglichkeiten und Risiken, 13. Aufl., Köln 2017.

Bundestags-Drucksache 18/10936: Entwurf eines Zweiten Gesetzes zur Novellierung von Finanzmarktvorschriften auf Grund europäischer Rechtsakte (Zweites Finanzmarktnovellierungsgesetz – 2. FiMaNoG) vom 23.1.2017.

Buck-Heeb, P./Poelzig, D.: Die Verhaltenspflichten (§§ 63 ff. WpHG n. F.) nach dem 2. FiMaNoG – Inhalt und Durchsetzung, in: Zeitschrift für Bank- und Kapitalmarktrecht, 15. Jg., 2017, S. 485–495.

Busch, D.: Product Governance und Produktintervention unter MiFID II/MiFIR, in: Zeitschrift für Wirtschafts- und Bankrecht, 71. Jg., 2017, S. 409–420.

Stadler, R./Bindl, E.: Das neue InvStG – Überblick und Korrekturbedarf, in: Deutsches Steuerrecht, 54. Jg., 2016, S. 1953–1966.

Weiterer, F.: Aufsicht vor Ort, in: BaFin Journal Dezember 2015, S. 28–30.

Glossar zur Anlageberatung 7

Das „Glossar zur Anlageberatung" gibt einen Überblick über zentrale Begriffe auf dem umfangreichen Gebiet der Anlageberatung. Wichtige Sachverhalte werden knapp und präzise erläutert. Querverweise verdeutlichen die Beziehungen zu den im Praxishandbuch behandelten Themen. Damit ist das Lexikon eine wertvolle Hilfe für die tägliche Arbeit. Die Literaturhinweise und angegebenen Rechtsgrundlagen dienen der Ergänzung, Vertiefung und vor allem der rechtssicheren Anwendung der erläuterten Begriffe.

Aktienanleihen
Aktienanleihen sind mit einer weit über dem Marktzins liegenden Verzinsung ausgestattet. Als Gegenleistung für die hohe Verzinsung räumt der Emittent dem Anleger das Recht ein, am Ende der Laufzeit die Rückzahlung nicht in Geld, sondern in Form einer vorher festgelegten Anzahl Aktien eines bestimmten Unternehmens zu tätigen. Die Anleiheform ist damit wirtschaftlich betrachtet eine Kombination einer festverzinslichen Schuldverschreibung mit einem Verkauf einer Verkaufsoption (Short Put). Bei Aktienanleihen wird unabhängig von der Wertentwicklung des zugrunde liegenden Basiswerts der vereinbarte Zins gezahlt (vgl. auch die Ausführungen in Abschn. 3.2.3.6).

Anlageberatung
Die Anlageberatung ist die Abgabe von persönlichen Empfehlungen im Sinne des Artikels 9 der Delegierten Verordnung (EU) 2017/565 an Kunden oder deren Vertreter, die sich auf Geschäfte mit bestimmten Finanzinstrumenten beziehen, sofern die Empfehlung auf eine Prüfung der persönlichen Umstände des Anlegers gestützt oder als für ihn geeignet dargestellt wird und nicht ausschließlich über

Informationsverbreitungskanäle oder für die Öffentlichkeit bekannt gegeben wird
(§ 2 Abs. 8 Satz 1 Nr. 10 WpHG; vgl. auch die Ausführungen in Abschn. 3.3.2).

Anlageberatung als Kommunikationsprozess
Bei der Anlageberatung handelt es sich um einen Kommunikationsprozess, bei
dem das Ergebnis nicht von vornherein feststeht, sondern bei dem der Anlageberater auf den Kunden und dessen Bedürfnisse eingehen muss, um das für diesen
geeignete Anlageobjekt zu finden (LG München I, Urteil vom 23.2.1995, 12 O
6149/94, in: Zeitschrift für Wirtschafts- und Bankrecht, 49. Jg., 1995, S. 1308–
1314, hier S. 1312; vgl. auch die Ausführungen in Abschn. 3.2.2).

Anlegerschutz
Der Anlegerschutz bezeichnet die Gesamtheit der vom Gesetzgeber erlassenen
Maßnahmen, die Menschen in ihrer Rolle als Anleger schützen sollen. Seit dem
Ausbruch der globalen Finanzmarktkrise des Jahres 2008 steht der Anlegerschutz
verstärkt im Fokus der Bundesregierung. Die weltweite Krise hat unter anderem am deutschen Finanzplatz Defizite in der Anlageberatung aufgedeckt. Die
danach einsetzende Flut von Gerichtsentscheidungen und neuen Gesetzen haben
die regulatorischen Rahmenbedingungen für die Anlageberatung zunehmend
erschwert (vgl. Buck-Heeb 2017, S. 280). Den Höhepunkt des regulatorischen
Tsunamis bildet die seit dem 3. Januar 2018 geltende MiFID II, die in Deutschland in Form des Zweiten Finanzmarktnovellierungsgesetzes umgesetzt wurde
und zahlreiche Neuregelungen für die Anlageberatung mit sich brachte (vgl. auch
die Ausführungen in Abschn. 3.5).

Anwendungserlass zu § 154 AO
Am 11. Dezember 2017 hat das Bundesfinanzministerium die Anpassung des
Anwendungserlasses zur AO (AEAO) zu § 154 AO an die Rechtsänderungen
durch das Steuerumgehungsbekämpfungsgesetz veröffentlicht (vgl. Bundessteuerblatt Teil I 2017, S. 1604 ff.). In diesem für die Anlageberatung wichtigen
Anwendungserlass wird beispielsweise zu den Sachverhalten wie Verfügungsbe-
rechtigter, wirtschaftlich Berechtigter oder Identifizierungs- und Aktualisierungspflicht Stellung bezogen. Der Verpflichtete hat sich nach § 154 Abs. 2 Satz 1 Nr. 1
AO vor Beginn der Geschäftsbeziehung Gewissheit über die Person und Anschrift
jedes Verfügungsberechtigten und jedes wirtschaftlich Berechtigten zu verschaffen (Rz. 7.1 AEAO). Der Verpflichtete hat die Geschäftsbeziehung außerdem
kontinuierlich zu überwachen und die Daten über Person und Anschrift in angemessenem zeitlichen Abstand zu aktualisieren (§ 154 Abs. 2 Satz 4 AO) (Rz. 7.4
AEAO). Die Verletzung der Verpflichtungen nach § 154 Abs. 2 bis 2d AO führt

allein noch nicht zu einer Haftung des Verpflichteten. Es kann aber im Einzelfall eine Ordnungswidrigkeit vorliegen (Rz. 12. AEAO; vgl. auch die Ausführungen in Abschn. 2.14.2.6).

Aufgaben der BaFin
Die BaFin übt die Aufsicht nach den Vorschriften des WpHG aus. Sie hat im Rahmen der ihr zugewiesenen Aufgaben Missständen entgegenzuwirken, welche die ordnungsgemäße Durchführung des Handels mit Finanzinstrumenten oder von Wertpapierdienstleistungen, Wertpapiernebendienstleistungen oder Datenbereitstellungsdienstleistungen beeinträchtigen oder erhebliche Nachteile für den Finanzmarkt bewirken können. Sie kann Anordnungen treffen, die geeignet und erforderlich sind, diese Missstände zu beseitigen oder zu verhindern (§ 6 Abs. 1 WpHG; vgl. auch die Ausführungen in Abschn. 3.3.1).

Basisinformationsblatt nach der PRIIPs-Verordnung
Die Hersteller von verpackten Anlageprodukten für Kleinanleger und Versicherungsanlageprodukten (Packaged Retail and Insurance-based Investment Products; „PRIIPs") müssen seit dem 1. Januar 2018 gemäß der PRIIPs-Verordnung vom 26. November 2014 dazugehörige Basisinformationsblätter erstellen und auf ihrer Website veröffentlichen. Ebenso wird der Anlageberater in die Pflicht genommen, dem Anleger rechtzeitig vor Vertragsschluss ein Basisinformationsblatt zur Verfügung zu stellen. Privatanlegern soll so ermöglicht werden, die grundlegenden Merkmale und Risiken von PRIIPs (wie zum Beispiel Aktienanleihen, Discount-Zertifikate) zu verstehen und zu vergleichen (vgl. Litten 2016, S. 1679; vgl. auch die Ausführungen in Abschn. 3.4).

Bestmögliches Kundeninteresse
Ein Wertpapierdienstleistungsunternehmen ist verpflichtet, Wertpapierdienstleistungen und Wertpapiernebendienstleistungen ehrlich, redlich und professionell im bestmöglichen Interesse seiner Kunden zu erbringen (§ 63 Abs. 1 WpHG). Dies bedingt für Wertpapierdienstleistungsunternehmen nicht nur die Pflicht zur Erkundigung über den Anleger und dessen Bedürfnisse, sondern auch eine Pflicht zum Verständnis der angebotenen oder empfohlenen Finanzinstrumente (vgl. auch die Ausführungen in Abschn. 3.5.4).

Beratungspflichten des Anlageberaters
Unter zivilrechtlichen Aspekten ist der Anlageberater zu einer anleger- und anlagegerechten Beratung verpflichtet. Inhalt und Umfang der Beratungspflichten hängen dabei von den Umständen des Einzelfalls ab. Maßgeblich sind einerseits

der Wissensstand, die Risikobereitschaft und das Anlageziel des Kunden und andererseits die allgemeinen Risiken, wie etwa die Konjunkturlage und Entwicklung des Kapitalmarkts sowie die speziellen Risiken, die sich aus den Besonderheiten des Anlageobjekts ergeben. In Bezug auf das Anlageobjekt hat sich die Beratung auf diejenigen Eigenschaften und Risiken zu beziehen, die für die jeweilige Anlageentscheidung wesentliche Bedeutung haben oder haben können (BGH-Urteil vom 21.03.2013 – III ZR 182/12, in: Der Betrieb, 66. Jg., 2013, S. 989–991, hier S. 989; vgl. auch die Ausführungen in Abschn. 3.2).

Bond-Urteil

Grundaussage des berühmten Bond-Urteils ist die Verpflichtung des Wertpapierdienstleistungsunternehmens zur anleger- und anlagegerechten Beratung. Eine Bank hat bei der Anlageberatung den (gegebenenfalls zu erfragenden) Wissensstand des Kunden über Anlagegeschäfte der vorgesehenen Art und dessen Risikobereitschaft zu berücksichtigen („anlegergerechte" Beratung). Das von ihr danach empfohlene Anlageobjekt muss diesen Kriterien Rechnung tragen („anlagegerechte" Beratung) (BGH-Urteil vom 06.07.1993 – XI ZR 12/93, in: Der Betrieb, 46. Jg., 1993, S. 1869–1870, hier S. 1869; vgl. auch die Ausführungen in Abschn. 3.2).

Bonitätsanleihen

Mit Bonitätsanleihen (auch unter dem Begriff „bonitätsabhängige Schuldverschreibungen" bekannt) haben Anleger die Möglichkeit, in die Kreditwürdigkeit (Bonität) eines Schuldners zu investieren. Zins- und Rückzahlung erfolgen in Abhängigkeit von der Kreditwürdigkeit des Schuldners. Sofern bei dem Schuldner kein Kreditereignis eintritt, erhält der Investor die vereinbarten Zinszahlungen und bei Fälligkeit den Nennwert der Anleihe ausgezahlt. Tritt dagegen ein Kreditereignis ein, kommt es zu einer vorzeitigen Rückzahlung der Anleihe. In diesem Fall erhält der Anleger keine laufende Zinszahlung und die Rückzahlung erfolgt zu einem Betrag, der deutlich unter den Nennwert der Anleihe liegen kann (vgl. o. V.: Die Derivate Liga 2014, S. 10; vgl. auch die Ausführungen in Abschn. 3.3.4)

Common Reporting Standard

Die Bundesrepublik Deutschland sowie inzwischen 101 Staaten (Stand: Februar 2018) haben sich darauf geeinigt, durch gegenseitigen Informationsaustausch über Finanzkonten eine effektive Besteuerung sicherzustellen (Common Reporting Standard, kurz CRS sowie Gesetz zum automatischen Austausch von Informationen über Finanzkonten in Steuersachen, kurz FKAustG).

Durch den Standard verpflichten sich die Vertragsparteien, die vereinbarten Informationen über Finanzkonten in Steuersachen von den Finanzinstituten zu erheben und regelmäßig zum 30. September eines jeden Jahres automatisch auszutauschen. Zu den gemeldeten Daten gehören beispielsweise der Gesamtbruttobetrag der Zinsen, der Dividenden oder die Gesamtbruttoerlöse aus der Veräußerung oder dem Rückkauf von Finanzvermögen. Am 1. Februar 2018 veröffentlichte das Bundesfinanzministerium eine neue vorläufige Staatenaustauschliste für den automatischen Austausch von Informationen über Finanzkonten in Steuersachen zum 30. September 2018 (BMF-Schreiben zum Austausch von Informationen über Finanzkonten in Steuersachen zum 30. September 2018 vom 1. Februar 2018). Auf dieser vorläufigen Liste sind nun auch die neu am Austausch teilnehmenden Länder wie beispielsweise Kanada, Kuwait, Monaco, Panama oder die Schweiz enthalten (vgl. auch die Ausführungen in Abschn. 2.11.5.1).

Dauerberatungsvertrag
Ein Beratungsvertrag ist immer auf eine konkrete Anlageentscheidung bezogen. Mit der vollständigen Erfüllung der diese Anlageentscheidung betreffenden Beratungspflichten sind die diesbezüglichen Leistungspflichten des Anlageberaters erfüllt. Fortlaufende Überwachungs- und Beratungspflichten ergeben sich aus einem solchen Vertrag für den Berater nicht (vgl. Stackmann 2016, S. 213; vgl. auch die Ausführungen in Abschn. 3.2.3.8).

Delegierte Verordnung (EU) 2017/565
Die Delegierte Verordnung (EU) 2017/565 vom 25. April 2016 ergänzt die MiFID II in Bezug auf die organisatorischen Anforderungen an Wertpapierfirmen und die Bedingungen für die Ausübung ihrer Tätigkeit sowie in Bezug auf die Definition bestimmter Begriffe. In dieser für die Anlageberatung wichtigen EU-Verordnung sind beispielsweise die allgemeinen Anforderungen an Kundenanforderungen oder die Informationen zum Thema Anlageberatung enthalten. Sie wurde am 31. März 2017 im Amtsblatt der Europäischen Union (L 87/1 ff.) veröffentlicht (vgl. auch die Ausführungen in Abschn. 3.6.2.2).

Dividendenaristokraten
Für Anleger, die auf nachhaltige Ausschüttungen Wert legen, sind vor allem Dividendenaristokraten attraktiv. Das sind Aktien von Unternehmen, die über stabile Geschäftsmodelle verfügen und in der Lage sind, kontinuierlich attraktive Dividenden zu zahlen oder diese sogar von Jahr zu Jahr zu steigern (vgl. Rüppel 2016, S. 27). Zu diesen ausgewählten Aktien zählen beispielsweise Allianz, Munich R, Novartis, Unilever, Coca-Cola oder Colgate-Palmolive. In den nächsten

zehn Jahren wird die in den Ruhestand gehende Babyboomer-Generation (die
Geburtsjahrgänge 1946 bis 1964) ihre Präferenz von Kapitalwertsteigerung auf
ein regelmäßiges Einkommen verlagern. Diese anziehende Nachfrage dürfte die
Attraktivität von Aktien mit nachhaltigen und steigenden Dividendenausschüttun-
gen begünstigen (vgl. auch die Ausführungen in Abschn. 1.2.5).

Deutsches Steuerrecht
Das deutsche Steuerrecht ist ein Teilgebiet des öffentlichen Rechts. Es begründet für den Steuerpflichtigen zahlreiche Pflichten, die durch Verwaltungsakt und
staatlichen Zwang durchgesetzt werden können. Als Teil der deutschen Rechts-
ordnung wird es beispielsweise abgebildet in Gesetzen, Rechtsverordnungen
sowie Gerichtsentscheidungen (vgl. Grashoff und Kleinmanns 2017, S. 7 Rz. 1).
Seit dem 18. Januar 2016 haben Kreditinstitute als Organe der Steuererhebung
die Rechtsauffassung der Finanzverwaltung hinsichtlich des Kapitalertragsteuereinbehalts anzuwenden (BMF-Schreiben zu Einzelfragen zur Abgeltungsteuer
vom 18.1.2016, Rz. 151a; vgl. auch die Ausführungen in Abschn. 2.8.5)

Empfehlung
Um eine „Empfehlung" handelt es sich, wenn dem Anleger zu einer bestimmten Handlung (zum Beispiel Kauf, Verkauf, Tausch) als in seinem Interesse lie-
gend geraten wird. Es kommt nicht darauf an, ob diese Empfehlung tatsächlich
umgesetzt wird. An einer Empfehlung fehlt es bei bloßen Informationen, zum
Beispiel wenn der Dienstleister dem Kunden lediglich Erläuterungen über dessen in Finanzinstrumenten angelegtes Vermögen gibt, ohne dabei konkrete Vorschläge zur Änderung der Zusammensetzung dieses Vermögens zu unterbreiten
(BaFin und Deutsche Bundesbank 2017, S. 1; vgl. auch die Ausführungen in
Abschn. 3.5.7).

Ertragsteuerliche Behandlung des Handels mit Bitcoins
An das Finanzministerium Hamburg ist die Frage herangetragen worden, wie
Gewinne (oder Verluste) aus der Veräußerung von Bitcoins ertragsteuerlich zu
behandeln sind. Hier die Auffassung des Finanzministeriums.

Bei der Kryptowährung Bitcoin handelt es sich um eine unregulierte und von
staatlichen Institutionen und Kreditinstituten unabhängige „Ersatzwährung", die
starken Kursschwankungen unterliegt. Der Kurs richtet sich allein nach Angebot und Nachfrage, daher stellen Bitcoins auch Spekulationsobjekte dar und bei
einem Kurssturz drohen hohe finanzielle Verluste. Die virtuelle Währung Bitcoin
unterliegt nicht der Aufsicht der BaFin und ist kein gesetzliches Zahlungsmittel,
denn es fehlt an einer Annahmepflicht. Bitcoins werden permanent neu generiert,

bis maximal 21 Mio. Bitcoins vorhanden sind (Finanzministerium Hamburg, Erlass vom 11. Dezember 2017, in: Der Betrieb, 71. Jg., 2018, S. 159).

Der Gewinn (oder) Verlust aus der Veräußerung von Bitcoins führt zu sonstigen Einkünften aus privaten Veräußerungsgeschäften, sofern Erwerb und Veräußerung der Bitcoins innerhalb eines Jahres stattfand (§ 22 Nr. 2 EStG in Verbindung mit § 23 Abs. 1 Satz 1 Nr. 2 EStG). Voraussetzung ist weiterhin, dass die Bitcoins nicht selbst generiert wurden, weil es dann am „Erwerb" fehlt (Finanzministerium Hamburg, Erlass vom 11. Dezember 2017, in: Der Betrieb, 71. Jg., 2018, S. 159).

Sofern erworbene Bitcoins als Zahlungsmittel eingesetzt werden, gilt dieses als Veräußerung der Bitcoins und führt ebenfalls zu sonstigen Einkünften aus privaten Veräußerungsgeschäften. Der Wert der im Gegenzug erhaltenen Ware oder Dienstleistung ist als Veräußerungspreis anzusetzen; die Durchschnittsmethode ist nicht anzusetzen. Bei der Ermittlung des Gewinns sind die Anschaffungskosten von dem Veräußerungspreis abzuziehen (§ 23 Abs. 3 Satz 1 EStG). Hinsichtlich der Anschaffungskosten findet die Fifo-Methode Anwendung, wenn Bitcoins in mehreren Tranchen erworben werden (Finanzministerium Hamburg, Erlass vom 11. Dezember 2017, in: Der Betrieb, 71. Jg., 2018, S. 159; vgl. auch die Ausführungen in Abschn. 2.10).

EU-Kapitalmarktunion
Der Aktionsplan 2015 zur Schaffung einer Kapitalmarktunion ist ein zentrales Reformpaket der EU-Kommission mit dem Ziel, Unternehmen den Zugang zum Kapitalmarkt zu erleichtern, langfristige Investitionen in Infrastrukturmaßnahmen zu leiten und die Hindernisse für grenzüberschreitende Investitionen abzubauen (vgl. Parmentier 2017, S. 321). Ganz wesentlich im Fokus des Aktionsplans steht die Förderung kleinerer und mittlerer Betriebe, die als Wachstumstreiber der europäischen Wirtschaft gesehen werden (vgl. Kumpan 2016, S. 2). Darüber hinaus möchte die Brüsseler Behörde die EU-Kapitalmarktunion dazu nutzen, den Kapitalmarkt für Privatanleger attraktiver zu machen. Der bereits im Aktionsplan von 2015 unterbreitete Vorschlag für eine Verordnung über ein europaweites privates Altersvorsorgeprodukt (PEPP) wurde am 1. August 2017 veröffentlicht. Mit dieser Verordnung werden einheitliche Vorschriften für die Zulassung, die Herstellung, den Vertrieb und die Beaufsichtigung privater Altersvorsorgeprodukte festgelegt, die in naher Zukunft in der Europäischen Union unter der Bezeichnung „europaweites privates Altersvorsorgeprodukt" vertrieben werden sollen (Bundesrats-Drucksache 588/17, S. 30; vgl. auch die Ausführungen in Abschn. 3.8).

Europäisches Steuerrecht
Das europäische Steuerrecht ist Teil des internationalen Steuerrechts. Es hat seine
Grundlage im Vertrag über die Arbeitsweise der Europäischen Union (AEUV).
Im Rahmen der Verträge der Europäischen Union werden Grundsätze aufgestellt,
die unmittelbare und mittelbare Auswirkungen auf die nationalen Rechtsordnun-
gen haben (vgl. Grashoff und Kleinmanns 2017, S. 13 Rz. 19). Während EU-Verordnungen (Art. 288 Abs. 2 AEUV) in allen ihren Teilen verbindlich sind und in
jedem Mitgliedstaat gelten, bedürfen Richtlinien der EU (Art. 288 Abs. 3 AEUV)
der Umsetzung in innerstaatliches Recht. Das Finanzkonten-Informationsaustauschgesetz vom 21. Dezember 2015 ist die deutsche Rechtsgrundlage für den
Informationsaustausch über Finanzkonten in Steuersachen mit EU-Mitgliedstaa-
ten und Drittstaaten (vgl. auch die Ausführungen in Abschn. 2.11.5).

Execution-only-Geschäfte
Keinerlei Erkundigungspflichten bestehen, falls das Wertpapierdienstleistungsunternehmen reine Ausführungsgeschäfte (sogenannte „Execution-only-Geschäfte),
also Finanzkommissionsgeschäfte, Eigenhandel, Abschluss- oder Anlagevermittlung, über nicht-komplexe Finanzinstrumente auf Veranlassung des Kunden vornimmt (§ 63 Abs. 11 Nr. 1 WpHG). Die Bank oder Sparkasse muss den Kunden
jedoch darüber informieren, dass keine Angemessenheitsprüfung vorgenommen
wird (§ 63 Abs. 11 Nr. 3 WpHG; vgl. auch die Ausführungen in Abschn. 3.5.11).

Leitet ein Kunde seiner Bank einen Zeichnungsschein im Rahmen einer „Execu-
tion-only-Order" zu, ist die Bank auch bei langjährig bestehender Vertragsbezie-
hung zur Aufklärung und Beratung nicht verpflichtet (OLG Frankfurt am Main,
Hinweisbeschluss vom 17. Januar 2014 – 19 U 160/13, in: Zeitschrift für Wirtschaftsrecht, 35. Jg., 2014, S. 612–613, hier S. 612).

Finanzinstrumente
Finanzinstrumente im Sinne des WpHG sind Wertpapiere, Anteile an Investmentvermögen, Geldmarktinstrumente, derivative Geschäfte, Emissionszertifikate, Rechte auf Zeichnung von Wertpapieren und Vermögensanlagen (§ 2 Abs. 4
WpHG; vgl. auch die Ausführungen in Abschn. 3.3.2.2).

Finanzportfolioverwaltung
Finanzportfolioverwaltung ist die Verwaltung einzelner oder mehrerer in Finan-
zinstrumenten angelegter Vermögen für andere mit Entscheidungsspielraum (§ 2
Abs. 8 Satz 1 Nr. 7 WpHG; vgl. auch die Ausführungen in Abschn. 1.2.3.1).

Fremdwährungsgeschäfte

Für die Ermittlung des Veräußerungsgewinns bzw. -verlusts aus nicht in Euro, sondern in einer Fremdwährung denominierten Wertpapieren (zum Beispiel Fremdwährungsanleihen) oder sonstigen Kapitalforderungen (zum Beispiel Fremdwährungskonten) bestimmt § 20 Abs. 4 Satz 1 EStG, dass die Veräußerungserlöse im Zeitpunkt der Einnahme und die Anschaffungskosten im Zeitpunkt der Anschaffung jeweils in Euro umzurechnen sind. Der anzusetzende Umrechnungskurs ist der Devisenbriefkurs. Dies bedeutet, dass die sich aus den Währungsschwankungen ergebenen Veräußerungsgewinne oder -verluste einkommensteuerlich bei den Einkünften aus Kapitalvermögen zu erfassen sind (vgl. Kempf 2016, S. 1861 Rz. 285; vgl. auch die Ausführungen in Abschn. 2.8.3).

Geeignetheitserklärung

Ein Wertpapierdienstleistungsunternehmen, das Anlageberatung erbringt, muss dem Privatkunden auf einem dauerhaften Datenträger vor Vertragsschluss eine Erklärung über die Geeignetheit der Empfehlung zur Verfügung stellen (§ 64 Abs. 4 Satz 1 WpHG). Die Pflicht zur Erstellung der Geeignetheitserklärung ist eine aufsichtsrechtliche Pflicht. Interessant ist die Frage, welche zivilprozessrechtliche Bedeutung die Geeignetheitserklärung bei einer Klage eines Anlegers auf Schadensersatz nach § 280 Abs. 1 BGB wegen Pflichtverletzung aus dem Anlageberatungsvertrag hat. Die Geeignetheitserklärung kann dem Kunden im Streitfall als Beweismittel dienen, wenn sich aus der Erklärung ergibt, dass das empfohlene Finanzinstrument für den Kunden nicht geeignet war (vgl. Poelzig 2018, S. 408 Rz. 808; vgl. auch die Ausführungen in Abschn. 3.6).

Gesetz zur Modernisierung des Besteuerungsverfahrens

Mit dem Gesetz zur Modernisierung des Besteuerungsverfahrens vom 18. Juli 2016 (Bundesgesetzblatt Teil I 2016, S. 1666 ff.) hat der Gesetzgeber die umfassendste Änderung der am 1. Januar 1977 in Kraft getretenen Abgabenordnung vorgenommen. Das Modernisierungsgesetz verfolgt das Ziel, das steuerliche Verfahrensrecht den Anforderungen einer weitgehenden Digitalisierung und Automatisierung des Besteuerungsverfahrens anzupassen. Eine Vielzahl der Änderungen trat bereits zum 1. Januar 2017 in Kraft (vgl. auch die Ausführungen in Abschn. 2.4).

Informationsbasierter Anlegerschutz

Auf der Grundlage des informationsbasierten Anlegerschutzes hat das Wertpapierdienstleistungsunternehmen den Kunden rechtzeitig und in verständlicher Form angemessene Informationen zur Verfügung zu stellen. Damit soll der

Anleger in die Lage versetzt werden, Art und Risiken des Finanzinstruments zu verstehen und auf dieser Basis eine eigenverantwortliche und informierte Anlageentscheidung zu treffen (vgl. Herresthal 2013, S. 1055).

Der Ausgangspunkt des informationsbasierten Anlegerschutzes findet sich in dem berühmten Bond-Urteil des BGH vom 6. Juli 1993. Im Zuge dieser Entscheidung hat die Rechtsprechung über die Jahre hinweg ein immer ausdifferenziertes System vertraglicher und vorvertraglicher Aufklärungs- und Beratungspflichten entwickelt (vgl. Koch 2012, S. 486). Diese Maßstäbe haben auch Eingang in die Gesetzgebung (z. B. §§ 63 ff. WpHG) gefunden (vgl. die Ausführungen in Abschn. 3.5.7.2).

Interesse der Kunden
Ein Wertpapierdienstleistungsunternehmen muss die von ihm angebotenen oder empfohlenen Finanzinstrumente verstehen. Es muss deren Vereinbarkeit mit den Bedürfnissen der Kunden, denen gegenüber es Wertpapierdienstleistungen erbringt, beurteilen, auch unter Berücksichtigung des in § 80 Absatz 9 WpHG genannten Zielmarktes, und sicherstellen, dass es Finanzinstrumente nur anbietet oder empfiehlt, wenn dies im Interesse der Kunden liegt (§ 63 Abs. 5 WpHG; vgl. auch die Ausführungen in Abschn. 3.5.4).

Kollektiver Verbraucherschutz
Bei der BaFin ist der kollektive Verbraucherschutz als weiteres Aufsichtsziel mit dem Kleinanlegerschutzgesetz vom 3. Juli 2015 im Finanzdienstleistungsaufsichtsgesetz (FiDAG) verankert worden. Die BaFin ist innerhalb ihres gesetzlichen Auftrags auch dem Schutz der kollektiven Verbraucherinteressen verpflichtet (§ 4 Abs. 1a Satz 1 FinDAG). „Kollektiv" bedeutet dabei, dass die BaFin ausschließlich dem Schutz der Verbraucherinnen und Verbraucher in ihrer Gesamtheit verpflichtet ist (Bundestags-Drucksache 18/9495, S. 7). Institutionell hat die BaFin den Auftrag durch Errichtung einer eigenständigen Verbraucherschutzabteilung umgesetzt (vgl. auch die Ausführungen in Abschn. 3.3.1).

Kunden
Kunden im Sinne der Anlageberatung können natürliche und juristische Personen sowie Personengesellschaften sein. Auch sogenannte „professionelle Kunden" oder „Institutionelle Kunden" sind durch diesen Begriff erfasst. Das WpHG unterscheidet hier nicht danach, ob der Kunde selbst über entsprechende Spezialkenntnisse verfügt (BaFin und Deutsche Bundesbank 2017, S. 2; vgl. auch die Ausführungen in Abschn. 3.5.3.1).

Marke Anlageberatung als Qualitätsversprechen
Ein wesentlicher Aspekt betrifft die Wahrnehmung der Anlageberatung beim Kunden. Die Marke „Anlageberatung" muss mit verlässlichen, erlebbaren und nachvollziehbaren Leistungsversprechen versehen werden. Das schafft Orientierung beim Kunden. Glaubwürdiges Leistungsversprechen kann beispielsweise eine ausgezeichnete Beratungsqualität sein. Aus dem Blickwinkel des Kunden reduziert eine erstklassige Anlageberatung auch das Risiko einer Fehlentscheidung. Für die Kundengewinnung und Kundenbindung ist ein „Markenversprechen" unerlässlich. Die ständige Verbesserung und Weiterentwicklung der Qualität der Anlageberatung muss das Bestreben eines jeden Mitarbeiters in der Anlageberatung sein (vgl. auch die Ausführungen in Abschn. 4.4).

Megatrends
Megatrends sind Strömungen und Entwicklungen zum Beispiel in der Gesellschaft, Politik oder Wirtschaft, die aus einem langfristigen Prozess hervorgehen und somit das Denken und Handeln der Menschen über viele Jahre beeinflussen. Das Erfassen von Megatrends erfordert vom Anlageberater eine konsequente Auseinandersetzung mit zukünftigen Entwicklungen (zum Beispiel Ausbau der privaten Altersvorsorge aufgrund der demografischen Entwicklung, Herausfinden von globalen Trends). Um diese zukunftsweisenden Themen zu konkretisieren und gleichzeitig für den Kunden in erfolgreiche Anlagestrategien umzusetzen, benötigt der Anlageberater das Gespür für Veränderungen und zukunftsweisende Informationen. Grundlagen für langfristige Umbrüche beispielsweise in der Gesellschaft sind die Herausforderungen wie das hohe Bevölkerungswachstum in den Schwellenländern mit einem steigenden Bedarf an Lebensmitteln, die Überalterung der westlichen Industrienationen sowie die Zunahme neuer Krankheiten (vgl. Schmitz 2014, S. 10). Anlageberater, die Investments auf Zukunftschancen ausrichten möchten, haben mehrere Optionen. Sie können beispielsweise interessierten Kunden Aktien oder Zertifikate von Unternehmen empfehlen, die auf diesen Gebieten aktiv sind. Ferner besteht die Möglichkeit, mit Hilfe von speziellen Investmentfonds an Megatrends zu partizipieren (vgl. auch die Ausführungen in Abschn. 1.2.6).

Mitarbeiter in der Anlageberatung
Ein Wertpapierdienstleistungsunternehmen darf einen Mitarbeiter nur dann mit der Anlageberatung betrauen, wenn dieser sachkundig ist und über die für die Tätigkeit erforderliche Zuverlässigkeit verfügt (§ 87 Abs. 1 Satz 1 WpHG; vgl. auch die Ausführungen in Abschn. 3.7.3.2).

Mitwirkungspflicht bei Auslandssachverhalten

Die Finanzbehörden haben nur begrenzte Möglichkeiten, den Sachverhalt im Ausland zu ermitteln. Zur Sicherung der Sachaufklärung beinhaltet § 90 Abs. 2 Satz 1 AO, dass der Beteiligte den Sachverhalt aufzuklären und die erforderlichen Beweismittel zu beschaffen hat. Er hat dabei alle für ihn bestehenden rechtlichen und tatsächlichen Möglichkeiten auszuschöpfen (§ 90 Abs. 2 Satz 2 AO). Ein Beteiligter kann sich nicht darauf berufen, dass er Sachverhalte nicht aufklären oder Beweismittel nicht beschaffen kann, wenn er nach Lage des Falls bei der Gestaltung seiner Verhältnisse die Möglichkeit dazu hätte beschaffen oder einräumen lassen können (§ 90 Abs. 2 Satz 4 AO). Bei Verletzung der Mitwirkungspflicht bei Auslandssachverhalten können beispielsweise Besteuerungsgrundlagen nach § 162 Abs. 2 AO geschätzt werden. Verletzt der Steuerpflichtige die Wahrheitspflicht, kann es zu einem Verfahren wegen Steuerhinterziehung (§ 370 AO) oder leichtfertiger Steuerverkürzung (§ 378 AO) kommen (vgl. auch die Ausführungen in Abschn. 2.11.2).

Pflichten der Bank zur Prüfung einer Kapitalanlage

Aus einem Beratungsvertrag ist eine Bank verpflichtet, eine Kapitalanlage, die sie empfehlen will, mit banküblichem kritischen Sachverstand zu prüfen; eine bloße Plausibilitätsprüfung ist ungenügend (BGH-Urteil vom 07.10.2008 – XI ZR 89/07, in: Der Betrieb, 61. Jg., 2008, S. 2590–2592, hier S. 2590). Der Anlageinteressent darf davon ausgehen, dass seine ihn beratende Bank, der er sich anvertraut, die von ihr in ihr Anlageprogramm aufgenommenen Kapitalanlagen selbst als „gut" befunden hat. Die Bank ist daher verpflichtet, eine Anlage, die sie empfehlen will, mit banküblichem kritischem Sachverstand zu prüfen (BGH-Urteil vom 7.10.2008 – XI ZR 89/07, in: Der Betrieb, 61. Jg., 2008, S. 2590–2592, S. 2591; vgl. auch die Ausführungen in Abschn. 3.2).

Produktfreigabeverfahren

Ein Wertpapierdienstleistungsunternehmen, das Finanzinstrumente zum Verkauf konzipiert, hat ein Verfahren für die Freigabe jedes einzelnen Finanzinstruments und jeder wesentlichen Anpassung bestehender Finanzinstrumente zu unterhalten, zu betreiben und zu überprüfen, bevor das Finanzinstrument an Kunden vermarktet oder vertrieben wird (§ 80 Abs. 9 Satz 1 WpHG). Ein Wertpapierdienstleistungsunternehmen, das Finanzinstrumente anzubieten oder zu empfehlen beabsichtigt und das von einem anderen Wertpapierdienstleistungsunternehmen konzipierte Finanzinstrumente vertreibt, hat geeignete Verfahren aufrechtzuerhalten und Maßnahmen zu treffen, um sicherzustellen, dass die Anforderungen nach dem WpHG eingehalten werden (§ 80 Abs. 12 Satz 1

WpHG). Die neuen Regeln zum Produktfreigabeverfahren begründen produktlebenslange Überwachungspflichten für Hersteller und Vertriebsunternehmen (vgl. auch die Ausführungen in Abschn. 3.5.12).

Produktüberwachungspflichten in Bezug auf Angestellte
Die Hersteller von Finanzinstrumenten müssen sicherstellen, dass die am Herstellungsprozess beteiligten Mitarbeiter über die notwendigen Kenntnisse verfügen, um die wesentliche Merkmale und Risiken des konzipierten Finanzprodukts zu verstehen (vgl. Busch 2017, S. 414; vgl. auch die Ausführungen in Abschn. 3.5.12).

Reform der Investmentbesteuerung
Im Beratungsgespräch sollte der Anlageberater den in Investmentfonds engagierten Anleger die Eckpunkte des Investmentsteuerreformgesetzes 2018 erläutern. Das neue Investmentsteuergesetz ist am 1. Januar 2018 in Kraft getreten. Seit diesem Tag sind die Investmentfonds (früher Publikumsfonds) nicht mehr vollständig steuerbefreit, sondern unterliegen mit bestimmten inländischen Einkünften (zum Beispiel inländischen Beteiligungseinnahmen) der partiellen Körperschaftsteuerpflicht. Die Anleger müssen Ausschüttungen, Veräußerungsgewinne aus den Fondsanteilen und eine sogenannte Vorabpauschale (als Ausgleich für den Wegfall der ausschüttungsgleichen Erträge) versteuern. Als Ersatz für die steuerliche Vorbelastung für spezielle Einkünfte auf Fondsebene werden auf Anlegerebene für bestimmte Aktien-, Misch- und Immobilienfonds pauschale Teilfreistellungen gewährt (vgl. Stadler und Bindl 2016, S. 1953; vgl. auch die Ausführungen in Abschn. 2.9).

Risikomanagementsysteme
Die Finanzbehörden können zur Beurteilung der Notwendigkeit weiterer Ermittlungen und Prüfungen für eine gleichmäßige und gesetzmäßige Festsetzung von Steuern und Steuervergütungen sowie Anrechnung von Steuerabzugsbeträgen und Vorauszahlungen automationsgestützte Systeme (sogenannte Risikomanagementsysteme) einsetzen (§ 88 Abs. 5 Satz 1 AO). Das Risikomanagementsystem hat unter anderem das Ziel, Steuerverkürzungen zu verhindern. Es ist nicht nur auf die Einkommensteuerveranlagung beschränkt. Das System kann zum Beispiel auch im Rahmen der Außenprüfung bei der Auswahl der zu prüfenden Steuerpflichtigen und bei der Auswertung von Kontrollmaterial eingesetzt werden (Bundestags-Drucksache 18/7457, S. 70). Die Vorschriften zum Risikomanagementsystem wurden mit dem Gesetz zur Modernisierung des

Besteuerungsverfahrens vom 18. Juli 2016 in die AO eingeführt (vgl. auch die Ausführungen in Abschn. 2.4.4).

Robo-Advice

Zunehmend verwenden Anleger Plattformen, um ihre Finanzen zu verwalten, sich über Finanzprodukte zu informieren oder Wertpapiergeschäfte zu tätigen. Entsprechende Angebote entstehen vor allem im Bank- und Versicherungsbereich. Beim Robo-Advice (wörtlich Beratung durch Roboter) erfolgt die Geldanlage per Computer nach festen Regeln. Diese Dienstleistung zeichnet sich durch zwei charakteristische Merkmale aus:

- Menschliche Eingriffe in den Beratungsprozess fehlen nahezu vollständig, weil der Kunde ausschließlich mit einem Computer kommuniziert (beispielsweise über eine Smartphone-App).
- Die Dienstleistung wird auf der Basis eines Algorithmus erbracht. Durch die Nennung objektiver Daten wie beispielsweise Alter, Beruf, Anlageziele oder Risikobereitschaft des Kunden werden vom Dienstleister auf der Grundlage eines Algorithmus beispielsweise die zum Kundenprofil passenden Finanzinstrumente ermittelt, Anlagevorschläge oder ein Musterportfolio erstellt (vgl. BaFin 2016, S. 2).

Sofern die Anlageberatung ganz oder teilweise über ein voll- oder halbautomatisches System erbracht wird, liegt die Verantwortung für die Durchführung der Geeignetheitsbeurteilung bei der die Dienstleistung erbringenden Wertpapierfirma und verringert sich nicht dadurch, dass ein elektronisches System zur Abgabe persönlicher Empfehlungen oder zum Treffen von Handelsentscheidungen eingesetzt wird (Artikel 54 Abs. 1 Delegierte Verordnung (EU) 2017/565; vgl. auch die Ausführungen in Abschn. 4.9).

Sonderkündigungsrecht bei Zertifikaten

Bei Inhaberschuldverschreibungen mit 100-prozentigem Kapitalschutz oder mit bedingtem Kapitalschutz bezogen auf das Erreichen, Überschreiten oder Unterschreiten bestimmter Schwellenwerte oder Barrierepuffer stellt ein Sonderkündigungsrecht der Emittentin, verbunden mit dem Risiko eines teilweisen oder völligen Kapitalverlustes, eine für die Anlageentscheidung eines an Zertifikaten mit Kapitalschutz interessierten Anlegers wesentliche Anleihebedingung dar, über die ein solcher Kunde durch die ihn beratende Bank ungefragt aufzuklären ist (BGH-Urteil vom 25.11.2014 – XI ZR 169/13, in: Zeitschrift für Bank- und

Kapitalmarktrecht, 15. Jg., 2015, S. 118–122, hier S. 118; vgl. auch die Ausführungen in Abschn. 3.2).

Steuerbescheinigung für Kapitalerträge

Kreditinstitute müssen dem Steuerpflichtigen auf Verlangen eine Steuerbescheinigung nach amtlich vorgeschriebenem Muster ausstellen (§ 45a Abs. 2 Satz 1 EStG). Gesetzlich ist keine automatische Versendung der Bescheinigung an den Kunden vorgesehen. Die Bescheinigung kann elektronisch übermittelt werden. Auf Anforderung des Gläubigers der Kapitalerträge ist sie auf Papier zu ermitteln (§ 45a Abs. 2 Satz 2 EStG). Auf welchem Wege die elektronische Übermittlung erfolgt, lässt § 45a Abs. 2 Satz 2 EStG offen. Die Steuerbescheinigung kann insbesondere in eine elektronische PostBox eingestellt oder per E-Mail übermittelt werden. Durch den elektronischen Versand wird das Recht auf Erteilung der Steuerbescheinigung in Papierform nicht ausgeschlossen (BMF-Schreiben zur Ausstellung von Steuerbescheinigungen für Kapitalerträge vom 15. Dezember 2017, Rz. 5).

Das Kreditinstitut hat die Höhe der Kapitalerträge nach Verlustverrechnung und vor Berücksichtigung des Sparer-Pauschbetrags (nur positiver Saldo) anzugeben. Bei negativer Saldogröße erfolgt der Ausweis in den entsprechenden Zeilen für allgemeine Verluste oder Aktienveräußerungsverluste (sofern ein Antrag auf Verlustbescheinigung gestellt wird) (BMF-Schreiben zur Ausstellung von Steuerbescheinigungen für Kapitalerträge vom 15. Dezember 2017, Rz. 26; vgl. auch die Ausführungen in Abschn. 2.8.6).

Steuerliche Anerkennung der Übertragung von Kapitalvermögen

Legen Eltern bisher eigenes Kapitalvermögen für ihre Kinder an, sind ihnen die Erträge hieraus trotz zivilrechtlich wirksamer Übertragung des Vermögens auch weiterhin als eigene Einkünfte zuzurechnen, wenn sie die Erträge nicht für jedes Kind entsprechend seinen Einkünften verwenden (BFH-Urteil vom 30.03.1999, VIII R 19/98, in: Deutsches Steuerrecht (Entscheidungsdienst), 3. Jg., 1999, S. 905–906, hier S. 905). Diese speziellen Anforderungen rechtfertigen sich aus dem allgemeinen Grundsatz, dass Verträge zwischen Eltern und Kindern steuerrechtlich nur anzuerkennen sind, wenn sie tatsächlich durchgeführt werden. Die Eltern müssen die Sparguthaben der Kinder wie fremdes Vermögen verwalten; sie dürfen es nicht wie eigenes Vermögen behandeln (BFH-Urteil vom 30.03.1999, VIII R 19/98, in: Deutsches Steuerrecht (Entscheidungsdienst), 3. Jg., 1999, S. 905–906, hier S. 906; vgl. auch die Ausführungen in Abschn. 2.12).

Unabhängiger Honorar-Anlageberater
Die BaFin führt auf ihrer Internetseite ein öffentliches Register „Unabhängiger Honorar-Anlageberater" über alle Wertpapierdienstleistungsunternehmen, die die Unabhängige Anlageberatung erbringen wollen (§ 93 Abs. 1 WpHG; vgl. auch die Ausführungen in Abschn. 3.5.7.3).

Verzeichnis der Schenkungsfälle
Nach § 14 ErbStG (Berücksichtigung früherer Erwerbe) sind mehrere innerhalb von zehn Jahren von derselben Person anfallende Vermögensvorteile zusammenzurechnen. Um in Erb- und Schenkungsteuerfällen nachprüfen zu können, ob ein Erwerber frühere Zuwendungen, die zu berücksichtigen sind, richtig und vollzählig angegeben hat, haben die Finanzämter die Zuwendungen solcher Personen festzuhalten, die nicht sogleich ihr gesamtes Vermögen übertragen, sodass noch weitere unentgeltliche Zuwendungen oder eine Vererbung von weiterem Vermögen zu erwarten sind. In diesen Fällen ist die Zuwendung unter dem Namen des Schenkers in einer im automatisierten Verfahren oder manuell zu führenden Kartei zu erfassen (Gleich lautende Erlasse der obersten Finanzbehörden der Länder vom 07.12.2017, Rz. 1.2.2).

Zusätzlich sind die Steuer-Identifikationsnummer des Schenkers, der Name des Bedachten und seine Steuer-Identifikationsnummer, der Zeitpunkt der Ausführung und, soweit er bereits ermittelt ist, der Wert der Zuwendung festzuhalten (Gleich lautende Erlasse der obersten Finanzbehörden der Länder vom 07.12.2017, Rz. 1.2.2; vgl. auch die Ausführungen in Abschn. 2.12.4.4).

Wertpapierdienstleistungen
Der Begriff Wertpapierdienstleistung ist in § 2 Abs. 8 WpHG definiert. Er umfasst unter anderem die Anschaffung oder Veräußerung von Finanzinstrumenten im eigenen Namen für fremde Rechnung (Finanzkommissionsgeschäft), die Finanzportfolioverwaltung oder die Anlageberatung (vgl. auch die Ausführungen in Abschn. 3.5.7).

Wertpapiernebendienstleistungen
Wertpapiernebendienstleistungen im Sinne des WpHG sind beispielsweise Devisengeschäfte, die im Zusammenhang mit Wertpapierdienstleistungen stehen, das Erstellen oder Verbreiten von Empfehlungen oder Vorschlägen von Anlagestrategien im Sinne des Artikels 3 Absatz 1 Nummer 34 der Verordnung (EU) Nr. 596/2014 (Anlagestrategieempfehlung) oder von Anlageempfehlungen im Sinne des Artikels 3 Absatz 1 Nummer 35 der Verordnung (EU) Nr. 596/2014 (Anlageempfehlung) (§ 2 Abs. 9 WpHG). Die Empfehlungen oder

Vorschläge zur Anlagestrategie (Anlagestrategieempfehlung) und Anlageempfehlungen werden von professionellen Finanzanalysten erstellt. Eine direkte Anlageempfehlung liegt vor, wenn der Finanzanalyst ein konkretes Kursziel definiert und ausdrücklich zum Kauf, Verkauf oder Halten eines bestimmten Finanzinstruments rät (vgl. Poelzig 2018, S. 439 Rz. 847). Von Finanzanalysten ausgesprochene Anlageempfehlungen sind nicht mit einer persönlichen Empfehlung, die im Rahmen der Anlageberatung erbracht wird, zu verwechseln (vgl. auch die Ausführungen in Abschn. 3.5.7.1).

Wertpapierdienstleistungsunternehmen
Wertpapierdienstleistungsunternehmen im Sinne des WpHG sind Kreditinstitute, Finanzdienstleistungsinstitute und nach § 53 Abs. 1 Satz 1 des Kreditwesengesetzes tätige Unternehmen, die Wertpapierdienstleistungen allein oder zusammen mit Wertpapiernebendienstleistungen gewerbsmäßig oder in einem Umfang erbringen, der einen in kaufmännischer Weise eingerichteten Geschäftsbetrieb erfordert (§ 2 Abs. 10 WpHG). Im europäischen Recht wird nicht von Wertpapierdienstleistungsunternehmen, sondern von einer Wertpapierfirma gesprochen (vgl. die Ausführungen in Abschn. 3.5.13.1).

Zertifikat
Zertifikat im Sinne des WpHG ist ein Wertpapier, das auf dem Kapitalmarkt handelbar ist und das im Falle der durch den Emittenten vorgenommenen Rückzahlung einer Anlage bei dem Emittenten Vorrang vor Aktien hat, aber nicht besicherten Anleiheinstrumenten und anderen vergleichbaren Instrumenten nachgeordnet ist (§ 2 Abs. 33 WpHG). Die BaFin hat auf ihrer Verbraucherseite (www.bafin.de/DE/Verbraucher/Finanzwissen) im Internet praxisrelevante Hinweise zu insgesamt 23 wichtigen Bank-, Versicherungs- und Anlageprodukten veröffentlicht. Die Rubrik „Finanzwissen auf einen Blick" soll einen Überblick über die Funktionsweise bestimmter Finanzprodukte (auch Zertifikate) geben (vgl. auch die Ausführungen in Abschn. 3.2.2).

Zielmarkt
Das Produktfreigabeverfahren muss sicherstellen, dass für jedes Finanzinstrument für Endkunden innerhalb der jeweiligen Kundengattung ein bestimmter Zielmarkt festgelegt wird (§ 80 Abs. 9 Satz 2 WpHG). Dabei sind alle einschlägigen Risiken für den Zielmarkt zu bewerten (§ 80 Abs. 9 Satz 3 WpHG). Hierzu müssen beispielsweise die Anlageziele des Endkunden sowie seine Fähigkeit, mögliche Verluste tragen zu können, berücksichtigt werden. Darüber hinaus ist sicherzustellen, dass die beabsichtigte Vertriebsstrategie dem nach Satz 2 bestimmten

Zielmarkt entspricht (§ 80 Abs. 9 Satz 4 WpHG; vgl. auch die Ausführungen in Abschn. 3.5.12).

Literatur

BaFin: Robo-Advice und Auto-Trading – Plattformen zur automatisierten Anlageberatung und automatischen Trading, geändert am 7.4.2016, abrufbar unter: www.bafin.de.

BaFin/Deutsche Bundesbank: Gemeinsames Informationsblatt der Bundesanstalt für Finanzdienstleistungsaufsicht und der Deutschen Bundesbank zum Tatbestand der Anlageberatung, Stand: November 2017, S. 1–7.

Buck-Heeb, P.: Entwicklung und Perspektiven des Anlegerschutzes, in: JuristenZeitung, 72. Jg. 2017, S. 279–288.

Bundesministerium der Finanzen: Automatischer Austausch von Informationen über Finanzkonten in Steuersachen nach dem Finanzkonten-Informationsaustauschgesetz - FKAustG; Bekanntmachung einer vorläufigen Staatenaustauschliste im Sinne des § 1 Absatz 1 FKAustG für den automatischen Austausch von Informationen über Finanzkonten in Steuersachen zum 30.9.2018 vom 1.2.2018.

Bundesministerium der Finanzen: Ausstellung von Steuerbescheinigungen für Kapitalerträge nach § 45a Absatz 2 und 3 EStG vom 15.12.2017, in: Bundessteuerblatt Teil I, 68. Jg., 2018, S. 13–51.

Bundesministerium der Finanzen: Anwendungserlass zur Abgabenordnung (AEAO); Anpassung des AEAO zu § 154 an die Rechtsänderungen durch das Steuerumgehungsbekämpfungsgesetz vom 11.12.2017, in: Bundessteuerblatt Teil I, 67. Jg., 2017, S. 1604–1607.

Bundesrats-Drucksache 588/17: Unterrichtung durch die Europäische Kommission: Vorschlag für eine Verordnung des Europäischen Parlaments und des Rates über ein europaweites privates Altersvorsorgeprodukt (PEPP), COM (2017) final vom 1.8.2017.

Bundestags-Drucksache 18/7457: Entwurf eines Gesetzes zur Modernisierung des Besteuerungsverfahrens vom 3.2.2016.

Busch, D.: Product Governance und Produktintervention unter MiFID II/MiFIR, in: Zeitschrift für Wirtschafts- und Bankrecht, 71. Jg., 2017, S. 409–420.

Finanzministerium Hamburg: Erlass zur ertragsteuerlichen Behandlung des Handels mit Bitcoins auf der privaten Vermögenssphäre vom 11.12.2017, in: Der Betrieb, 71. Jg., 2018, S. 159.

Gleich lautende Erlasse der obersten Finanzbehörden der Länder vom 7.12.2017: Allgemeine Verwaltungsanweisung für die Erbschaft- und Schenkungsteuer und Mitwirkungspflichten anderer Finanzämter, in: Bundessteuerblatt Teil I, 68. Jg., 2018, S. 53–60.

Grashoff, D./Kleinmanns, F.: Aktuelles Steuerrecht 2017, 13. Aufl., München 2017.

Herresthal, C.: Die Weiterentwicklung des informationsbasierten Anlegerschutzes in der Swap-Entscheidung des BGH als unzulässige Rechtsfortbildung, in: Zeitschrift für Wirtschaftsrecht, 34. Jg., 2013, S. 1049–1057.

Kempf, L.: Kapitalvermögen, in: Kanzler/Kraft/Bäuml u.a. (Hrsg.): Einkommensteuergesetz Kommentar, Herne 2016, S. 1794–1896.

Koch, J.: Grenzen des informationsbasierten Anlegerschutzes, in: Zeitschrift für Bank- und Kapitalmarktrecht, 12. Jg., 2012, S. 486–493.

Kumpan, C.: Die Europäische Kapitalmarktunion und ihr Fokus auf kleinere und mittlere Unternehmen, in: Zeitschrift für Unternehmens- und Gesellschaftsrecht, Band 1 2016, S. 2–35.

Litten, R.: PRIIPs: Anforderungen an Basisinformationsblätter, in: Der Betrieb, 69. Jg., 2016, S. 1679–1683.

o. V.: Die Derivate-Liga: Produktklassifizierung des DDV, in: ideas Anlageideen für Selbstentscheider, Oktober 2014, S. 10–11.

Parmentier, M.: Die Halbzeitbilanz des Aktionsplans der Europäischen Kommission für eine Kapitalmarktunion, in: Der Konzern, 15. Jg., 2017, S. 321–326.

Poelzig, D.: Kapitalmarktrecht, 1. Aufl., München 2018.

Rüppel, W.: Aristokraten, die durch Dividenden überzeugen, in: Rendite: Das Anlagemagazin der Börsen-Zeitung, November 2016, S. 27–29.

Schmitz, A.: Investieren in die Trends von morgen, in: Rendite: Das Anlagemagazin der Börsen-Zeitung, Mai 2014, S. 10–15.

Stackmann, N.: Aktuelle Rechtsprechung zum Kapitalanlagerecht, in: Neue Juristische Wochenschrift, 69. Jg., 2016, S. 213–218.

Stadler, R./Bindl, E.: Das neue InvStG – Überblick und Korrekturbedarf, in: Deutsches Steuerrecht, 54. Jg., 2016, S. 1953–1966.

Sachverzeichnis

© Springer Fachmedien Wiesbaden GmbH, ein Teil von Springer Nature 2018　　　203
H. Nickel, *Anlageberatung am Finanzplatz Deutschland,*
Edition Bankmagazin, https://doi.org/10.1007/978-3-658-18794-1

The manufacturer's authorised representative in the EU is Springer
Nature Customer Service Centre GmbH, Europaplatz 3, 69115 Heidelberg,
Germany. If you have any concerns regarding our products, please
contact ProductSafety@springernature.com

Printed and bound by CPI Group (UK) Ltd, Croydon, CR0 4YY
27/04/2026
02097633-0002